大夏书系·教育新思考

教师的解放与超越

李镇西/著

华东师范大学出版社

全国百佳图书出版单位

·上海·

目 录

CONTENTS

自序 "掏出心来"

南京师大附中校园有一尊巴金的雕像，基座上镌刻着他写给母校的四个字：掏出心来。

猛一看这四个字，有一点"血淋淋"的感觉。仔细一想，巴金是以此表达他对读者的真诚——如他在《随想录》中所说："讲真话，把心交给读者。"

"讲真话"算什么？人不就应该讲真话吗？可有时候，讲真话是需要勇气，甚至冒风险的。

我哪敢和巴金相提并论，但愿意学习先生"掏出心来"。

我的微信公众号"镇西茶馆"自 2014 年 9 月 10 日开通后，六年来每日一更，几乎没有中断——说"几乎"，是因为 2019 年 12 月上旬我在南极考察没有网络，所以无法更新文章。那一周是唯一的例外。

我以自己纯净的心感受着这个世界，这个世界也时时带给我思考与感动。"情动于中而形于言"，一篇篇文字便自然而然从心底流淌出来。于是，镇西茶馆的几十万关注者（俗称"粉丝"）每天便都能喝到我沏好的一杯"清茶"。

谁也不敢保证自己所说所写绝对正确，我更不例外。由于水平与见识，以及某些客观原因，我的观点不一定中肯，甚至不一定正确，但都是自己的真实想法和感受。

当然，这并不意味着我只追求"真实"而放弃"正确"。不，我愿意纠正我的错误。事实上，有读者不止一次直率地指出我文中的错误。对此，我真心感谢，并期待着读者继续指正。

即使我文章的观点是正确的，或者说站得住脚，也不是因为我多么

"有思想"，而是因为我所说所写大多是常识。我不止一次说过，我从来没有自己原创的"教育思想"。几十年来，我所做的一切，都是在践行古今中外教育家的思想，最多是将其创造性地运用于班级管理和课堂教学。我并不因为没有"首创"教育模式或"第一个提出"某个"教育理念"而自卑，相反，觉得自己能够用几十年的时间将大师经典中的教育常识演绎成有声有色的教育故事，甚至可歌可泣的教育诗篇，这是一件令我非常自豪的事。

从某种意义上说，本书中的每一篇文章均蕴含着"镇西茶馆"读者的一份功劳。正是几十万读者对我每天推文的期待、关注、点赞、批评、商榷、鼓励……让我有了源源不断的写作动力，也才有这一本薄薄的小书。

还是那句话：我不敢保证我的每一句话都是对的，但力求每句话都是真的。不媚上，不迎合，不从众；言说常识，倾吐实话，抒发真情——是我一如既往的态度。只有这样，我才对得起每一位读者，对得起每天守候在电脑前或捧着手机期待镇西茶馆更新文章的"茶客"！

面对远方的你们，我难以表达感激之情，唯有"掏出心来"。

李镇西

2020 年 7 月 6 日

【观念】

教育的"初心"在哪里

一

"不忘初心"是近几年的流行语，我们的"教育初心"是什么？

可能所有教育人会说："这还用问，不就是为了每一个孩子吗？"

有人也许会纠正道："不对，应该是为了国家和民族的未来。"

可是，所谓"国家和民族的未来"，不就是由每天我们面对的一个个孩子构成的吗？离开了眼前具体的"人"，哪里去找抽象的"国家和民族"？

所以，说"为了孩子"就是我们的教育初心，是没有错的。正如许多学校的墙上所写："一切为了人，为了人的一切，为了一切的人。"

但是在一些地方，这几句话一直仅仅作为口号而停留在墙上。恕我说得再直接一些，我们有的教育者已经失去教育初心很久了。

二

我在一则小学生日记中读到了一个孩子的郁闷："今天早晨，我走进学校问张老师好，她却不理我。"

我想，这个张老师也许不是有意不理孩子，只是当时心里有事，或者她鼻子里也"嗯"了一声，只是孩子没有听到。

尽管如此，我还是要说，如果这位张老师大学毕业第一天上班走进校园，看见孩子向自己问好，该是多么欣喜和激动！她一定会同样认真地回应道："同学你好！"为什么随着时间的推移，"张老师"面对同样纯真的问候，变得麻木而不屑搭理了呢？

初心，就从这不经意的地方失落了。

我经常问一些刚工作的年轻教师："您现在每天想得最多的是什么？"得到的回答往往是："怎么把课上好，怎么把班带好！"

这就是初心。我曾经在一篇文章中写了我的"第一天"——

第一天踏上讲台的时候，我是那样纯粹，没有功利心，没计较过收入，没想过如何算"工作量"，也没想过"教坛新秀""市优秀青年""省级骨干教师"等荣誉，想的只是怎样把眼前这一堂课上好，把这群孩子带好。那时候，教育就是教育，而不是"荣誉""职称""论文""课题"……课堂上孩子们一双双亮晶晶的眼睛，课后孩子们一声声无邪的笑声，就是我的全部追求。

这就是我们的初心。

三

时间一天天过去，我们从初出茅庐的年轻教师，变成年富力强的中年教师，再变成德高望重的老教师……同样是带班，同样是上课，最初想的只是孩子们是否快乐，是否有收获，我们是否幸福，是否在成长；现在，我们可能就"功利"一些，孩子在我们眼前不再是活生生的人，而是分数、名次、合格率、重点率、"一本率"、"985"人数——为了这一个个"数字"，上课压堂、放学补课、错一个字抄十遍、罚站、请家长……到了这时，老师还能说、敢说自己是"为了孩子"吗？

当然，老师也很辛苦。但当我们在做这一切的时候，所谓"为了孩子"，已经成了若有若无的记忆——初心，已经离我们十万八千里了！

写到这里，肯定相当多的老师感到委屈："这能怪我吗？我也不愿意这样啊！可我不这样，各种考核能过关吗？职称、奖励、绩效……我的一切利益都是和考核挂钩的！"

是的，教师初心的失落不能仅仅责怪教师，追根溯源还得从管理上去找。

四

"都是校长给逼的！"许多老师咬牙切齿地说，于是一板子打到校长身上。

其实，对绝大多数校长而言，他们最初何尝没有教育情怀？从当校长的第一天起，或者说从参与学校奠基建设的第一个早晨起，他们心里一定也有着一个伟大的梦想——这个梦想可能源于陶行知的育才学校、苏霍姆林斯基的帕夫雷什中学、小林宗作的巴学园、尼尔的夏山学校……当想到这些学校的时候，他们眼前呈现的一定是校园里活泼可爱的孩子和孩子脸上灿烂无邪的笑容。

那一刻，孩子的生命、快乐、成长占据着校长的整个心灵。为了孩子，这是校长办学的神圣初心。

当然，现在依然有不少校长坚守着"为了孩子"的初心，秉持着"学生至上"的理念办学，但未必每一位校长都是如此。有一次，我到一所名校参观，问忙忙碌碌的校长："您平时想得最多的是什么？"他大倒苦水："我操心死了，考虑的东西太多了！"然后滔滔不绝地给我谈"办学理念""教育规律""课程改革""课堂模式""国际视野""网联网＋""人工智能"等具有战略意义的宏大话题，唯独没有谈到具体的"人"——每天都会迎面走来的孩子。一个个具体的"人"已经湮没在众多的"理念""模式""战略"中了。

教育走到这一步，"为了孩子"的初心至少已经遥远而模糊。

五

有人会说："不对吧，校长强调理念、模式、改革及对学校发展的战略思考等，不都是为了孩子的发展吗？"

是这样的吗？未必。当某些校长眼中只有"达标""争创""突破历史新高""三年打造名校"时，学生在他心中只是实现其宏伟目标的工具，只是一个个筹码，甚至——请允许我"阴暗"地推测——是某些校长"上位"的"政绩"而已。

究竟是哪里出了问题，让最初美好的目标发生偏移？

"逻辑"的推演似乎是这样的——

为了孩子能够享受良好的教育，我们办起漂亮的学校；有了漂亮的学校，还得有合理的课程，于是开发并设置丰富多彩的课程；还需要有优质的教师，这些教师要有高超的教学技能和精湛的育人艺术，于是开展教师专业技能提升活动；为了提高教学质量，搞起了教育科研，于是公开课、技能大赛、论文评比渐渐兴起；为了便于检测教育质量，开始搞标准化，设定指标，进行评比和排名；为了鼓励更多的学校"办人民满意的学校"，设立了"示范学校""星级学校""新优质学校"等荣誉让各学校"争创"，自然就有了各种"验收""督导"……

到了这一步，教育已经变了味：为了"迎检"，让孩子弄虚作假；为了"夺冠"，不让一些特殊的孩子参与展示；为了迎接领导视察，让孩子停课排练，冒雨演出……这一切，都是"以学校的名义"——为了学校声誉，为了学校发展，而"学校声誉"和"学校发展"又是为了谁，已经被人忘记了。

于是，"办人民满意的教育"不知不觉便成为"办局长满意的教育"。教育初心，就这样失去了！

可怕的还不是这种非个别现象的存在，而是大家都认为这是正常的！

六

可是，且慢讨伐校长，因为校长也有一肚子的冤枉："我都是按教育局的要求做的！我如果不办局长满意的教育，学校的发展谁还会支持啊？"

但如果去问局长，他可能会说"区（县、市）委、区（县、市）政府对教育的重视"，谈自己"压力也不小"，因而不得不办"区长（市长、省长）满意的教育"……如此一层一层往上追，一级比一级感到"无辜"和"委屈"！细想也是，哪一级哪一位领导不是为了所在区域的孩子们在操心教育呢？

一门心思办"一切为了孩子"的教育，为什么"播下的是龙种，收获的却是跳蚤"？

你在哪里失去了"她"呢？

放在国家发展的大背景下，作为服从社会主义现代化建设的教育，本身具有工具性质，而教育这个工具要培养的正是国家现代化所需的"建设人材"。

当教育这个工具培养的是社会所需要的"人材"的时候，其重点是"材"而不是"人"。在这里，教育的目的已经发生悄然的偏移，教育强化工具性的功能而淡化人文性的意蕴，便是很自然的了。

七

我没有否认教育在实施中所发挥的工具性，相反认为教育的日趋"功利化"有其必然的历史合理性。

40多年前，刚刚从"文化大革命"中醒来的共和国，面对国民经济和总体实力被世界强国远远甩在后面的残酷现实，产生了一种前所未有的、急于追赶与崛起的愿望，整个民族出现"只争朝夕"的紧迫感，于是果断终止"以阶级斗争为纲"的路线，并确立"以经济建设为中心"的战略。多出人才，快出人才，加速国家现代化进程，是无数中国人的梦想。

因此，培养现代化建设所需的各种专业人才，自然是中国教育的神圣使命；作为基础教育的中小学，为高校源源不断输送优质生源，更是义不容辞。在这个大背景下，人们想得更多的是"分数""指标""升学率"，而忽略了人本身的全面发展、和谐成长、身心协调、人生幸福等因素，是可以理解的。我甚至把这看作历史发展的代价——它换来的是改革开放举世瞩目的经济强盛——尤其是历经40多年飞速发展，中国已超越日本成为仅次于美国的世界第二大经济体。

八

教育究竟是为了什么？为了社会发展，还是人的发展？

其实，在教育发展史上，教育的社会本位与个人本位一直存在争论。前者以涂尔干、纳托尔普等人为代表，他们更强调教育的目的就在于让受教育者服从并适合社会需要，使受教育者社会化，保证社会生活的稳定和延续；后者以卢梭、康德、施莱尔马赫、福禄贝尔等人为代表，他们主张教育的根本目的在于使人之为人的本性得到最充分、最完善的发展，因而教育目的理应根据人的本性之需要来确定。

不管是不是自觉选择，几十年的中国教育呈现的似乎正是"社会本位"的教育目的观。"发展才是硬道理。"人必须服务并从属于国家的发展，也是一定历史阶段的"硬道理"。

从理论上讲，理想的教育目的应该是个人发展与社会进步的和谐统一。但这种理论上的"统一"对某一具体的历史阶段而言，很难绝对实现，或者说从来就没有精确地实现过。

事实上，在不同的历史时期提出了大量的目的，这些目的在当时当地都具有巨大的价值。我们并不去强调不需要强调的东西——这就是说，有些东西已经很受重视，就无须强调。我们往往根据当时情境的缺陷和需要来制定我们的目的；在一定的时期或时代，在有意识的规划中，往往只强调实际上最缺乏的东西，这并不是一个需要加以解释的矛盾。

杜威这段话非常精辟地说明，无论是社会本位还是个人本位，放在具体的社会背景中都有着相对的历史合理性，因为人们总是根据所处时代面临的当务之急而对人或社会有所侧重，进而在教育目的上呈现出不同的偏重。

所以，对中国过去有过的、现在依然还存在着的忽略人的价值的教育，我依然予以历史和时代的宽容，包括应试教育。

九

历史在推进，时代在发展，人们对教育的理解也更加完善。

20世纪90年代，联合国教科文组织出版了一份全球教育发展报告：《教育——财富蕴藏其中》。面对即将到来的21世纪的挑战，报告认为："必须给教育确定新的目标，必须改变人们对教育的作用的看法。扩大了的教育新概念应该使每一个人都能发现、发挥和加强自己的创造潜力，也应有助于挖掘出隐藏在我们每个人身上的财富。这意味着要充分地重视教育的作用，就是说使人们学会生存，实现个人全面发展的作用，不再把教育单纯地看作一种手段，是达到某些目的（技能、获得各种能力、经济目的）的必经之路。"

报告特意重申了一个基本原则："教育应当促进每一个人的全面发展，即身心、智力、敏感性、审美意识、个人责任感、精神价值方面的发展。"在此基础上，更进一步地强调："教育的基本作用，似乎比任何时候都更在于保证人人享有他们为充分发挥自己的才能和尽可能牢牢掌握自己的命运而需要的思想、判断、感情和想象方面的自由。"

"教育要面向现代化，面向世界，面向未来！"邓小平同志"三个面向"的光辉题词，至今依然色泽明亮。因此，作为国际公认的纲领性教育文件《教育——财富蕴藏其中》所界定的教育功能、教育目标，对中国教育改革来说，依然有着非凡的意义。

十

历史发展到今天，中国的教育应该重新考虑自己的价值取向。在中国已经成为世界第二大经济体时，我们应该重新调整教育航向，让教育回归"人"的轨道。

"为什么我们的学校总是培养不出杰出人才？"著名的"钱学森之问"无疑是深刻的，且戳中了中国教育的痛点。但"钱学森之问"依然停留在教育的工具层面，着眼于"材"的培养。已经有学者对此有过质疑。

是的，我们首先应该问的是："中国教育为什么培养不出杰出的'人'？"这样的提问更符合教育的本质，才更能击中中国教育弊端的要害。

只有这样思考问题，教育才能把人当人，而不是当"材"。如果我们的教育只想着培养"人材"而不是"人"，没有了"人"，自然也谈不上"材"。如果我们源源不断地培养出杰出的"人"，需要的"人材"自然层出不穷。

如果说过去40年我们听得比较多的是"以经济建设为中心"，那么最近越来越响亮的旋律是"以人民为中心"——这是习近平同志在党的十九大报告中所提出的重要发展思想。这一思想必然落实在国家发展的所有领域。

教育上的"以人民为中心"，我认为主要是"以每一个孩子为中心"——我们能说面对的孩子不是"人民"吗？让教育重新回到一个个具体的孩子身上，关注人本身的成长、发展与幸福，这就是教育的"以人民为中心"。

如果说，"以人民为中心"是中国共产党人最大的"初心"，那么"以人的发展为中心""为了一切孩子""学生至上"……就是所有当代中国教育人最纯的"初心"。

唯有始终关注"人"，教育初心才永不丢失。

2018 年 1 月 31 日

教育要有"儿童视角"

"儿童视角"本来是文学创作领域的一个概念，指的是小说作者借助儿童的眼光或口吻来讲述故事，故事的呈现过程具有鲜明的儿童思维的特征，小说的叙述调子、姿态、结构及心理意识因素都受制于作者所选定的儿童的叙事角度。相对于成人视角，儿童视角在观察、描摹事物，讲述和理解事件时表露出他们所特有的思维习惯、认知方式和价值取向。因此，儿童视角是一种叙事策略，一种独特的话语表述方式。

我想到了教育。近年来我们常常听到"学生立场"这个概念，其含义大致和"儿童视角"类似——通俗地说，就是要善于站在孩子的角度看问题。但"学生立场"这个短语比较容易让人想到"教师立场"，并可能在潜意识里将二者对立起来——而事实上，"学生立场"和"教师立场"并非完全对立。因此，我还是更喜欢用"儿童视角"这个概念。

什么是教育学意义上的"儿童视角"呢？我不是理论工作者，没有能力从理论的高度下定义，但可以这样表述我对"儿童视角"的教育学理解：用儿童的眼睛去观察，用儿童的耳朵去倾听，用儿童的大脑去思考，用儿童的兴趣去探寻，用儿童的情感去热爱……这个理解，不是我的"原创"，而是读两位我十分尊敬的教育家的著作所受到的启发。

苏霍姆林斯基在其著作《帕夫雷什中学》中这样深情地写道："一个好老师意味着什么？首先意味着他是这样一个人，他热爱孩子，感到跟孩子交往是一种乐趣，相信每个孩子都能成为一个好人，善于跟他们交朋友，关心孩子的快乐和悲伤，了解孩子的心灵，时刻都不忘记自己也曾是个孩子。"（《帕夫雷什中学》，教育科学出版社 1983 年版，第 44 页。）记得当我读到"时刻都不忘记自己也曾是个孩子"这句话时，不禁怦然心动，想了很久很久。教师应该多想想自己曾是孩子时的欢欣、恐惧、喜好、憎恶，想想小时候自己喜欢怎样的老师，以及老师怎样上课，这不就是"儿童视角"吗？

陶行知在《师范生的第二变——变个小孩子》中，这样告诫未来的教师："您不可轻视小孩子的情感！他给您一块糖吃，是有汽车大王捐助一万元的慷慨。做了一个纸鸢飞不上去，是有齐白林飞船造不成功一样的踌躇。他失手打破了一个泥娃娃，是有一个寡妇死了独生子那么悲哀。他没有打着他所讨厌的人，便好像是罗斯福讨不着机会带兵去打德国一般的怄气。他受了你盛怒之下的鞭挞，连在梦里也觉得有法国革命模样的恐怖。他写字想得而没有得着，仿佛是候选总统落了选一样的失意。他想您抱他，一会儿您偏去抱了别的孩子，好比是一个爱人被夺去一般的伤心。"（《陶行知教育文集》，四川教育出版社 2005 年版，第 257 页。）读到这里，我无比感动：陶行知之所以成为不朽的教育家，与其说因为他首先有一颗伟大的爱心，不如说他首先有一颗纯真的童心——"变个小孩子"。某种意义上说，童心就是"儿童视角"，没有这样的视角，绝对当不好老师。

几年前，我在 20 世纪 80 年代教过的一个叫赵刚的学生来看我。我俩在城外的一条绿道上散步聊天，谈社会，谈国家，谈人生……他跟我说："李老师，刚进入初三时，有一件事我对你很有意见，但当时没说，现在可以说了。"我说："好呀，你说。"他说："那是进入初三的开学第一天，你在班上表扬很多男同学经过一个暑假长高了，你还说谁谁谁长高了多少厘米。我当时好想你表扬我，因为我一个暑假长了七厘米，可是你表扬这个表扬那个，就是没表扬我，我当时气了很久！"

我听了哈哈大笑，心想：这都值得你生气？我当时是随便点了几个同学，怎么知道你也长高了呢？这事都要生气，也太小气了嘛！这哪值得生气呢？但我转念一想，觉得赵刚"小气"，这是成人的想法。而当时，赵刚是一个小男孩，一个暑假长了那么高，多么希望老师能够知道并表示欣赏啊！可我却没有。仔细一想，这事至少说明：第一，我没有关注他，如果报名那天仔细观察他，他长了七厘米我应该能够看出来的；第二，在我表扬其他男生的时候，没有觉察到坐在下面的赵刚脸上渴望的表情。于是我对赵刚说："是我的不对。虽然30多年后的今天你才对我说，你也早就不为此事感到委屈了，但你说出来是有意义的，因为我还在当老师，这对我以后更加细心地对待学生，特别要以儿童的心理去理解儿童是有帮助的！"

我的学生赵刚，就是以这样的方式告诉我什么叫"儿童视角"。

加拿大学者马克斯·范梅南在《教学机智——教育智慧的意蕴》一书中，记录了这样一个教学现场——

在其他同学面前演示一个十年级的科学实验结果时，考瑞完全失去了他的潇洒和信心。现在他感到十分尴尬，简直就希望能钻到地底下去，这样他就永远也不要见到他的同学们了。孩子们注意到了他内心的斗争，有的开始窃笑，而其他的同学则为考瑞感到尴尬，于是假装不去注意，这使得情形变得更糟。考瑞僵立在那儿，脸上（的肌肉）抽搐着。那种安静变得让人无法忍受。就在这个时候，老师打破了这种尴尬，递给考瑞一支粉笔，并问他是否用两三个要点将主要的结果写出来。考瑞这时有了一个机会转过身去，镇静一下自己，不面对其他孩子。同时，老师向班上作了一些评论，以帮助考瑞回忆和梳理结果。结果，考瑞的实验结果陈述做得还不错，老师最后说："谢谢你，考瑞。你刚才经历了一个很艰难的时刻，我们都经历过类似这样的时刻，你做得很好。"

在这里，考瑞的老师是机智的，更是善解人意的，她巧妙地将考瑞从尴尬中解救出来。而这样做，源于她有一颗能够细腻感受儿童内心世界的心，即我今天所说的"儿童视角"。

站在成人的角度，很多老师也许关心的只是答案的对与错，以及为什么对或错，眼睛里只有冷冰冰的知识，而没有活生生的人。但考瑞的老师不是的，她理解考瑞的脸红、心跳、不好意思、无地自容……她觉得当务之急不是帮助学生弄清知识，而是给孩子以尊严，让孩子恢复自信，所以才找了一个理由，让孩子转过身去，镇静一下自己，不面对其他孩子。设想一下，如果不是这样，即使教师不批评、指责，而是请考瑞"坐下再想想吧"，那也会让考瑞多么难受。考瑞的老师对学生充满尊重的办法很高明，她为考瑞创造了一个机会，让他自己去面对、去处理，并获得成功。

北京市十一学校的李希贵校长曾谈到"当学生提出不上课、不写作业、不考试的时候，怎么办"的问题。这个问题在许多教育者看来简直就是"乱弹琴"。是的，如果从"成人视角"看，学生不上课、不写作业、不考试，那还叫什么"学生"？但李校长的回答是：在十一学校，我现在面对最多的挑战就是，这些学生会找到我，说他们找老师商量，希望这两个月不上课，但是老师看上去不太同意。还有学生找到我，说希望这个学期不做某学科的作业了，他跟老师商量这件事，老师担心他因此影响成绩……这样的学生为什么会出现？在今天互联网的影响下，学生不仅仅靠一个渠道学习，当他们变得不一样的时候，我们有什么理由让他们在课堂上做一样的作业、考一样的卷子？为什么？没有理由，就是习惯，就是制度，就是掌控。要打破这些是很困难的一件事，但是如果我们真的要研究每一个学生的成长链条，你就会发现我们必须打破这些。

想一想，我们的教育中，我们的课堂上是不是缺少了一些"儿童视角"呢？我们制订了那么多的校规，有哪一条跟孩子商量过呢？我们有太多整齐划一的要求，不就是为了方便管理，甚至"看起来舒服"吗？我们空洞乏味地给孩子灌输那么多他们根本听不懂的"思想"，想过孩子的感受吗？

在今天这个背景下，提出教育要有"儿童视角"是有特定针对性的，但这绝不意味着我主张绝对的"儿童中心主义"，即一味地迁就儿童，放任儿童……绝不是的！如果那样，等于是取消了教育。

从另一个角度看，教育的"成人视角"依然重要，这意味着我们的教育使命，教育目标，教育内容，教育方法，教育过程，教育智慧和艺术等。今天，我们这个时代的教育缺乏的不是"教师的大脑"，而是"孩子的心灵"，因此，我呼吁——

教育要有"儿童视角"！

2016 年 10 月 7 日

无论什么高科技手段，都不能取代教育中"人"的气息

听说现在一些教育管理都"电子化""网络化"了，很多事可通过某些 App 完成，微信群成为老师布置作业、家校沟通的平台。人与人之间的沟通，变成人与手机或电脑屏幕的交流。

我从来不反对现代信息技术进入教育领域，尤其是在互联网时代，新的科技将更新我们的教育教学手段，提高我们的工作效率。比如，对大班额学生的作业检查，有时用手指轻轻一按，便一目了然。这的确是进步。

但我反对一切都"电子化"，因为面对面被"屏对屏"取代，教育所应有的人的气息、人的温度便没有了。

教育不仅仅是传授知识，还要关注心灵；不只是看知识的正误，还要看精神的善恶。就算是知识传授，我们也不仅仅看结果，还要看学习过程中学生的专注度、求知欲、情绪状态、思维方式等因素，因为知识不是唯一目的，更重要的还有情感、态度和价值观。

一旦没有了人的气息和温度，真正的教育便消失了。

我写过一篇文章，题目是《未来，教师会消失吗》。我愿在此重申该文中的一些观点——

教育本身并不只是灌输知识和传授技能——知识和技能在教育的过程中，都是人格的载体。那真正的教育究竟意味着什么呢？意味着精神的提升、人格的引领、情感的熏陶、价值观的引领……一句话，教育是指向人的灵魂的。所有学科知识的学习都是人格形成的渠道之一，而且是极其重要的渠道。天地人、德智体、真善美……构成教育丰富多彩的内涵。雅斯

贝尔斯说："教育，是关于灵魂的教育，而非理性知识和认识的堆积。"事关灵魂，岂能交给没有灵魂的网络与机器人？

……

教育，更多关注的不是因果，不是规律，不是物性，而是价值，是精神，是人性。真正的教育过程，从来就不是师生之间单向的"我讲你听""我说你练"的工程式的机械操作。无论教育者还是被教育者，双方都不是冷冰冰的"程序载体"，而是有血有肉、有思想、有情感的人。在教育实践中，教育者和被教育者的关系不是人与物的关系，而是人与人的关系——准确地说，教育者和被教育者必须或者说已经融为一个整体。

一些机械的、重复性的操作，可以通过现代信息技术取代，但从这些机械的、重复性的操作中解放出来后，教育者更应该有充足的精力对准学生及其父母的精神世界——面对面的谈心、家访，还有手拉手的远足，甚至完全融为一体的摸爬滚打……这些"古典"的方式永远不会过时，而且只有这样，才能真正让教育还原成"关于灵魂"的事儿。

信息时代，教育应该因科技而如虎添翼，而不是被科技吞噬。

2018 年 8 月 6 日

考试分数是不是学生的隐私

　　学生的考试分数当然是其隐私，而且应该受到保护。我认为，这本是一个不需要讨论的问题。道理很简单：现在的分数同孩子的尊严紧密联系在一起，特别是对于一些所谓的"差生"，分数有时候甚至成为他们被羞辱的"痛点"——作为有起码人道主义情怀的教师，保护学生的"分数隐私"不就是保护他们的自尊心吗？

　　当然，由于种种原因，长期以来国人普遍缺乏隐私意识，现在公民的许多基本隐私难以得到保护。在这样的国情下，如果独独对学校提出保护学生的分数隐私，实在有些理想化。试问：学生的家庭情况是不是隐私？学生父母的经济状况是不是隐私？学生在原来学校犯过的错误是不是隐私？学生的社会结交是不是隐私？学生的书信往来是不是隐私？等等。细细想来，这些都应该算是公民（学生当然也是公民）的隐私。但是，因为教育的需要，这一切都不再是隐私了——有的教师连学生的信件都要拆看，学生还有什么"隐私"可言？相比之下，公布学生的考试分数及名次，在相当多的教育者眼中，实在算不上侵犯隐私。

　　分数隐私之所以得不到保护，还有教育体制的原因。应试教育需要分数和名次的"公开化"和"透明度"——教师希望借助分数和名次来刺激学生的上进心，多数学生也希望（虽然是迫不得已的"希望"）通过分数与同学"拼搏""竞争"，家长更希望从分数中看到子女的"差距"与"进步"……在如此浓浓的火药味中，谈何保护分数隐私？

　　但是，现在人们"隐私意识"的觉醒毕竟是一个了不起的观念进步；教师开始认识到分数与隐私的问题，也不是一件没有意义的事。尽管我们现在还难以做到将考试分数作为学生的隐私而完全保密，但意识到"分数应该是学生的隐私"，则可以让教师多一分对学生的尊重和理解，特别是对于屡战屡败的"差生"，会比过去多一些充满人情味的关爱。比如，给学生发考卷时，如果能够看似不经意地把标有分数的一角卷起来再给学生，教育便多了一丝温情。教师个人也许无法减少目前应试教育对学生心灵的戕害，但起码可以做到绝不变本加厉，更不助纣为虐。

当我们不把分数和名次作为对付学生的"杀手锏"的时候，教育就开始向着人性、人情和人道回归了。

1999 年 3 月 5 日

学生需要尊重和保护的不仅仅是分数

真的没有想到一篇谈分数隐私的短文，竟引起那么大的反响。这真的是意外惊喜。一篇文章就怕无人评论，冷落是对作者的间接批评。有那么多的朋友参与讨论，我真的感到很开心。我向所有认真而严肃参与讨论的朋友（包括持不同观点的朋友）表示感谢。

中国人的隐私意识一直相对较弱。改革开放后最大的观念进步之一，就是国人隐私意识的增强。但要将保护隐私的意识融入教育，还有很长的路要走。

有朋友怎么也想不通，为什么分数居然成了学生的"隐私"？为什么用公布分数去"激励"学生这种习以为常的做法是对学生隐私的"侵犯"？对此，我不打算和他们争论，因为失去了争论的前提，索性就交给时间吧。我坚信，随着时代的发展和教育的进步，如今许多水火不容的对立观念会趋于一致。回顾几十年来教育的变化，可以看到，如今已经成为常识和常态的说法、做法，在20世纪80年代人们想都不敢想。因此，今天关于隐私的争论，也许会成为几十年后的历史笑话。

也许有的朋友粗心，没仔细看文章，竟然以为我不要分数，不要名次。我只是提倡（目前也只能是提倡）保护学生的分数隐私，但分数本身是不可能取消的，只要有考试就会有分数。同样，考试也不可能取消，只要有教学，就必然有考试。排名也是如此，作为一个认真负责的教师，将学生按分数排名是一种分析成绩、研究学情的方式，无可厚非，只是这个名次不要简单化地公开。作为教育和激励学生的方式，可以单独和学生说，让学生知道自己的学习成绩在班上所处的位置。当然，如果学生自己公开，那是他的事。

一些教师反复说，现在学校的管理不也是将教师排名，公开教师的教学成绩吗？怎么学生就不行了？我认为，这种简单化的管理也应该改进，但不应该成为我们将自己的经历"转嫁"于学生的理由。孩子是未成年人，从法律上讲，有些处理就应该和成年人不同。

还有个别教师问："犯罪记录是不是隐私？"当然是隐私。这里要说明的是，所谓"隐私"，更多的是指普通人交往时的自我信息保护，但如果是公权机构依法调查或国家公务员和有关重要部门录用考核时，这些犯罪记录自然就不再是隐私。这是另一码事，不能说是侵犯隐私。

从这些疑问中可以看出，一些朋友在思考和讨论问题时，概念并不明确，逻辑也不够清晰。如果注意一下思维的缜密性，讨论会更有效。

的确，理想很丰满，现实很骨感。对待分数和名次，我们现在很难做到完全不公布。何况公布分数和名次的教师可能并无恶意，相反都是为学生好，对此我非常理解，但至少我们应该在思想上有所超前，因为观念的进步总是领先于行动。虽然我们现在有许多无奈和无助，不得不搁置理想而屈从现实，但这不妨碍我们在认识上领先——如此，当真正的变革到来时，我们便不会成为阻力，而成为教育发展的推动力。

1999年春天，成都市教科所举办了一场"李镇西素质教育现场研讨会"，著名特级教师程红兵专程从上海赶来参加。在评课阶段，程红兵对我的作文课提出质疑："作文题目是'内疚'，这有侵犯学生隐私的嫌疑。"我特别欣赏红兵当面对朋友说"不"的品质，但并不能为了表示自己"虚怀若谷"便违心地认可他的批评。我当时和他商榷："教师并没有限定更没强迫学生必须写什么。围绕'内疚'这个题目，学生写什么、不写什么完全是他自主而自由的表达。换句话说，学生写出某件事，就说明他认为这件事是可以公开的内容。所谓'隐私'，是指不愿意公开的事或个人信息，如果当事人愿意公开，则不叫'隐私'。既非'隐私'，何来'侵犯'？"

然而，尽管我没有接受红兵的质疑，但他的质疑对我是一次积极的提醒，让我以前不那么清晰的意识逐渐明朗而自觉起来——教育的确应该注意保护学生的隐私权。

作为教师，我们很多时候的确是出于教育目的而"侵犯"着学生的隐私权却浑然不觉。比如我年轻的时候，经常在语文课上读学生的优秀作文，却丝毫没有想到问问学生："你同意李老师读你这篇作文吗？"后来我意识到这点，每次作文评讲前，都要征求需要公开的作文的作者。如果学生不愿意甚至表现出些许为难，我坚决不会公开他们的文字。但现在这种根本不经学生允许而"理所当然""不由分说"地在班上宣读优秀作文的情况，在一些教师那里依然是常态。

学生需要保护的权利，远不只是"隐私权"，还有肖像权。比如，许多教师习惯于在微信中晒学生的各种照片，这经过学生同意了吗？我当校长时给学生拍了许多照片。当我要将一些照片放大印出来挂在校园时，都要征得相关学生的同意。我现在经常在外讲学，PPT上的学生照片都是经过他们同意的，如果学生不同意，我讲学又无法避开的一些照片，我都要打马赛克。此外，还有姓名权。20年前我写作《爱心与教育》时，脑子里还没有保护学生姓名权的意识，所以故事中的人物除了极个别、很特殊的原因而用化名外，全是以真姓真名呈现，甚至有意点出学生姓名，觉得这样更真实。后来，我意识到这个问题，在写《心灵写诗》时，凡涉及学生，一律用化名。现在，我写书时非常注意这个问题。

有些侵犯学生权利的事，则是在"崇高"的名义下进行的。某校一位高二女生应邀参加电视台的一档综艺节目，意外地获得一份奖品。令这位女孩感到意外的是，几天后奖品寄到学校时，却被学校办公室领取了。她到办公室询问缘由，结果被告知："你是学校的一名学生，取得了成绩，荣誉应该属于学校。奖品保存在学校荣誉室，这是校长主持行政会议集体研究决定的。"如果换了其他同学，即使觉得不合理可能也就认了，但这位女同学却不服。在多次交涉无效后，她毅然把校长告上法庭，结果胜诉。

还有一件类似的事。某校一位高三学生填报志愿时，被班主任及学校领导强行要求填报他不喜欢的学校及专业——因为在学校看来，这位学生填报这个专业录取的可能性更高，这样便可以增加学校的"高考上线人数"。这位学生不愿意牺牲自己的意愿以成全"母校的光荣"，于是班主任便自作主张帮他填报了。同样，这位学生也把母校告上法庭，并赢得了胜利。

按传统的人情观，这两位中学生真的是"没良心"——居然对辛辛苦苦培育自己成长的老师如此"冷酷"！但是，我认为这两位中学生用法律捍卫自己的利益与权利，正是隐私意识的觉醒！

现在，不少教师感叹："现在当老师难啊，学生和家长动不动就起诉老师，和学校打官司。"我却认为，一切听法律的，这是可喜的现象。我们不是经常说"依法办事"吗？怎么轮到自己就不舒服了呢？从总体上说，包括学生及其家长在内的所有中国人用法律来维护权利是教育的进步，也是时代的希望。

2017 年 9 月 26 日于成都至长春的航班上

"人"才是最终的目的

苏霍姆林斯基说："人——是最高价值！"

人类之所以需要集体，是因为面对大自然和强大的敌对势力，个人的力量是有限的，只有依靠众人的力量和智慧，孤立的个体才不至于被消灭，才会获得安全感。所以，无论是对付自然灾难，抵御外敌入侵，还是获取物质财富，保护自身生命，都需要大家"抱成团"，所谓"团结就是力量"。当然，在某些特殊时候，个人的确应该为了集体牺牲自己的一切，所谓"牺牲小我，保全大我"。之所以要"舍身为公"，就是因为这个"公"能够保全更多个体的利益和生命。

正是在这种意义上，我们说集体的强大是个人利益（当然也包括个人尊严，因为如果连起码的利益都没有了，尊严也荡然无存）的保障。但是，不要忘记，集体是为个人而存在的，而不是相反。在某些特殊时候，没有了集体，个人便失去保护的屏障，因而便没有了个人。但这只是"在某些特殊时候"。从常态来看，在终极意义上，应该是没有了个人，集体什么都不是。如果这个集体不但没有保护个人的利益与尊严，反过来侵犯每一位个体成员，那它根本就没有必要存在。尤其是当有人打着"为了集体"的旗号而维护自己的面子并攫取私利的时候，这样的集体已经走向反面，失去了存在的合法性，应该解散。

当然，我上面说的是一种极端结果。通常情况下，学校与班级是作为引领学生健康成长的专业机构和组织形式，目的在于呵护学生稚嫩的心灵，培育健全品格，传授文化知识，让他们成为一个真正意义上的"人"。

作为"工具"，集体也具有教育的功能。就班集体而言，我们所理解的

【观念】

023

"班集体"，既不仅仅是教学单位，也不单纯是德育组织，而是集教育、教学和个性发展于一身的有机统一体。它以对学生的尊重和研究为出发点，以对学生的教育和发展为目的，教育与教学互相协调，知识传授与能力培养互为依存，个性的全面发展与群体的共同进步互为条件，它是德、智、体、美、劳五育和谐统一的教育组织和教育系统。在这样的集体中，大家有共同的追求、共同的荣辱、共同的精神支柱、共同的心理依托。成员之间互相友爱，互相帮助，谁也离不开谁。每个人为集体的挫折感到难过与忧虑，集体为每个人的成绩感到由衷的欢喜与自豪。在这里，通俗地说，班集体就是师生倍感温暖的家。

对于学校里个人和集体的关系，我认为，个人服从集体只是相对的，集体服务个人则是绝对的。集体是服务于个人成长的。在20世纪80年代，还是年轻教师的我曾对班级集体主义教育进行研究，提出"班集体是学生个性发展的手段与途径之一"，结果引起争议，但我至今仍坚持这个观点。包括我在内的许多班主任的丰富实践已经证明，充满浓郁集体主义气氛的班集体是学生个性全面而和谐发展的最佳环境。在这样的集体中，学生不仅仅在分数方面（学习领域）显示自己的聪明，而且在文娱、体育、游艺、小制作、小发明等各种创造性劳动中展示自己的才华。学生在与他人交往、为集体奉献的过程中，不断发现自己独一无二的天赋，体验着人人平等的尊严。每个学生通过集体发现自我、塑造自我、完善自我、超越自我，集体为每个学生的个性发展提供各种机会与途径。

然而，我们要高度警惕集体对个人的绑架甚至压迫。这方面，我已经列举过一些例子，现在还想补充说说集体对个性的扼杀。

在一些学校，有的班集体看起来也许纪律良好，团结一致，但这是以压抑学生个性作为代价换来的。学生在性格、兴趣、才能、思维等方面的个体差异被"集体"强行"统一"，学生有任何一点与众不同，都会在服从集体的名义下渐渐消失。学生只有绝对服从，而无任何相对自由；"集体"只有整齐划一，而无半点生机、活力。

我们所期待的班集体，应该是每一个学生个性发展的良好环境。在这样的集体中，同样不可缺少统一的目标、严格的纪律，需要学生对集体规则的服从。但从某种意义上说，这些都不是目的而是手段，是为每个学生个性发展服务的。只要不违反纪律，不损害集体利益，集体就应该对学生各方面的"异常"甚至"异端"充满宽容。一千个人便有一千种智慧。通过班集体，学生能够以各种方式发现、发挥、发展独特的禀赋与才能。几十个个性鲜明、才华各异的学生组成了一个既有统一意志，又色彩斑斓、富有个性的集体。

集体主义教育理论鼻祖苏联教育家马卡连柯提出了集体主义教育的三条著名原则——"通过集体""在集体中""为了集体"——应该说，马卡连柯的集体主义教育理论至今还有着一定的积极意义，但"为了集体"这个原则在今天看来却也不完全对。那种把集体当作目的、把个人当作集体的工具，乃至随便被人利用支配的"螺丝钉"观点，正是肇始于马卡连柯。

苏霍姆林斯基十分尊敬马卡连柯，多次在著作中称马卡连柯为"导师"，但他并不因此而迷信马卡连柯。苏霍姆林斯基让我敬佩的，不只是他卓越的教育思想和实践，还有他"吾爱吾师，吾更爱真理"的学术品格。他对马卡连柯的集体主义教育理论，特别是"集体是目的"的观点提出直率而尖锐的批评——集中体现在他的《前进》一文中。在这篇文章中，苏霍姆林斯基认为，任何教育理论都必须随时代的发展而进步；一旦把集体看作教育的目的，教育工作在这方面就开始原地踏步。他指出："近20年来，集体教育理论研究没有任何进步，有的只是对马卡连柯有关教育思想和经验的注释和宣传，这忽略了如下事实：生活在前进，不管马卡连柯的语录是如何精彩，他们无论如何也不能作为对眼前学校工作作出判断的依据。"

苏霍姆林斯基认为，"如果把集体作为目的，那么教育一开始就是残缺的教育，教育者就只会关注集体，关注其组织结构及内部的领导和服从的关系，即关注积极分子的培养，关注怎么善于领导，怎么教会服从"。此时，教育者就可能把每个活生生的学生及其精神需求置于视野之外，往往会忘记真正的教育真谛："教育的目的是人，是全面发展的个性。"

我愿意再次重复苏霍姆林斯基的名言："人——是最高价值。"

一切有人性、有良知的教育者应该终生铭记这一句短短的话。

当我们把集体当作目的，而要孩子无条件地服从集体，甚至以集体侵犯他们的权利、伤害他们的尊严、扼杀他们的个性时，我们离以人为本的教育初衷已经越来越远了。

2018 年 8 月 5 日

要求学生做到的，我们做到了吗

　　当今是各种教育"新理念""新模式"满天飞的时代，也是教育常识缺失的时代。然而，可怕的不是常识的缺失，而是大家不知道常识缺失；不，这还不是最可怕的，最可怕的是，大家明知道一些常识缺失，却以为是正常的——这不但可怕，而且可悲。

　　不需要刻意寻找常识缺失的例子，它们就在我们最寻常的校园生活中。我讲一件亲身经历的事吧——

　　2006 年 9 月，我以成都市武侯实验中学校长的身份第一次参加升旗仪式时，看到学生队列整齐、表情庄严，可教师却没有队列，东站一个西站一个，有的还在学生队列后面聊天。我没有当场批评，而是拍了几张照片——有精神抖擞的孩子，有随意散漫的教师。

　　第二天下午有例行的教工大会。我将拍的照片放到投影仪上。第一张照片就把教师们震住了：穿着校服的学生，列队整齐，昂首挺胸，望着冉冉升起的国旗。第二张照片刚一放出来，教师们便哄然大笑——三三两两正随意站着聊天的教师，与第一张照片中学生的队列反差实在太大。第三张照片更具有意味——前面的学生巍然屹立，宛如雕塑，后面的教师却在聊天说笑，仿佛是农贸市场的老友重逢。一张张照片次第展示出来，慢慢地，教师们不笑了。

　　我说："老师们想一想，难道参加升旗仪式可耻吗？如果不可耻，为什么我们不认真参加呢？如果可耻，为什么要让学生去做呢？我们给学生进行过多少爱国主义教育，说过多少升旗仪式的意义，也告诫过学生要认真对待升旗仪式，站端正，不要说话，庄严肃穆，等等。这些给学生说过的话，我们为什么做不到呢？什么叫教育的良知？让学生做到的，教师也应该做得到，而且应该做得更好。如果说一套做一套，就毫无良知可言！"

会场一片安静。也许教师们都在思考我的话。

我决定"独裁"一次，宣布："从下周升旗仪式开始，除了班主任站在所在班级队列旁边外，全体教师单独站成一个队列，站在全校学生的最中间，让我们成为学生的示范！"

从那以后，每次升旗仪式前，教师都自觉面对升旗台站在操场最中间，两旁是全校学生。每次体育教师整队时，首先发出的口令是："全体老师注意了，稍息，立正！向前看齐！"教师们认真地听从口令，调整队列。然后，体育教师再对全校学生喊道："全体都有了啊，立正，稍息，立正！两边的同学，向左向右转——向老师们看齐！"全校学生齐刷刷转过身，面向教师，对比教师队列，调整队形。

"向老师们看齐！"气势磅礴而又意味深长，它一语双关，道出教育的全部"秘诀"——从某种意义上说，所谓"教育"就是教师有底气对学生说："向我看齐！"

于是，每次升旗仪式，教师的队列和孩子们的一样整齐壮观。

我又发现，仰望国旗升起唱国歌时，孩子们在认真唱，多数教师却没出声。我又"多嘴"了："既然要求学生唱国歌，有的老师为什么不唱呢？希望每一位老师也能面对国旗把国歌唱出来！"于是，当国歌奏响时，教师和孩子们的声音在操场上空回荡："起来，不愿做奴隶的人们！……"

从那以后，我校的升旗仪式越来越好——主要指的是教师的状态越来越好。一次升旗仪式刚结束，我突然发现教育局副局长在操场边站着。我大吃一惊："您怎么来了？也不提前说一声。"他笑了："早就听说你们的升旗仪式搞得好，我就想来瞧瞧。嗯，果然令人震撼。"

其实，我校升旗仪式令人震撼的原因很简单，就是教师们很认真，全校学生不过是"向老师们看齐"而已。

有时候，我在外面讲学会讲到这个例子，然后会问听众一个问题："在您学校的升旗仪式上，教师们的表现如何？或者说，您的表现如何？"注意，这里所说"表现如何"的标准，是和同样站在操场上参加升旗仪式的孩子们相比，您比孩子们做得好吗？

我敢说，就目前大多数学校而言，升旗仪式上表现不如学生的教师绝非少数！以唱国歌为例，姑且不用认真大声唱国歌的孩子们的标准去"苛求"教师，比起站在队列木然听着国歌的旋律却连嘴唇都懒得动一下的教师，那些能够稍微动动嘴唇哼唱的教师，就已经相当不错了。

先暂且放下各种前沿的教育理念，回到教育的常识，叩问一下我们的良知——

我们给学生讲的，自己信吗？我们给孩子们讲了那么多做人的道理：真、善、美、正直与宽容、伟大与崇高……是从自己内心深处如清泉一样自然而然流淌出来的，还是不假思索、言不由衷地如传声筒一般的说教？如果你都不相信自己说的话，为什么还要告诉学生，往往还说得"真诚"且"声情并茂"？

我们要学生做的，自己做了吗？我们要学生为灾区孩子捐款捐物献爱心，我们捐了吗？我们会不会在教室里说完"孩子们，人人都献出一点爱，这个世界将变得多么美好"之后，回到办公室便大发"我才不捐呢！我也需要别人给我献爱心呢！谁知道这些钱捐到哪里去了！"之类的牢骚？我们要孩子学雷锋，自己学雷锋了吗？我们要孩子多读书，自己读书吗？我们要孩子有礼貌，自己有礼貌吗？我们要孩子说到做到，自己说到做到了吗？我们要求孩子举止文明，自己举止文明了吗？我们要求孩子有阳光心态，自己的心灵充满阳光了吗？

我相信，大多数教师是堪为人师因而问心无愧；但我同样相信，并不是所有被称作老师的人都经得起这样的自我拷问。当然，他们也不愿意这样自我拷问。

"自己是一摊烂泥却恨铁不成钢"，这是网上一句讽刺和批判某些自己无能却要求孩子杰出的家长的。我认为同样适用于那些经不起良知追问的教师——自己是一摊烂泥，有什么理由和资格"恨铁不成钢"？

我不止一次在学校大会上对老师们说："如果以对学生的要求来要求自己，我们就非常了不起了！"是的，别说学这个学那个，我们就做一下让孩子做的事，好好想想给孩子们提过的做人要求，然后认真做到，那么，我们每个人都堪称圣人。

我曾在微信上写过一段话，引起网友的普遍点赞——

有时想想，教育其实很简单的，就是先让自己善良起来，丰富起来，健康起来，阳光起来，快乐起来，高贵起来，然后去感染孩子，带动孩子，让孩子也变得善良、丰富、健康、阳光、快乐、高贵。除此之外，还有教育吗？现在最大的问题是，教育者缺乏的，却要让学生拥有，岂非缘木求鱼？

我越来越认为，所谓"教育"，没那么复杂，其实就是你想要学生有的，你先得拥有。

为人师表、言行一致、正人先正己，要孩子做到的教师应该先做到……这就是当下每一位教育者应该遵循的最大的教育常识。

2017 年 9 月 24 日下午于贵州铜仁机场候机室

只要"目中有人"，就是素质教育

说起素质教育，许多一线教师最关心的是"怎么操作"。在反对素质教育的喧嚣声中，一个声音很是"雄辩"而响亮："素质教育只是一个空洞的口号，缺乏操作性！"

是这样的吗？

的确，素质教育首先是一种理念：把学生当人，全面发展，注重人格，尊重个性，培养创造力……这种理念同时也是可以操作的实践。作为实践意义上的素质教育，既包括国家宏观层面和学校中观层面的课程开发、教材建设、评价创新、教学改革等，也体现于每个教师每天的教育行为——我把后者称作"素质教育的微观呈现"。正因为这"微观呈现"，让千千万万普通的一线教师成素质教育的实施主体。

素质教育内涵丰富，但我认为至少有两点是其重要内涵：学会做人，学会创新。所谓"学会做人"，就是教育学生具有善良、正直、勤劳的品质，懂得尊重，有责任心，行为规范，心灵自由；所谓"学会创新"，就是培养学生对一切未知领域都充满好奇心和探索的兴趣，动手能力强，不迷信任何权威，勇于质疑，富有批判性思维。

有一年，我带了一个初一新班。开学第一天，点完名之后，我打算把写给孩子的信发给他们。本来，我完全可以请几个同学上来帮忙发信，但最后还是打算亲自把信发到每一个孩子手中。因为在发信的过程中，我可以自然而然地对他们进行教育。果然，许多孩子很有礼貌，但有的孩子没用双手接，有的孩子没说"谢谢"，于是，我表扬了有礼貌的孩子，以此去影响没有礼貌的孩子。就这么一次发信，我就"附加"了素质教育的含量。

20 世纪 90 年代初，家庭电话渐渐普及。我在班上对孩子们说："打电话也是一个人综合素质的体现。"我告诉他们，拿起话筒第一句话应该是热情的"你好"而不是冷漠的"找哪个"；我还告诉他们，当有人拨错了电话，你要体谅地说："没关系，没关系！"而不是不耐烦地说："打错了！"然后"啪"的一声挂掉。我说："人家知道打错了，已经很懊悔了，结果你不耐烦地挂断，给对方留下怎样的坏心情啊！"一个月后，我"突然袭击"，给每个学生家里打电话，拨通以后先不发声，听孩子们接电话时发出的"第一声"，我发现他们都很有礼貌。

点点滴滴，不声不响，这样的教育就是做人的教育，就是素质教育。

当然，人们常说"素质教育的主阵地在课堂"，所以每个老师都应该也可以在课堂上呈现出真正的素质教育。比如，鼓励学生独立思考。然而，目前至少相当多的课堂教学并不令人乐观："满堂灌"的陈旧教学自不必说，即使在一些所谓"启发式"的课堂里，学生也不过是教师思想的俘虏——崇拜师长，迷信权威，不善发问，更不敢怀疑。如果说有思考的话，那也不过是揣测老师的"标准答案"而回答提问。尤其是在公开课上，教师的循循善诱不过是巧妙的圈套，学生的踊跃发言不过是心甘情愿地将自己的思想装进教师做好的"牢笼"。至于像顾颉刚先生所说的"怀疑、思索、辨别"，并提出自己的创见，就更谈不上了。

我知道，对于许多连备课小组长都不是的普通老师来说，其教学自由度是很有限的——考试无权改变，教材无法选择，甚至连教学模式有时候也被统一了，可这并不妨碍我们在课堂教学过程中体现出素质教育的色彩。

有一年我教《琵琶行》，有学生引用某资料书的观点，认为"枫叶荻花秋瑟瑟"的"瑟瑟"应是"碧绿"之意，而非课本上所注释的"萧瑟"。不少学生赞同这一讲法，理由是这样理解画面更美——枫叶红，荻花白，秋水碧。还有学生引用白居易的"半江瑟瑟半江红"来印证。也有学生表示反对："晚上哪看得见'秋水碧'？"我提醒学生结合全诗理解这个词。经过热烈讨论、争论，以及深入研究，大家的认识逐步统一："枫叶荻花秋瑟瑟"渲染的是一种凄婉的气氛，以秋天的萧瑟来烘托诗人内心的悲凉，因此课本注释是正确的。这样一次小小的研讨，虽然没有推翻课本注释，但学生所获得的不仅是某一正确答案，还初步学会了质疑、研讨，以及不同资料的比较、分析和选择。

学完《祝福》，有位女生举手要求发言，她说不同意李老师对小说主题的理解。她指出，小说固然"深刻揭露了封建礼教对劳动妇女的摧残"，但柳妈、卫老婆子及"咀嚼赏鉴"祥林嫂悲哀、嘲笑她"你那时怎么竟肯了"的所有鲁镇人无一不是病态者。整个小说揭示了旧中国人与人之间的冷漠，祥林嫂正是在这冷漠中死去的。听完她的发言，我并不认为她的观点能完全驳倒我的分析，但她善于独立思考，而且剖析确有独到深刻之处，丰富并深化了我们对作品的理解，在课堂上向老师"挑战"更是难能可贵。因此，我肯定了她的发言，并号召同学们向她学习。

尊重学生的不同观点，鼓励学生向权威（包括老师）质疑，这不需要谁批准，不需要加入"素质教育课题"，也不需要"一流的硬件设施"，只要"目中有人"，我们便践行着素质教育理念。

我只从"学会做人""学会创造"两个方面举了例子。素质教育远不止这两个方面，但不管它的内涵多么丰富，都指向人的全面而主动发展。只要心中随时真正装着"人"——人的心灵、人的个性、人的尊严、人的未来……而不只是分数，你所做的教育都是素质教育。

2017 年 6 月 22 日

教育，请撕下眼花缭乱的标签

读了石中英教授《穿越教育概念的丛林》一文，我很有感触。石教授当然不是反对教育形态的多样化，而是反对玩概念。他举了一些例子："有的叫'生命教育'，有的叫'小公民教育'，有的叫'尊重教育'，可谓多种多样……有的学校致力于打造'雅文化'，有的致力于打造'家文化'，有的致力于打造'石文化'，真是百花齐放。"的确如此，各学科还有自己的说法，比如语文，我所知道的各种"标签"就不下20个，如"生命语文""雅趣语文"等。

应该说，任何一种提法都有一定的道理。我并不是说"教育"前面绝对不能加定语，比如针对教育的不同阶段，我们可以把它叫作"学前教育""基础教育""高等教育"等；也可以根据教育对象，把它叫作"特殊教育""工读教育""成人教育"等；还可以根据教育的不同内容，把教育分为"法制教育""道德教育""国防教育"等。这些严谨的限定，我觉得是必需的。另外，即使同为基础教育，人们有时候也会根据自己所理解的教育或学科教育重点强调而创造出一些关于教育的提法。比如，"生命教育"强调教育过程中的"人味儿"，或对某些教育要素缺失的提醒；"素质教育"强调教育不能仅仅是教会刷题，更重要的是培养综合素质。这些说法都无可厚非。

但问题是，一味地给教育贴上各种"标签"，甚至将"标签"升格为"招牌"，反而让教育失去应有的功能。过分热衷甚至迷恋给教育"穿靴戴帽"，而且"靴帽"满天飞，人们看到的只是"帽子"和"靴"，而忘记了"头"和"脚"。口号震天，标签乱贴，眼花缭乱，琳琅满目，最后人们记住的是教育前面那个概念，而丧失了"教育"本身的意义。

为什么不少人喜欢给教育命名？石教授指出，"这恐怕与近些年各地各校纷纷开展的各个方面的特色创建活动有关"。一语中的。是的，以行政指令下达的"会议精神""文件指示"，在强调执行力的今天，往往有"忽如一夜春风来，千树万树梨花开"的效果。当上面要求"一校一品"时，各种"理念""特色""模式"自然应运而生，至于有没有实质内容和生命力不重要，反正在各种汇报材料或迎检展板上，还蛮让人眼前一亮的。

我从不反对学校有特色，但应该是真特色。我反对假"特色"，尤其反感以"特色创建"去折腾学校。当校长们绞尽脑汁地去找别人没说过的关键词以"凸显"自己其实并没有特色的"教育特色"时，剩下的就是石教授所说的"教育概念的丛林"了。在我看来，这些"特色"连"概念"都谈不上，至少概念还有内涵和外延，而加了定语的教育并没有科学内涵，所以只能叫作"教育标签"。教育就是教育，哪有那么与众不同？无论你贴多少与众不同的标签，教育就那些朴素的内容。

我想，现在之所以教育标签源源不断，是不是还和一些人急于建立"流派"的迫切心情有关？建立一套独具特色的教育理论体系，这样的美好愿望当然很好，但需要经过大量的实践探索，而不是事先通过杜撰几个概念来促使目标的达成。从理论上讲，不同的地域有着不同的文化传统，不同的教育者也有不同的教育风格，因此在教育上会呈现出一些地域传统和个人风格。但这种传统和风格是不是已经超越更多的教育普遍真理，进而形成以独有的教育概念为标志的教育流派？如果只是通过概念标新立异，这种流派的生命力注定是不会长久的。

经常看到一些年轻老师，喜欢说自己在全国率先提出什么教育理念或是中国什么教育第一人，我就想到自己年轻的时候，也想过建立独创性的教育教学"流派"，也在文章里用过类似"生活语文""心灵教育"之类的表述。但随着教育实践的丰富，尤其是教育视野的扩大，我渐渐认识到，现在包括我在内的许多人所标榜的"首创""率先"，放在中外教育史上一对照，真的显得无知。远的不说，新课改的许多理念和做法，有人说是"西化"，其实不然，如果看一看陶行知的著作，就会发现我们根本没有走出陶行知的教育视野！所以，我现在就提醒自己，少谈点"创新""特

【观念】

035

色""流派""模式",多做做"教育"本身的事。

如前所述,有的教育定语是需要的,甚至是必需的,因为这些概念往往是为了强调当今教育的某种缺失,但不应太多。多了就失去了意义——什么都强调,等于什么都没强调。我还想说的是,即使一些必要的、有实质性内涵的教育概念,也要历史地看待。所谓"历史地看待",即是将这些概念放在特定的历史背景来理解。比如,大家最熟知的素质教育,这个概念本来就是已有的,但现在我们强调它又是必要的。

我想起多年前,自己这样给美国著名小学教师雷夫解释什么叫"素质教育"。

当时在一个论坛上,主持人要我用雷夫能够听懂的话给他解释什么叫"素质教育"。我对雷夫说:"素质教育,就是——教育!"他一下愣住了。我接着说:"既然是'教育',为什么要在前面加上'素质'二字呢?打个比方,本来雷夫就是你,但后来很多人说他是'雷夫',那些'雷夫'其实都是'假雷夫',为了把你和那些'假雷夫'区别开来,我们就把你叫作'真雷夫'。如果有人要问我,'真雷夫'是谁?我会说,真雷夫就是雷夫!"我继续说:"我们现在所说的素质教育,如能力培养、个性发展、身体健康和心理健康等,不就是教育本来的内容吗?不就是教育的题中应有之义吗?教育本身不就是提高人的素质吗?从'六艺'到现在的德、智、体、美、劳,不都是素质要求吗?有谁说过教育不以人为本呢?有谁说过教育应该畸形发展呢?但由于种种原因,我们的教育却越来越远离当初的起点,越来越违背当初的含义;教育越来越假,越来越无视学生的素质,于是为了强调教育的本质,便提出素质教育这个概念。就像糖本来应该是甜的,但许多假冒伪劣的糖就是不甜,于是我们去商店买糖的时候,就向营业员强调,要买'甜糖',同样,我们可能还会去买'酸醋''咸盐'!成都火锅很有名,但假冒成都火锅的也不少,于是有人开成都火锅时,便特意在招牌上写明'正宗成都火锅'。"

几年过去了,我依然对自己这个关于素质教育的理解"自鸣得意",乃至"洋洋得意"。

我和我的导师朱永新先生努力推行的新教育实验也是如此。从新教育实验所倡导的理念来看,也了无"新"意:"营造书香校园",新吗?"为了一切的人，为了人的一切"，新吗？"尊重学生的个性"，新吗？"无限相信教师和学生的潜力"，新吗？这些理念都不新，都是中外教育家说过的。因此，新教育实验的理念其实并不新，它是古今中外无数教育家倡导过甚至实践过的真理。从教育本质上讲，新教育确实一点都不"新"，因为它所倡导并践行的一切，都是教育本身该做的。但是正如朱永新先生所说："当一些理念渐被遗忘，复又提起的时候，它就是新的；当一些理念只被人说，今被人做的时候，它就是新的；当一些理念由模糊走向清晰，由贫乏走向丰富的时候，它就是新的；当一些理念由旧时的背景运用到现在的背景去继承，去发扬，去创新的时候，它就是新的……"

因此，新教育实验之"新"是对某些失落的教育元素的强调、呼唤与践行。我们所做的一切，最终目的就是消灭新教育这个概念。我想，类似的"情境教育""愉快教育""成功教育""生命教育""生命化教育"……是不是都应该作这样的理解呢？

只有当教育太多的标签被撕下之后，我们才能真正看到教育。

2017 年 6 月 13 日

急功近利是教育的天敌

刚刚建好的学校还没开学，上面便要求申报"特色项目"；某学校来了一位新校长，就职演说就表示"明年高考成绩一定要有突破"，于是便用重金四处挖"优生"；一些学校搞读书活动，喜欢通过统计读书笔记甚至考试作为教师专业阅读的"成果"；去听培训报告，老师们往往不喜欢听"理念"而希望来点"吹糠见米"的"操作"；有些学校对课堂教学提出"一课一得"的要求，希望每堂课都应该让学生有可测评的"收获"；不少地方的教育行政部门提出三年培养多少名"有区域影响的教育名家"，五年培养多少名"国内知名的教育专家"；一些新建学校提出"三年打造名校"，五年建成"国内一流、国际知名的现代化高端学校"……

这些司空见惯因而习以为常的说法和提法，只要我们仔细琢磨，便会觉得不对劲儿——

一所学校的特色是需要实践和时间的。"实践"意味着特色是做出来的，而不是"申报"出来的；意味着特色的形成需要历史的积淀，哪里是可以事先"申报"的？高考质量的提升，应该来自学校的内涵发展，特别是课堂教学的改革，靠购买"优生"得到的"高考成绩"是学校真正的教育质量吗？阅读对促进教师专业成长来说，是一个潜移默化的过程，读书笔记多、考试分数高就等于教师的成长吗？教育理念是教育行为的内在灵魂，决定着教育的方向与智慧，只追求立竿见影的所谓"操作性"，这样的教师能说是真正的教育者吗？教学当然要讲效率，但不顾学科特点、无视具体的教学内容"一刀切"地要求所有学科必须"一课一得"，不恰恰是不尊重教育科学的表现吗？迷信"速成"，认为"名师""专家"可以打造甚至可以限时完成预期的指标，岂不是把"人"当成"物"了吗？真正的名校，既是实践的结晶，也是时间的积淀。所谓"三年建成"的"名校"，这样的"名校"和催熟的"速成鸡"有什么区别？

当今中国，浮躁的社会催生了浮躁的教育。各种任务、指标、课题、评比、验收、督导、检查……笼罩在学校上空，压迫得教师近乎窒息。局长压校长，校长压教师——一道一道的"军令状"，一级一级的"追责制"，一层一层的"承诺书"……每个人都说自己是"无奈的""违心的"，都说"我也没有办法呀"，于是无论局长、校长还是教师，人人都焦灼不安，心神不宁，争分夺秒，只争朝夕。在这严酷的教育生态中，还有多少孩子有纯真、幼稚、梦幻、撒欢、甚至傻乎乎望着天空的童年？

学者张文质有一句话，平易朴素而意味深长："教育是一种慢的艺术。"佐藤学谈到教育变革时这样写道："它绝非是一场一蹴而就的革命。因为教育实践是一种文化，而文化变革越是缓慢，才越能得到确实的成果。"可惜，这些符合教育规律的话，今天似乎没多少人听得进去。

最近几年，我思考最多的是教育的常识、朴素和良知。教育，不能走捷径，不能投机取巧，不能幻想"亩产万斤""一夜暴富"，而是要根据其特点，面对每一个孩子，因材施教，"一分耕耘一分收获"……这就是常识。教育，就是不喊口号，不贴标签，不唱高调，不夸海口，不吹牛皮，每天认认真真地上课，认认真真地备课，认认真真地带班，认认真真地和孩子谈心……这就是朴素。教育，就是不对学生说连教师都不信的话，不要求学生做连教师都不做的事，不把超越孩子年龄和心理特点的事强加给他们，耐心守候，静心陪伴，这就是良知。

而急功近利的教育——如果那也算教育的话——则是不讲良知、远离朴素、违背常识的教育。其危害是违背人的成长规律，阻碍人的健康成长，恶果是将真正的人才扼杀于萌芽状态。因此，哪里有急功近利，哪里就没有好的教育。

2017 年 12 月 15 日

未来，教师会消失吗

在当今这个"互联网+"的时代，学生坐在家里便可以通过互联网听到世界上最棒的教师上得最好的课。于是，有人开始质疑传统学校中教师的作用。2016年3月，阿尔法与围棋世界冠军、职业九段棋手李世石进行围棋人机大战，以4比1的总比分获胜。2016年年末至2017年年初，该程序在中国棋类网站以"大师"（master）为注册账号与中、日、韩数十位围棋高手进行快棋对决，连续60局无一败绩。2017年5月，在中国乌镇围棋峰会上，它与世界排名第一的围棋冠军柯洁对战，以3比0的总比分获胜。于是有人开始担心，在将来的某一天，教师会不会被人工智能取代？

最近，我在《人工智能对于教育行业来说意味着什么？》一文中读到这样一段文字："考虑到离开教师这个职业的人的数量，以及为了满足联合国提出的可持续发展目标，对教师的需求在大规模增长，用机器取代教师似乎是个不错的选择。机器不会组织工会闹事，机器不会生病，机器不会有压力，机器不用付工资，而且上课出题总能100%保证表现稳定。谁不喜欢呢？"

真的会出现这样的情况吗？

如果把教育的功能理解为知识传授和技能培训，那么文章作者格雷厄姆·布朗-马丁所设想的情况可能会出现。但教育仅仅是知识传授和技能培训吗？

这涉及对教育的理解。多年来，对教育功利主义的追求，将内涵丰富的教育挤压得只剩下两个字："刷题"；泛滥成灾的应试教育导致许多人认为，所谓教育就是"灌输知识""传授技能""训练考法""死记要点"……

不只是学校教育，家庭教育也是如此。几十年前，"家教"这个词是"家庭教养"的简称，其含义是一个人拥有来自家庭教育的良好修养；但现在，"家教"这个词是"家庭教师"的简称，就是补习功课。如果有家长想给孩子请个"家教"，并不是说请个老师对孩子进行做人教养方面的教育，而是辅导数学、英语等学科知识，如"数学家教""英语家教"等。从"家教"词义的演变可以清楚地看到，本来指向人格的"教育"是怎样沦落为赤裸裸的"刷题"的。

既然教育如此"简单"，那对教师的要求就很单一了——只要会熟练地解题、讲题、改题就行。隔着距离通过网络学习，或通过人工智能完成知识和技能的讲解与训练，当然是可以的，而且比人工效率更高。这样一来，教师当然就面临被"淘汰"的可能。

但教育本身并不只是灌输知识和传授技能——知识和技能在教育的过程中都是人格的载体。真正的教育究竟意味着什么呢？意味着精神的提升、人格的引领、情感的熏陶、价值观的引领……一句话，教育是指向人的灵魂的。所有学科知识的学习都是人格形成的渠道之一，而且是极其重要的渠道。天地人、德智体、真善美……构成教育丰富多彩的内涵。雅斯贝尔斯说："教育，是关于灵魂的教育，而非理性知识和认识的堆积。"事关灵魂，岂能交给没有灵魂的网络与机器人？

即使是教育中最理性的学科教学也绝不仅仅是一种"客观"的教育活动。教学，作为以课程内容为中介的师生双方教和学的共同活动，其从属于教育，或者说是学校实现教育目的的重要途径。尽管学科教学是向学生传授系统知识、技能，但这无法抹杀教学过程中应有的人格引领、心灵感染、智慧启迪等人文色彩。教育承载着价值，凝聚着精神，体现着人性……岂能只是冷冰冰的知识。我再次强调，学科教学是为人格培养服务的，而不是相反的。以教学代替教育，正是现在教育存在的严重问题，有人将其概括为"教育的教学化"。

再就师生双方的关系而言，教育也呈现出与其他职业不同的特点，即教育者情感投入的主观性。一位医生面对病人时，在态度上当然应该真诚热情，但对病情进行专业思考与判断时，特别需要冷静客观，不然会妨碍他对病情的诊断。一位科学家进行科学实验时，同样需要自己和实验对象保持距离，以严肃理性的态度对待实验对象，从事科学实验。教育则不然，教育的职业特点决定了教育者必须带着思想也带着感情尽可能走进学生的心灵深处。换句话说，只有当师生彼此相融，能够听到对方的心跳，感受对方的脉搏时，教育才能真正发生。

教育，更多关注的不是因果，不是规律，不是物性，而是价值，是精神，是人性。真正的教育过程，从来就不是师生间单向的"我讲你听""我说你练"的工程式的机械操作。无论教育者还是被教育者，双方都不是冷冰冰的"程序载体"，而是有血有肉、有思想、有情感的人。在教育实践中，教育者和被教育者的关系不是人与物的关系，而是人与人的关系——准确地说，教育者和被教育者必须或者说已经融为一个整体。

所以，陶行知说："真教育是心心相印的活动。唯独从心里发出来的，才能打到心的深处。"苏霍姆林斯基也说："教育，这首先是人学。每一个儿童，都是一个完整的世界。"中外两位杰出的教育家，在谈论什么是教育时，都不约而同地把目光对准了"人"——人的情感，人的思想，人的心灵世界。

这是没有温度的互联网和人工智能不能达到的？

如果教育仅仅是"刷题"，只擅长教学生"刷题"的教师的确会面临存在的危机——你现在本身就不过是会刷题的"智能人工"而已，被人工智能取代，有什么不可能的呢？

但如果我们理解的教育真的如雅斯贝尔斯所说的是"关于灵魂的教育"，如陶行知所说的"心心相印的活动"，如苏霍姆林斯基所说的"人学"，可以自信地断言，互联网和人工智能永远不可能取代教师活生生的教育。

20世纪五六十年代，苏霍姆林斯基面对苏联流行的所谓"当今是'科技时代''数学时代''电子世纪''核子世纪'"等说法，旗帜鲜明地提出，当今首先是"人的时代""人的世纪"！进而他预言，21世纪将是人的个性全面和谐发展的世纪！

历史已经证明并将继续证明苏霍姆林斯基预言的英明。只要教育的目光永远投向"人"的心灵，教师永远不必担心被科技淘汰，教育也必将永远处于时代的最前沿。

2017年9月17日写于北京至成都的航班上

【突破】

每个人的内心深处，都潜藏着一个
连你自己都不知道的"卓越的自己"

昨晚，我应邀回到武侯实验中学，给20多位年轻新教师讲我的故事。

面对一张张充满朝气的年轻面孔，我开玩笑说："你们都很年轻，但我年轻的时候比你们还年轻呢！"大家笑了。我问："你们现在多大？"一个女老师说："22岁。"我乐了："我年轻的时候才21岁呢！"大家又笑了。

在讲自己的成长故事之前，我说的第一句话是："在座每一个人的内心深处，都潜藏着一个连你自己都不知道的卓越的自己！"然后，我从自己大学时讲起，讲我1982年1月走出大学后到现在35年的经历："未来班"、《中国青年报》第一版发表报告文学、北京见谷建芬、我犯过的错误及我的态度、浪漫的高九五届一班、《爱心与教育》的诞生、出席苏霍姆林斯基八十诞辰国际研讨会、攻读博士学位、重返校园当班主任、来到城郊学校当校长、推广新教育、登上国际教育讲台……我的一个切身感受贯穿整个过程："自己培养自己。"

讲述中，我给年轻老师们说了这样的肺腑之言——

刚工作之初，我想的就是怎样把每天的课上好，吸引孩子们；怎么把班带好，让孩子们喜欢这个班集体，当然也喜欢我。没想过中高职称、学科带头人、特级教师，也没想过赛课获得金奖然后一炮打响，回学校后可能破格评为什么，或者被提拔进入学校"管理层"。这些，统统没想过。因为专一，所以纯粹、幸福！

当你感到委屈，或者遭遇不公平对待时，最愚蠢的办法是抱怨，是逢人便诉说你的冤屈，是一定要"讨个说法""还我公道"的冲动，是"我凭什么要给这学校卖命"然后沉沦；最聪明的办法是——超越委屈，强大自己！

所谓"嫉妒"，往往产生于层次相同或相近的人之间。因此，摆脱嫉妒的最好办法是拉开距离。鲁迅到我们学校来教语文，哪个语文老师会嫉妒他？钱穆来我们学校教历史，哪个历史老师会嫉妒他？徐悲鸿来我们学校教美术，哪个美术老师会嫉妒他？

当你全身心投入热爱的教育时，那么多的感动、快乐、收获……会让周围关于名利、得失的一切喧嚣与诱惑都烟消云散。和你终身享受的教育相比，那些小名利、小得失算得了什么，简直微不足道！

从25岁到45岁，我几乎没有任何来自教育行政部门的荣誉，没评上过"教坛新秀""市优秀青年教师"以及任何一个级别的"骨干教师""学科带头人"……但45岁那年，特级教师的称号降临到我的头上。所以，只要你有足够的淡定、沉静，老天是不会亏待你的。

当我面临在别人看来的"不公"时，我想，反正那些评优选先提拔和我没关系，那我就一堂课一堂课地上，一个班一个班地带，一篇文章一篇文章地发表，一本著作一本著作地出版……编辑部和出版社不可能要你提供学校证明和公章才给你发文出书。所以，这些是学校管不着的，我自己就可以做主。因此，我享受着教育带给我的巨大幸福和成就感。

当老师仅仅凭爱心是远远不够的，还要有智慧，需要某些天赋，甚至智商。一个学校最可怕的事情是，一群愚蠢的教师却兢兢业业！

现在中国教育最令人忧虑的现象之一，就是教书人不读书，反而要求学生读书。这真的是讽刺！

幸福，的确比"优秀"更重要！"优秀"与否，是别人的评价，而且还有名额的——这次学校只有一个特级教师的名额，能否落到你头上，完全不是你能把握的；但幸福与否，是自己的感觉，没有名额限制，人人都可以幸福。

所谓"专业成长"，所谓"超越自己"，就是用一生的时间，去寻找那个让自己目瞪口呆的"我"。

只要你用心地爱着自己的工作，倾情投入其中，就完全可以把一堆琐碎的日子铸造成一个伟大的人生；哪怕你一辈子就是一个默默无闻的人，这也不妨碍你把你的教育生涯编织成一串故事，创作成一本童话，缔造成一个传奇，导演成一部大片——这部大片是你献给自己的《致青春》！

……

　　整个过程，我聊天似的和大家在说笑中讲我的故事。年轻人听得特别专注，一双双明亮的眼睛看着我。我从他们的明眸里看到了年轻时的我。

　　结束时，我这样说："未来的你们一定会让现在的自己吃惊的！"

　　我随便问了第一排的一位女老师："请问你叫什么名字？"她有礼貌地回答了我。

　　我说："可以预言，若干年后，中国著名媒体上会有这样的整版文章，题目是《她创造了一个卓越的自己——我国著名特级教师×××成长录》……"大家都笑了。我继续说："这篇文章写道，这位著名特级教师在回忆自己成长经历时说，'我'的一切都要从刚参加工作在武侯实验中学第一个月的一个晚上说起，那天晚上，学校请来了老校长李镇西老师给我们讲他的成长故事，从那一刻起，'我'就暗暗下定决心，一定要寻找到那个卓越的自己！"

　　老师们都笑了。我坚定地说："你们一定会的！"

　　然后，我给大家签名赠书，再然后带着他们走进隔壁的"镇西资料馆"——这是教育局为我建的一个教育资料博物馆。墙上这样写道——

　　这里的每一行文字、每一幅照片和每一件实物，都见证了他教育成长的足迹。他有过改革的成功，也有过探索的失误，有过引以为豪的硕果，也有过追悔莫及的败笔。无论如何，他的经验，或者教训，客观上都已经成为广大一线教师共同的财富。

　　我给老师们解说着，并且和他们一起穿越回到我的青春时代……

2017 年 9 月 19 日

【突破】

班主任的智慧从何而来

——新年前夕答一位"苦闷中的老师"并祝福所有远方年轻的朋友

　　谢谢您对我的信任！

　　您来信说："我喜欢孩子，也喜欢当班主任，工作三年就当了三年班主任，刚送走一个毕业班。可就是当不好，这三年可以说是失败的记录，那么多的付出，我却没什么成就感。分管副校长找我谈心，充分肯定了我的工作热情和投入，说我很有爱心，但缺乏教育智慧。这我也承认，可是李老师，我怎么才能拥有教育智慧呢？"

　　我理解您的心情，看到您的落款"苦闷中的老师"，仿佛听到了您的叹息。我没有把握能够圆满地帮助您，但愿意和您说说心里话。

　　班主任的智慧从何而来？这也是许多老师问过我的问题。其实，这个问题从理论上是很好回答的："从实践中来！"这当然没错，但问题是，那么多缺乏智慧的老师——包括您——并不缺乏实践啊！老师们几乎每天都在班级中、课堂上，这不是最鲜活的实践吗？但为什么有的老师还是缺乏智慧？所以，虽然没有实践肯定不会有智慧，但只有实践也不会有智慧；因为智慧除了从实践中来，还来自以下几个方面——

　　第一，从学生中来。

　　也许您不知道，您每天面对的学生就是您的"智库"！所以，陶行知当年提出"向学生学习"。他说："跟小孩学习——这听来是很奇怪的，其实先生必须跟小孩子学，他才能了解小孩的需要，和小孩子共甘苦。并不是说完全跟小孩子学，而是说只有跟小孩子学，才能完成做民主教师的资格。否则即是专制教师。"他是从民主教育的高度来看待师生互学的。

从教师成长的角度，向学生学习也是非常有必要的。我们和学生朝夕相处，一言一行都在学生的注视下，优点与缺陷、成功与失误、精彩与暗淡、高尚与庸俗……都躲不过几十双明亮的眼睛。老师主动把自己的工作交给学生评价，不但能够培养他们自主成长的能力，更能从他们的评判中明优劣、知得失，这正是我们智慧的增长。所以，我当班主任时，常常在新年前夕请学生给我写信，对我过去一年的工作进行评价，尤其是对我工作失误或不足的批评。这都是在帮我走向优秀。

另外，平时的一些班级事务，都可以征求学生的建议或意见。比如主题班会，不但可以交给学生主持，连班会内容的确定、形式的选择、流程的设计等都可以交给学生。我常常就语文教学在班上搞问卷调查：李老师最近上得最好的一节课是什么？李老师最近上得最差的一节课是什么？李老师出得最好的一道作文题是什么？李老师出得最差的一道作文题是什么？等等。有时遇到棘手的难题，我也爱向学生求助，让他们帮我出谋划策。

毫不夸张地说，几十年来，我的一届又一届学生给了我无穷的智慧，所以我有一本书的名字就叫《学生教我当老师》。

您不妨从今天起重新打量您的学生，重新思考和他们的关系，期末也请他们给您写信，给您提意见或建议，许多您想不到的智慧也许就在其中。可以试试？

第二，从反思中来。

我不太了解您平时是否爱思考，伴随实践的思考是获得教育智慧的重要途径。我经常对我学校的年轻老师说一句话，现在也对您说一遍："优秀老师和普通老师的区别，其实不在做，而在思。"要说"做"，走进校园，每个老师都在忙。但是，带着一颗思考的大脑从事每天平凡的工作，则是优秀老师的特质。

思考当然不只是反思，但我所说的"思考"主要指"反思"，即对自己的实践进行研究、审视、咀嚼、解剖、追问……这种反思的习惯和能力正是任何一个教师走向成功必不可少的精神素养和职业品质。我们每天面对孩子，上课、谈心、批评、表扬、开展活动、接待家长、处理突发事件……这一切都是我们的反思对象。

比如，对教育失误的反思。善于通过反思把教育失误变成教育财富，这是任何一个教育者从普通教师走向教育专家乃至教育家的最关键因素之一。又如，对教育实验的反思。无论成功还是失败，都需要以科学的眼光进行实事求是的剖析、评价。再如，对教育行为的反思，甚至和学生交往过程中的某一个蕴含教育因素的细节，都可以成为我们反思的内容。还如，对教育现象的反思。关注与自己相关或不直接相关的教育现象，以科学的态度，尤其是批判的眼光审视和追问。还有，对教育理论的反思。尊重理论，但不迷信理论，甚至对一些似乎已有定论的教育结论或教育命题，也可以根据新的实践进行重新认识与研究，或修正，或补充，或发展。

您说已经工作了三年，可我要直率地说，如果没有反思，"工作了三年"等于只干了一天，因为您每天都在重复性地机械操作，而没有思考。如果您每天都反思，那么"工作了三年"就实实在在地干了一千多天，因为您的每一天都因反思而在发生点点滴滴的改变，每一天都是新的。可以说，没有反思，就没有成长，当然也就谈不上智慧。

反思，其实就是"向自己学习"。我特别希望您能够成为一名反思型的教师。

第三，从阅读中来。

既然是反思型教师，那您同时就应该是一名阅读者，而且是终身阅读者，或者说是终身学习的身体力行者，因为反思和阅读往往密不可分。在阅读中思考，在思考中阅读，这样的老师会把阅读当作每天如洗脸、刷牙、吃饭一样的必需的生活内容。

我多次说过，教师专业成长的主要途径就是阅读。我不知道您有没有阅读的习惯，反正我知道现在相当一部分老师是不读书的。有阅读习惯的老师，必然心灵开放、思想活跃，不读书的老师往往视野狭窄、精神枯萎——您指望他会有"智慧"，岂非缘木求鱼？

您也许会问："读什么呢？"我建议您除了读学科专业书外，还应该阅读五类文字：一是读教育报刊，目的是知道同行在想什么，了解国内外教育研究的最新成果；二是教育经典，当然包括教育名著，让教育大师的思想照亮我们的灵魂，激活我们的思想；三是文史读物——政治的、哲学的、经济的、历史的、文学的等与教育教学"无关"的书，徜徉于人类精神文明的长廊，站在人类文明的高地俯瞰自己的每一堂课；四是学生读物，包括小说、童话，读这类书的目的是从文学的角度了解学生的精神世界，明白他们在想什么，同时也让自己始终拥有青春的情怀，保持一颗童心；五是名师著作，这些书往往沉淀着名师们的课堂教学和班级管理艺术，虽说从来就没有"包治百病的灵丹妙药"，但通过别人的经验，结合自己的实际，举一反三，创造性地运用，就成了自己的智慧。

第四，从同行中来。

这里的同行，首先包括身边的优秀老师，或不一定有"优秀"名号但富有经验的老师。不仅仅是听他们的课，更要善于观察他们是如何与学生打交道的，包括如何谈心、如何处理突发事件等。往往在点点滴滴的不经意处，就会取到许多"真经"。

除了向身边的老师学习，还可以向国内名师学习。我这里说的"名师"不一定是有"名师"头衔，但他们确实以自己的教育思想、教育成就和教育智慧赢得了名声。在我的视野内，目前国内有一批中青年优秀班主任，他们实实在在地扎根于班级和课堂，富有理想，仰望星空，勤读善写会说，向广大一线老师传播着思想和智慧。

比如郑州的李迪，以民主的情怀对待不同特点的学生，包括特殊孩子，走进他们的心灵。她的《智慧应对班级棘手问题》，集中了她的带班智慧。比如南京的陈宇，思想深邃，个性鲜明，富有创新，多才多艺。无论是班级建设还是精神引领，他都有很多绝招。这些"绝招"就是他的智慧，他的代表作《你能做最好的班主任》就是对同行的鼓励。又如河南的秦望，背负着沉重的高考压力，把一批批学生送进大学，但依然不放弃对教育理想的追求，紧贴着地面行走，研究一个个难题，《微班会创意设计与实施》就是他的智慧结晶。再如苏州的于洁，寓智于情，致力于美好师生感情的建立，特别是彼此心心相印的精神默契。有了这种情感默契，好多"问题"都不是问题。她从问题、学生中不断提升自己，所以特别喜欢当班主任，其新书的名字就叫《我就想当班主任》。譬如温州的方海东，他基于班主任思维，在宏观上构建了班级建设的发展框架；基于师生成长过程，在中观上引导学生思考自我成长的高度；基于生活的细节，在微观上解读成长问题背后的动机。其代表作《细节成就优秀的教师》展示了他许多充满智慧的细节。还如常州的王晓波，她和任课老师一起整体规划班级未来发展，特别擅长根据学生特点系统化、序列化设计班级课程，充分开发家长及社会资源为学生的成长服务，让每个孩子过一种有节律的生活，让每个学生都能以自己的方式，成长为自己想要的模样。她的代表作是《愿您在二十四维时间里盛开》。此外，还有南京的郭文红、佛山的李俊兴、中山的黄建军、北京的常作印、武汉的左军娥、荆州的王丹凤、杭州的田冰冰……

如果要继续例举下去，优秀班主任的名字将源源不断。但从我随手写下的这几位优秀班主任中，我们可以找到班主任智慧的来源。我相信，还有许多我不知道的一线优秀班主任，包括您所在学校也会有不少值得您学习的老师。他们的经验，都是您的智慧源泉之一。

其实，论所谓"影响"或"名气"，上面提到的李迪、陈宇、秦望、于洁、方海东、王晓波等人也许不及魏书生、冯恩洪、丁如许、万玮、任小艾、高金英、窦桂梅、王君……但我之所以以他们为例，是因为他们至今还在一线做班主任，而且依然还保持着年轻的朝气——论年龄，他们不一定年轻，40岁上下吧？但他们在班主任工作中散发出一种紧扣时代、紧贴学生心灵的新锐气息，总让我们感到他们依然是"新生代"。

我在三言两语点评他们的时候，特别提到了他们的代表作，即上面所说的"名师著作"。读这些书，您会听到他们给您娓娓道来的教育智慧。

班主任的智慧当然不只是来源于我上面所说的几点，但这封信已经够长，先说这几点吧！您还年轻，工作虽已三年，毕竟还是起步阶段。您能够意识到自己缺乏智慧，这种危机感就是您开始进步的标志。

的确，对于教育来说，没有爱心的智慧和没有智慧的爱心都是无用的；但是，只有爱心还是比只有智慧更有希望成为一个好老师——我之所以这样说，是因为我想起20年前去看望于漪老师时，她对我说过："对孩子的爱，能够让一个老师变得聪明起来！"

这个"变得聪明起来"的过程，就是向学生学习、向自己学习、向书本学习、向同行学习的过程。

不知道这封信对您是否有参考价值？

后天就是元旦了，我以这封长信作为送给您的新年礼物，期待着您早日"变得聪明起来"，成为既有爱心又有智慧的老师。

　　也借这封信向镇西茶馆的每一位朋友致以新年的祝福：2018 年正悄然退场，让所有苦闷随之一去不复返；2019 年已翩然降临，愿一切喜悦因此扑面而来！

2018 年 12 月 30 日

做一名"肢体"健全而精神饱满的教师

于漪老师说，她是"一辈子学做老师"。

但这里的"学"是什么意思呢？是不停地"忙碌"吗？——备课、上课、带班……

显然不是。只要领工资，这些事情你每天都得做，有什么"学"不"学"的。

我理解，这里的"学"是研究，是琢磨，是探索……对，是"思考"。

所以，我多次说："带着一颗思考的大脑从事每一天平凡的工作，这是优秀老师的特质。"我们应该追求做一名思考型教师。

何谓"思考型教师"？通俗地说，就是通过审视、解剖日常教育实践而不断超越和提升自己教育境界的教师。必须强调的是，思考型教师绝不仅仅是"想"。

以我的经历和切身体会，一个真正的思考型教师至少应该具备四个"不停"：不停地实践，不停地阅读，不停地写作，不停地思考。当然，这四点绝不是互相分离的，在思考型教师的日常生活和工作中，它们完全是融为一体的。其中，思考贯穿教育的全过程。

不停地实践。这里的"实践"就是全身心地投入课堂，投入学生之中，踏踏实实地做好每一件日常工作。和一般纯粹老黄牛式的"干活儿"不同，作为思考型教师的实践，有两个特点：一是"科研性"，就是不盲目地干，而是把每一个学生当作研究对象，把每一个难题当作课题，以研究的心态对待实践；二是"创造性"，就是在实践的过程中，既不重复别人也不重复自己，每一阶段都要有创新，都要有超越。

不停地阅读。思考型教师同时是终身学习的身体力行者，他把阅读当作每天如洗脸、刷牙、吃饭一样的必需的生活内容。思考型教师的阅读，也有两个特点：一是"专业性"，教育名著、教学专著、教育教学报刊等，都是阅读的对象；二是"人文性"，作为人类精神文明的传承者，除了认真阅读教育教学专业书外，思考型教师还要读一些政治的、哲学的、经济的、历史的、文学的等与教育教学"无关"的书，徜徉于人类精神文明的长廊，在触摸历史的同时憧憬未来，在叩问心灵的同时感悟世界。

不停地写作。这里的"写作"实际上是搜集积累自己的教育矿藏的过程，也是总结提炼教育智慧、教育艺术的过程。和有些教师仅仅是应付职称评定的"写作"不同，思考型教师的写作同样有两个特点：一是"日常性"，把写作当作自己的需要并养成习惯，通过每一天的写作点点滴滴地积累教育心得，而不是到期末为了应付校长才写一篇总结；二是"叙事性"，就是写原汁原味的教育案例不必煞费苦心地"构建"理论框架，也不借时髦的"理论"和晦涩的名词进行学术包装，只让自己的教育故事保留着鲜活的气息，让心灵的泉水自然而然地流淌出来。

不停地思考。教育本身就是最具创造性的精神活动，所以教育者充满理想主义激情的人文情怀和独具个性的思考精神，应该贯穿教育的每个环节和整个过程。这里的思考，首先指对自己的思考，即把自己当作研究对象，揣摩、琢磨、体验、品味着自己已经和教育水乳交融的日常生活。同时，思考也包括关注、研究、咀嚼、审视别人的教育实践、教育思想。如果这思考带有检讨、解剖、质疑的意味，它便成为我所理解的"反思"。这种反思的习惯和能力正是任何一个教师走向成功必不可少的精神素养和职业品质。

当然，思考型教师还有一个必备素养，就是爱心——爱教育，爱孩子。我之所以没有着重谈这一点，是因为这是不言而喻的，是做教师的"默认前提"。因为爱，所以愿意钻研、探索、创新……于漪老师说："对孩子的爱，能够让一个老师变得聪明起来。"这是不需要论证的。

爱心是灵魂，实践是双腿，思考是大脑，左手"阅读"，右手"写作"——这就是一个"肢体健全"而精神饱满、完整的教师。

2018 年 12 月 31 日

老师你也许不知道，
有时候恰恰是你追求的"可操作性"害了你

　　我在外面作讲座经常遇到这种情况：当我讲故事时，老师们一双双眼睛看着我，目光明亮，神情专注，后面的老师因为被挡住了，还偏着头看；可是我稍微谈一点理论——有时候还谈不上是"理论"，仅仅是加几句评论，给老师们阐述"是什么""为什么"的时候，有的老师便显出茫然的神情，目光暗淡而迷离不定。

　　我给新网师学员授课时，讲《民主与教育》。第一讲着重谈关于民主及民主教育的概念内涵、历史源流等，接下来几讲将谈民主教育在学校管理、班级建设和课堂教学等方面的具体实践。可是有学员等不及了，给我建议说："希望李老师在谈民主与教育的理论时，能谈谈具体怎么操作。"

　　这两个例子都说明一个现象，不重视甚至排斥理论学习，已经是中小学教师中存在的一个较为普遍的问题。无论看书（其实能够主动看书的老师已经不错了）还是听讲座，他们都希望直接进入"操作"阶段，最好有"拿来就用"的具体做法，以为这才是"接地气"，否则便是"脱离实际"的"空谈"。更有甚者，一些老师喜欢以"一线教师"自居，鄙薄理论，嘲笑专家。

　　当然，有脱离实践的理论和专家，卖弄学问，炫耀理论，喜欢搞一些别人不懂的新概念显示自己的深不可测，让一线老师茫然不知所措。但这不能成为一线教师轻视理论的理由。理论不是拿来炫耀的，而是拿来揭示规律，举一反三，由点及面的。因此，凡是卓越的一线教师没有一个不重视理论学习的。或者可以这样说，许多普通的一线教师正是因为有扎实的理论修养而成为教育专家，如石中英、刘铁芳、项贤明、檀传宝等目前活跃于教育理论界的中年学者，最初都是中小学一线老师。

我还想到了于漪老师和钱梦龙老师。这两位大师级的中学教师一直都没有脱离一线，他们之所以后来卓然屹立于中国基础教育界，成为无数普通教师敬仰的杰出偶像，难道仅仅是他们的课堂实录吗？当然不是。我们现在提起于漪老师，就会想到她关于人文教育的一系列精辟观点；一想起钱梦龙老师，就想到他"以学生为主体，以教师为主导，以发展为主线"的先进理念。

我说过："动辄就直奔主题要'操作性'，是一些老师之所以越来越没有智慧的重要原因！"其实，我还想更直接地说，从某种意义上讲，迷恋甚至迷信"操作性"害了一大批老师。因为所有的"操作性"都是有针对性的，都是根据具体的班级、课堂、学生采取的具体方法，甚至是"一次性"的，你怎么可能"拿来就用"呢？

我想再次引用苏霍姆林斯基的话："某一教育真理，用在这种情况下是正确的，而用在另一种情况下就可能不起作用，用在第三种情况下甚至会是荒谬的。"

只追求"操作性"，排斥理论学习，久而久之，你会深陷各种所谓的"技巧""妙计""兵法"之中而不能自拔，更多的时候是不知所措——因为别人的所有方法其实不一定灵，而你只会越来越没有智慧，越来越无能。所以，当我给老师们讲了班级民主管理后，许多老师索要我和我学生制定的班规时，我一直不给，因为我不能助长这些老师思想上的懒惰，不愿意害了这些老师。

一个是一次性就可以吃完的"鱼"，一个是一辈子都可以赖以生存的"渔"，你要哪个？

2018 年 9 月 24 日

几十年来，我一直喜欢"非课题研究"

我申报过四川省的一个学术项目，最后获得通过。在所有申报者中，我是唯一一个没有课题研究成果的，但评委们认为，李镇西几十年的教育实践成绩，还有他上千篇教育文章和几十本教育著作，就是其教育科研成果。因此，我得以通过。

为此，我非常感谢各位充满包容心的专家。这是时代的进步。

从1982年参加教育工作到现在，我真的还没有主持过任何级别的任何一项课题研究。当然，有挂名（排在后面）参加课题研究，或参与子课题研究的，如新教育实验的课题，学校"城乡教育均衡"方面的区级课题，但这种情况不多。

所谓"课题"，就是需要研究和解决的问题，对这些问题的研究，就叫"课题研究"。如果按照这个解释，那我肯定做过课题研究，因为几十年来需要研究、解决的问题太多了，我都进行过研究。

但通常说的"课题研究"不是这个意思，而是有特定含义的，即由教育科研机构或教育行政部门规划、布置并管理的教育科研项目，分为国家级课题、省级课题、市级课题和区县级课题，而后又衍生出若干子课题，以及校本课题等。这些课题研究的程序是很规范的，主要包括制订课题研究方案、研究课题开题、实施课题研究和课题总结。每一个环节都有严格的学术规范，比如，制订课题研究方案包括：准确表述研究问题和分解研究问题、将研究问题转换成假设、确定采用研究方法、安排研究计划及人员分工、课题研究的组织和协调等。

我至今都不否认源于实践、严肃认真、实事求是并最终服务于实践的课题研究。在这方面，我们国家及许多学校取得了诸多科研成果，这些大家有目共睹。而对普通老师来说，参与课题研究最大的意义是增强了科研意识，提升了科研能力，养成了科研习惯。但毋庸讳言，有相当多的所谓"课题研究"是泡沫，甚至是"伪科研"。我曾写下《教育科研，警惕伪科学》一文，抨击"伪科研"的十大表现。在该文的结尾，我这样写道——

新中国成立以来，尤其是改革开放以来，我们的教育科研所取得的成绩是有目共睹的——比如，今天所倡导并已成为全民共识的"素质教育"，从某种意义上说，正是教育科研的理论成果。但在充分肯定成绩的同时，清醒地意识到其中存在的弊端，恰恰是为了让我们的教育科研事业能够继续健康地发展，进而取得更辉煌的成就。我们可以想象，如果每一所学校、每一位教师都实实在在地进行教育科研，中国的教育发展将会是一个怎样蓬勃的景象？

十几年过去了，我依然保留这段文字表达的观点。

所以，我对课题研究一直保持比较谨慎的态度，不轻易参加。当然，我很少参与课题研究还有一个原因，就是比较喜欢自然而然的研究。所谓"自然而然"，就是不被其他因素牵制，根据自己每天的实践，随心所欲地对感兴趣的或困扰着自己的问题进行研究。实践、思考、阅读、写作，就是这种研究的特点（我尽量避免用"模式""范式"等学术表达）——在实践中发现问题，研究问题，并解决实践中的问题；同时，不停地琢磨、比较、判断、提炼……在这个过程中，带着思考有目的地查阅各种书籍资料，然后将一个个案例写下来，这就是我的"非课题研究"。

比如，大学毕业带第一个班时，我认为班级生活应该有更多的快乐，教育不但应该有意义，还要有意思。于是，我对我们班进行了一番设计，并按这个设计去建设，"未来班实验"便诞生了。后来，我也写成一篇虽然毫无学术规范却有血有肉的报告，发表在《班主任》杂志。

又如，刚工作那几年，在语文教学过程中，我深感仅仅是字词句教学无法抵达语文应该抵达的心灵层面，它应该从语言出发，但必须穿透字句而进入其精神内核。那么，该怎么教才能"抵达"和"穿透"呢？我结合每一堂课进行探索、思考，并阅读有关书籍理论，再回到课堂，在阅读教学和作文教学等方面尝试，最后写成文章《从"语文教学"到"语文教育"》。我继续深入实践、思考、阅读、写作，陆续写出并发表了《变"应试语文"为"生活语文"》《语文：请给学生以心灵的自由》《我的语文素质教育观》等有影响的文章。

再如，在作文教学中，我越来越感到批改作文太花精力，对学生的提高并不大，而写作经验告诉我，好文章都是自己改出来的，并非别人帮着改出来的。于是，我尝试教学生修改作文。几年下来，根据有效的实践，我概括出"序列训练，全程作文，师生评改，分项积分"的作文教学方法。虽然我并没有单独写成相关文章发表，但这种做法既减轻了我的批改负担，又提高了学生的作文能力，这就是最好的"科研成果"。

还如，进入青春期，学生的困惑越来越多，他们在作文、周记及给我的书信中，向我诉说他们的"心病"。传统的"思想教育"根本无法解决这些问题，"心病"必须靠"心药"，这逼着我钻研有关心理学的著作。于是我进行了大量的阅读和思考，然后通过一对一的书信和面向全班学生的青春期系列讲座，对孩子们进行引导、开导和疏导，效果非常好。几年后，我将这些书信和讲座整理出版，这也成为我的第一本教育专著《青春期悄悄话》。

接手一个新班，第一天面临安排座次的困难：谁坐前面，谁坐后面，谁挨着谁坐，还有个子高矮、视力好坏等因素，再加上来自家长要求的各种"照顾"，还真是一件麻烦事。怎么办？研究呗！于是，我开始琢磨这个问题，还在主持的教育在线论坛上抛出这个问题，让更多的人一起讨论。最后，我找出了一个相对合理的安排座次的方法。虽然没有任何论文发表，但这难道不是教育科研吗？

1997年8月，我从一所中学调到另一所中学。那年我已经从教15年，搬家过程中，一本本尘封的教育日记，一张张泛黄的老照片，勾起了我甜蜜的回忆。读着那些单纯的文字，看着照片上的那些孩子，我决定把这些故事写下来。于是，我在电脑前用还不熟练的手法敲下一个又一个字。没有写作提纲，没有宏大框架，没有理论依据，就是一个个的故事从心里喷涌而出，在键盘上一泻千里地流淌。有些细节忘记了，我便打电话问故事的主人公——那时候，我还没有保护学生姓名权的意识，除了涉及早恋等问题的孩子，书中的其他学生都是真人真名。两个月后，我敲出了40多万字，出版社后将其切割成两本书分别出版：《爱心与教育》《走进心灵》。再后来，《爱心与教育》获得中宣部"五个一工程奖"、冰心图书奖和中国教育学会教育科研成果一等奖，《走进心灵》获得中国图书大奖。这成了我最著名的教育科研成果。

……

我举这些例子是想说明，非课题研究也应该是教育科研的正当途径。如果说参与课题研究是正规军的大兵团作战，进行非课题研究便是游击队的单刀直入。教育行政部门固然应该动员教师参与各级课题研究，但也应该鼓励教师散兵游勇地进行非课题研究——这种研究对教师专业水平的提升依然很重要且有效。我的成长经历便是证明。

但长期以来，一说到教育科研，就必须有课题，有开题报告、结题报告，有过程中的这个材料、那个表格，还要有核心期刊发表的论文——虽然有些论文别说读者可能连作者都读不懂……这样的课题研究已经越来越违背其良好的初衷。更可笑的是，许多课题并非源于实践的困惑，而是书本上的某个理论，甚至是领导的一句话。于是，课题研究成了时髦的追风，流行什么追什么：多元智能走俏了，什么都和它挂钩；建构主义吃香了，什么都和它相连；一会儿知识经济时代的课堂教学研究，一会儿"互联网+"时代的有效德育探索……题目越来越宏大，研究越来越高端，可自己班上的问题一个都没解决。这样的课题研究对教育实践究竟有多大意义？现在则是言必称基于核心素养，如基于核心素养的德育模式、基于核心素养的课程建设、基于核心素养的课堂教学、基于核心素养的家庭教育、基于核心素养的习惯养成……不知这样的风还要追多久。

再重申一遍，我不反对课题研究，只是反对脱离实际甚至弄虚作假的课题研究；我喜欢并习惯做非课题研究，但不认为一线教师只能做非课题研究。是加入正规军，还是参加游击队，应该根据个人的情趣、气质、素养等和学生的具体问题而定。作为上级科研机构和教育行政部门，在认定教师是否做教育科研的时候，无论是课题研究，还是非课题研究，只要有成果——这个成果的呈现方式应该是多样性的，都要一视同仁。

如果这样，我们的教育科研和教育实践才是一张皮，而不是油水分离。这才是陶行知所倡导的"真教育"，是实事求是的"真科研"。

【突破】

2017 年 7 月 5 日

当老师可能是需要某些天赋的

我多次说过，自己最初填报师范学院并非因为热爱教育，而是想早点脱离知青农场。但当了教师之后，我越来越发现自己还是比较适合的，甚至觉得多少还是有一些当教师的天赋。几十年来，除了爱、责任和技能，有限的天赋则是让我成为一名受学生喜欢的好老师的重要原因。

再看一些老师。他们很想爱学生，也确实真诚地喜欢教育，但就是上不好课、带不好班。他们的教学枯燥乏味，对学生完全没有吸引力，学生在课堂上度日如年；他们当班主任也没有活力与灵气，师生关系紧张，班级氛围沉闷。很难说这些老师都不负责任，相反他们工作勤勤恳恳，甚至是呕心沥血，却总是缺乏成就感，更没有幸福感，校长对这样的老师也很无奈。所以著名特级教师、杂文家吴非（本名"王栋生"）说："一个学校最可怕的事情是，一群愚蠢的教师却兢兢业业。"

我觉得，这些教师失败的重要原因之一，可能是缺乏当教师的天赋。任何职业都需要天赋，教育也不例外。当然，教师的许多能力可以通过入职后培养与提升，所以夸大天赋的作用显然是不妥当的。但一点天赋都没有，恐怕很难成为一个优秀的教师。

做教师需要哪些天赋呢？我没有做过专门研究，但凭几十年的体会，加上对一些名师和"失败教师"（姑且临时性用这个表述来特指那些努力认真，却总也做不好教育的教师吧）的观察分析，初步感觉（只是感觉）当教师可能应该有以下天赋——

对孩子的亲和力。本来我想说"对孩子的爱"，但又想，所谓"爱"是内在的精神状态，看不见摸不着，而亲和力是外在的表现。有人一见到孩子，心一下便柔软起来，看孩子的眼神情不自禁就变柔和，言谈举止都让孩子觉得亲切、有趣、好玩，孩子就忍不住愿意听他说话，和他一起玩耍，这就是对孩子的亲和力。我觉得我就是这样的人。当校长时，有老师说："您在孩子们面前放得开，完全不顾自己的面子。"说的就是我一见孩子，便忘记了自己是校长，甚至忘记自己是老师，"不顾尊严（面子）"地和他们一起欢笑、感动、兴奋、嬉戏，乃至摸爬滚打。所以，孩子很喜欢我。有的老师连笑都不会，整天很严肃，学生见了就紧张，他怎么能当好老师？

细腻而丰富的内心世界。做教师，一定要特别细腻，学生的一笑一颦，都能在教师的心里激起涟漪。这样的教师，其内心世界又特别丰富，装着所有孩子的喜怒哀乐，也装着教育所需要的"生活""社会"和"世界"。这样的教师，有着本能的、充满跳跃性的联想力，他能够由一个孩子的今天想到他的未来。苏霍姆林斯基说："每一个儿童都是一个完整的世界。"只有内心细腻和丰富的精神世界，才能感受并容纳这一个又一个"世界"。教师情感世界的细腻而丰富，还体现于他特别容易被感动，哪怕是分别时孩子一个依恋的眼神，都能让他久久不忘，并且铭记于心。一个大大咧咧、"粗线条"的人，是不适合当老师的。

敏锐的洞察力。在我看来，所谓"洞察力"，不仅仅是一种判断力，而是一种非凡的、透过现象看本质的思维穿透力，是一种善于从许多看似毫不相关的现象中找到某种必然联系的分析、比较的能力。我说过，一个教师要用教育的眼光看世界，从世界的角度看教育。无论多么纷繁的社会现象，他都能想到教育；无论读什么内容的书或者看电影、电视剧，他都能从中感受到教育。所谓"洞察力"，很多时候体现在班级生活或课堂上。教师应有见微知著的敏锐——能够从孩子一个细微的眼神、瞬间的表情、不经意的动作中感受到孩子的内心世界。正如赞可夫所说："对于一个有观察力的教师来说，学生的欢乐、兴奋、惊奇、疑惑、恐惧、受窘和其他内心活动的最细微的表现，都逃不过他的眼睛。一个教师如果对这些表现熟视无睹，他就很难成为学生的良师益友。"一个对孩子麻木不仁的人，显然无法成为真正的教师。

出色的语言表达能力。这里的"出色"是相对的，但和有些行业比，教师应该具备较强的语言表达能力，这是毋庸置疑的。教师的语言表达能力，包括口头的和书面的。教师以上课为基本的职业形式。课堂上，教师广博的知识、丰富的智慧、出色的能力等都是通过口头语言表达来呈现的。除了外在的形象，学生初见老师的第一评价便是这位老师是否有"口才"。一个说话结巴、冗赘、枯燥、无序的老师，是无法赢得学生的尊敬的；流畅自然、思路清晰、词汇丰富、用语得体、不枝不蔓的口头表达，无疑能够让学生佩服不已。再"高大上"的道理，老师也能讲得通俗易懂，生动形象。有口才的老师特别会讲故事，一个本来似乎平淡无奇的事，被老师讲得眉飞色舞、曲折动人，这样的老师肯定会令孩子着迷。除了"口才"，还有"文才"，即写得一手好文章：教育随笔、教育故事、课堂实录、班级"史记"，以及节日里给学生送上祝福的信件，包括给每个孩子写的生日诗……一个会写的老师，必然会给孩子的学生时代和自己的教育生涯留下永不褪色的温馨记忆。

幽默感。它是一种极富智慧与情感的语言表达，机智而敏捷，能给人带去轻松愉悦。但幽默本身并不只是一种外在的语言，更是其心灵的敏锐、精神的饱满和乐观的情怀自然而然地呈现。所以，幽默绝不是"耍嘴皮子"，而是积极友善的心灵散发出来的芬芳。我看过很多关于"学生最喜欢的老师的品质"的调查，"幽默感"往往排在前列。是呀，具有幽默感的老师，让学生觉得有趣，能够更快地缩短师生间的心理距离，减少学生可能出现的来自学习生活的压抑与忧虑，让学生维持心理平衡，进而产生一种安全感和愉悦感。我自己倒没觉得我有幽默感，但毕业多年后的学生来看我，往往给我讲一些我自己都忘记了的让他们捧腹并记忆犹新的"段子"。我喜欢开玩笑，喜欢自嘲，这可能是我与生俱来的特点吧！正是这些特点，让学生觉得我"有趣""好玩儿"，进而喜欢我。一个不苟言笑也不善玩笑的教师，会让学生感到索然无趣。一个无趣的教师，他的教育往往还没出发，便被学生"敬而远之"了。

浪漫气质。在现代汉语里，"浪漫"这两个字的含义很丰富，这里用这个词，取其"富有诗意，充满幻想"之义。我说过，教育者不一定是作家，但一定要有作家的情怀；教育者不一定是诗人，但一定要有诗人的激情。澎湃的热血、青春的气息、透明的情怀、纯洁的诗情、奇妙的想象、壮丽的憧憬……这样的教师所从事的教育——课堂教学与班级建设，将会多么迷人而富有创意！师生共同度过的日子里，又将伴随怎样的妙趣横生、波澜壮阔、震撼心灵、热泪盈眶……写到这里，我再次想到我的"未来班"，这是我刚刚踏上中学讲台的教育"处女作"：嘹亮的班歌，猎猎的班旗，课堂上我和学生一起因《青春万岁》而留下的热泪，油菜花地里欢声笑语的语文课，风筝在蓝天上写下的诗篇，山坡上和袅袅炊烟一起飘荡的歌声，岷江之滨篝火映红的笑脸和夜空，还有星空下孩子们面对未来庄严的约定……很难想象，如果没有这一切，只有作业和考试、排名和补课，我的学生不会在 30 年后聚会时说："李老师，当年你教我们的时候，我们每天都盼着上学！"要特别强调的是，是否浪漫，和教师所教学科没有关系，不要以为只有教文科的教师才浪漫，教理科的教师就一定很呆板。不是这样的！教师的浪漫气质，决定了教育的浪漫品质。从某种意义上说，没有了"浪漫"——我越来越坚定不移地认为——就没有了完整的教育！

在某一方面具有独特的爱好或优势。这里说的"爱好或优势"在很大程度上也是由天赋带来的，如弹琴、唱歌、绘画、舞蹈、足球、篮球……也包括文学创作，甚至擅长变魔术，都能让一位老师在学生眼里魅力四射。每个老师要问问自己：除了课堂上呈现的知识，我还有什么"绝招"征服学生的心，让他们对我佩服得五体投地？当然，这些"绝招"远不只是赢得孩子们的崇拜，更重要的是能够让你的课堂教学和班级管理充满非教学因素的缤纷色彩。

回顾我 30 多年的教育生涯，我觉得三个爱好让自己的教育丰满润泽而富有情趣：文学、音乐和摄影。因为我迷恋文学，所以给学生读了大量教材以外的小说、散文、诗歌、报告文学，也写了许多以孩子们的成长故事为素材的文学作品；因为热爱音乐，于是创作了班歌，教室里经常回荡着《绿色的祖国》《我们的田野》《五月的鲜花》《伏尔加船夫曲》《梁山伯与祝英台》等；因为喜欢摄影（其实严格地说，我的水平只能叫"拍照"），30 多年来，我给孩子们的校园生活拍了许多照片——每一幅照片都有笑脸，每一张笑脸都有故事，每一个故事都有成长，每一段成长都有我们共同的温馨记忆……毫不夸张地说，我的教育如果没有文学，没有音乐，没有摄影，必然黯然失色。

当然，当教师所需要的天赋肯定还不止上面所说，但我现在想到的就这几点。也许有人会说："你说的这几条，后天都可以培养。"是的，可以"培养"，但如果不是源于天赋，某些能力或爱好的培养是有限的，而且很勉强。以我为例，其实我在某些方面也缺乏做教师的天赋。比如，我的口头表达能力是很弱的，语速很快，吐字不清，偶尔还结巴，虽然经过努力大有进步，但毕竟还是不理想。又如，我与人沟通的能力也不强，或者说我天生就不擅长与人沟通，平时在社会上与人打交道就显得很木讷，在单位与同事和领导相处也显得不够圆润（这是个褒义词）。我的性格必然影响自己和学生的心灵交流。尽管随着教育经验和教训的积累，我渐渐地走进学生的心灵，但走过许多弯路。我还有其他方面不适合当教师的性格缺陷，但最终还是成为受学生喜爱的教师，也取得了一定的教育成就。这是因为，我其他方面的天赋（就是上面所说的），在很大程度上弥补了我的缺陷。

　　任何人都很难拥有当教师所需的全部天赋，但作为选择教育为终生职业的人来说，至少应有一些或尽可能多一些的"教育天赋"，否则，做了教师之后不但自己痛苦，孩子也跟着你痛苦。

2017 年 8 月 30 日

【心境】

跳楼自尽的刘老师，你真不该这样啊
——兼致这次期末教学成绩不理想的老师们

一

据中新网 1 月 29 日报道，四川省巴中县某中学刘姓老师疑因工作压力大跳楼自杀身亡。

虽然具体情况尚在调查中，但据知情者称："他教的班这次考试不理想，他昨晚一夜未眠。"

正是学校开始放寒假的时候，正是劳累了一学期可以和家人好好团聚的时候，正是家家户户迎接春节的时候……49 岁的刘老师却告别了这一切，走向了另一个世界，留给亲人无尽的悲伤，留给活着的我们无比的喟叹。

"他教的班这次考试不理想"，是不是刘老师自杀的主要原因甚至唯一原因，在正式的调查结论出来前，我们还不好说。但教学成绩不理想至少是他的压力之一。或者说，也许刘老师心理压力太大已经持续很久了，所教学科成绩不理想是压死他的"最后一根稻草"。

学生没考好便自杀（可能还加上其他原因），这说明刘老师存在着比较严重的心理问题。从这个意义上讲，刘老师的自杀属于特例、个案，并不具有普遍性，因为一般的老师不会因教学成绩不理想而走绝路。不过，虽没有像刘老师一样自杀，却同样因为应试压力而长期心理负担重，身心受损，生活质量下降，感受不到职业与人生的幸福，这样的老师却绝非个别。

二

从理论上说，教育不只是教给学生知识，教育评价也不只是分数，所以教师的职业成就感不应该仅仅体现在考试上；但当色彩斑斓的教育内涵只剩下两个字——"刷题"，教师所有的尊严便只能用"学生的成绩"来凸显。于是，当"他教的班这次考试不理想"的时候，生活的所有幸福之门都向刘老师关闭了，唯有死亡大门畅通无阻——他还有别的选择吗？

和刘老师相同境遇的老师，虽然不会选择死亡，但这个年还过得舒畅吗？全校大会的期末总结、各级教学质量排名、家长会、绩效工资的下浮、同事之间微妙的议论和眼神、学期或学年末工作的调整、评优选先、职称评聘等，只要没有拿得出手的分数，这一切都是老师心头的疼痛和脸上的羞辱，总之是灰溜溜的。如此"灰溜溜"，还有职业幸福可言吗？

不是说好了"不以成绩作为评价教师（学校）的唯一标准"吗？班级风貌的积极变化，学生精神的明显提升，课程开发的个性多样，教育科研的有效探索，后进孩子的转化幅度，课外活动的丰富多彩，综合实践的妙趣横生……是教师劳动和智慧的呈现，是教师成就与尊严的写照！如果我们的评价真正做到"不唯分数论成败"，那么"东方不亮西方亮"，教师总可以在多元评价中找到属于自己的获得感。

估计有人会振振有词地驳斥我："您说这些没有用！教师的教育教学能力主要体现在教学质量上，这是天经地义的。何况不仅是教育行政部门，家长、社会各界评价一所学校、一个老师时不都是看成绩吗？"

我当然知道，当今中国，无论素质教育喊得如何响亮，最后还是"分数才是硬道理"。

三

1995 年夏天，我写道——

常说"不以成败论英雄"，但这话在中国似乎从来就未真正做到过。就目前中学教育而言，"成"的标志，从理论上讲，是学生德智体的全面发展；

但事实上，"成"的唯一标志只是学生们的升学分数及学校的升学率。这使许多有志于教育改革的人，虽然胸怀教育科学与教育民主的顽强信念，却不得不在"升学教育"的铁索桥上冒着"学生考不上大学一切都是白搭"的舆论"弹雨"，艰难而又执着地前行！

于是，在当代中国，几乎任何一位"优秀教师""优秀事迹"的辉煌大厦，都必须以其班级大大高于所在年级、所在地区平均水平的"升学率"作为支撑的主要栋梁，否则，他的一切教育思考、探索与创新都等于零！

23年过去了，情况并没有发生根本转变。从各种论坛、各类文件和汇报材料及众多媒体上看，教育改革不仅热火朝天，而且硕果累累，但在中国绝大多数普通学校，"秋月春风等闲度"，寂寞者依旧寂寞，悲哀者依旧悲哀。

作为一个普通的老师，要改变这一切几乎是不可能的——不对，不是"几乎是不可能"，就是"不可能"。那么，我们能够做到的，就只能是调整心态。学生没考好，老师当然要反思总结自己的教学，但教学分数不理想的原因很多，包括班科老师的协调配合、学生的学习态度和学习方法、家庭的学习氛围，甚至包括生源……把这些想透了，虽然"分数决定一切"的现实依然无法改变，但我们的心里会坦然一些，至少减轻了不少负疚感。

四

从教36年，在应试教育的战场上，我并非"常胜将军"，也有过失利的时候——虽仅有一次，但刻骨铭心。我记得当时是这样告诫自己的：我已经把能做的做到了，结果如此，只能说是天命；问心无愧，所以我没有半点自责。

而且，我还年轻，还有许多届毕业班在前面等着我，我还有机会"翻身"，我就不相信自己的运气始终那么差。后来的岁月证明了我并非盲目乐观、自我安慰——以后很多次考试的辉煌（包括高考）成绩让我扬眉吐气。

其实，即使在我所教班级高考"失利"（指1990年的高考，关于那次高考失利，我在许多著作和文章中提到过）的时候，我的教育成就感依然没有全部被高考分数剥夺：高中三年各种教育改革、课堂创新、浪漫而诗意盎然的班级生活、充满人性温度的班级史册、我对教育越来越科学而深刻的认识……这一切让我有了高考分数以外的教育成就感。

尽管世俗的社会环境不承认我的这些收获，但它们却支撑着我的心灵，是我教育自信与教育尊严的源泉，是我继续坚持教育改革的不竭动力，更是我后来打翻身仗并从此不再重蹈覆辙（事实上，1990年的高考失利不再重现，因而是我唯一的失败记录）的原因。

五

我知道，不能指望每一个教师都有强大的精神世界；对教师的拯救，还得有社会的理解与宽容——这里说的"社会"，其实主要是学生家长。

家长把孩子送到学校，当然是希望他能遇到好老师，所谓"好老师"的标准就是能够"把分数提上去"。我不评价这种标准是否科学，就姑且依家长这个标准吧。其实，没有哪个老师不想把学生的分数提上去，用不着你们施压。如果你们多一些理解，多一些宽容，多一些鼓励，老师会更加竭尽全力地教学，学生的分数也会更快提高。如果你们太心急，太苛求，太无理取闹，就没有哪个老师敢教你们的孩子了！

我特别寄希望于制度性改革，真心希望各级教育行政部门下大力气对目前的教育教学评价体系进行改革，真正以素质教育的理念对学校和教师进行评价。教学分数当然重要，但能不能不把分数作为评价学校老师的唯一标准？能不能不进行学校排名？能不能不进行班级排名？能不能不那么赤裸裸地将分数与绩效挂钩？能不能将学生全面发展的指数作为综合评价的依据？在评价教学质量的分数和各种"率"时，能不能考虑不同学校、不同班级、不同生源的实际情况而差别化评价？能不能减少一些区县级、地市级统一的"调研考试"？……

我知道，这些想法其实大家都懂——我不信领导不比我更聪明，只是由于种种原因不愿做，但我还是想这么无力地呼吁，愿能感动他们。

六

跳楼自尽的刘老师，真的不该这样轻率！

也许刘老师的死还有其他原因，但不管什么原因，都不应该轻易放弃生命。但他已经无可挽回地走了，实在是令人痛惜。尽管绝大多数教师并不认识远在四川巴中的刘老师，但物伤其类，共同的命运和境遇，让刘老师的死带给我们阵阵寒意。

千千万万老师的生命依然还在校园里奔涌，在课堂上流淌。热爱教育的本钱是热爱生命，善待学生的前提是善待自己；没有了生命，一切都谈不上；有了生命而没有健康的心态，也不会幸福。我们视教育为全部，可事实上，生活的快乐不仅仅来自教育，还有其他——父母的健康、妻子（丈夫）的疼爱、孩子的乖巧、朋友的情谊，以及业余爱好……

所以，保重自己，珍爱自己，这应该是我们随时对自己的提醒。

我特别想对这次期末教学成绩不够理想的老师说，这次考差了不要紧，还有下次；可如果一直走不出心里的阴影，下次依然会考不好；调整心态，让阳光洒进心灵，从容不迫，把目光投向未来；多大的事儿，不就是一次期末考试吗？没事儿，相信自己，在你微笑的时候，明天的成功或许已经在向你走来……

我知道，我的这些说辞很苍白，可能并不能解决老师们的具体困难，但我是真心的。我想以这篇朴素而真诚的文章祝福你们——

祝远方亲爱的老师们过一个好年！

2018 年 2 月 2 日晚，于武汉天河机场候机室

同样身处逆境，他们为什么不抱怨

在杭州，我参加了马云公益基金会举办的"2017新乡村校长论坛"。论坛开幕式上，20位乡村校长获得马云发展基金。作为受邀嘉宾，我和马云坐得很近，这是我第一次见他。我很是赞赏他对乡村教育的关注和支持，认为他是有教育情怀和社会使命的企业家。在他的演讲中，有两段话让我怦然心动：

这不是颁奖典礼，而是感恩仪式。对于守住最贫困、最艰苦地区教育的乡村教师校长，今天我们只是表达一点点感恩之心。感谢你们，是你们的努力，让中国的未来更加有了希望。

我始终认为，一个国家的教育水平并不是看它发达地区的教育水平多好，而是要关注它落后地区的教育水平。一个社会的进步不在于精英有多少，而在于底层的数字有多大。如果乡村教育得不到改善，就算城里有再多的名校，中国社会也不可能得到真正的发展！

就凭这两段话，马云就是我心目中的英雄。但是，我心目中还有比马云更伟大的英雄。

虽然近在咫尺，我却没想过过去和马云合影。不只是他，还有坐在我前面的李连杰等明星，我也没想过去求合影、求签名。因为在我心中，还有比他们更让我尊敬的"明星"，那就是代表全国27万校长获得马云发展基金的20名乡村校长！当他们从领奖台上走下来，我主动请求他们和我合影。这是我的荣耀！

颁奖典礼是以汪涵讲述一位来自青海玉树藏族自治州的乡村校长的故

事开始的——

如果你要找一名叫嘎松扎西的校长，得先飞到位于青藏高原的玉树，再坐车颠7个小时山路，去到海拔4600多米的曲麻莱县麻秀村。

11年前，嘎松校长接手麻秀村小学的时候，他的内心是崩溃的。让他最崩溃的不是教室的窗户是用塑料布糊上的，不是校舍没有通电，不是晚上学校周围还有狼，而是家长和孩子都觉得上学没用，放牧就足以过此一生。于是，课还上着，学生就跑了。嘎松校长追出去老远，才能从旷野上气喘吁吁地把学生抓回来上课。

11年里，嘎松校长把学校翻新了两次，装了窗户，通了电。教室亮堂了，一切看上去终于好起来了。那一天，玉树地震，校舍成了危房。嘎松又带着孩子们在帐篷里上了三年的学。

但是，再没有学生逃跑了，甚至休息的时候，他们也愿意在学校，而不是回家。嘎松有点成就感了，他终于建起了一所学生不愿离开的学校。

嘎松说他到麻秀村的第一天就想着什么时候能被接走，但是他送一批又一批的学生毕业，自己却无法离开。

"不容易"，是我们接触的每一位乡村校长都说过的话，可是"离开"，是他们都没有做出的选择。人世间有些追求，超越了生活的舒适，超越了对金钱的欲望，超越了对社会评判的在意。或许旁人都无法形容那点追求是什么，只能看见每一位乡村校长在日复一日地这么做。

……

登上领奖台的每一位乡村校长，都有这样朴实无华却催人泪下的故事。在雪域高原，在茫茫戈壁，在大山深处……他们守着孩子，一天又一天，不只是教知识，还要照顾留守儿童的吃饭、穿衣、睡觉。他们的办学条件之差，是城里名校的校长、老师难以想象的。可他们不抱怨，不泄气，埋头苦干，创造了一个又一个教育奇迹，让自己所在的学校成为当地的传奇。

和他们合影时，有的校长说："李老师，我特别崇拜您，是读着您的书成长起来的！"平时听了这些话，我还是很自豪的。但今天听着这些话，我的脸发烧，感觉无地自容。

是的，我很自卑。我被人称作"专家"，可是长期在大都市工作，工作过的学校有全国名校、重点中学，就算涉农学校武侯实验中学，也地处城郊，条件比边远山区的学校不知好多少倍。学校办公室里有空调，教室地面是水磨石，工资从不拖欠，在这样的环境中做教育，讲素质教育，讲爱心与教育，讲课程改革，讲基于互联网的课堂教学……不但很容易，而且富有诗意。转念一想，如果我置身这些校长的学校，会怎样？

其实，这些校长所面临的困难，还不仅仅是自然条件的艰苦，城里老师遇到的让人气愤的所有现象，他们都遇到过。举一个例子，在我主持的"成为具有成长力的校长"论坛上，一个年轻人问台上的刘勇武校长："您是否遇到过上级无休止地检查验收，要你做这个做那个，而你想做的却做不了？如果遇到这种情况，您怎么办？"这位年轻人所说的，正是现在几乎每个老师和校长都深感头疼却无可奈何的现象。前段时间，我为此专门做过一个调查，并写成一份《关于"减轻教师非教学工作"负担的调查报告》。对此，刘校长这样回答："我遇到这种情况，也很郁闷。我是这样做的，领导给我布置这个那个、各种材料、各种表格、各种形式主义的东西，确实很烦。我当着领导的面就说'好好好''我一定落实'，等领导一走，就只做我觉得应该做的事，而且把它做好！"实际上，面对困难，几乎所有乡村校长都在运用智慧"应付"的同时又大胆创新，唯独没有抱怨。

要说抱怨，他们比许多人更有"理由"抱怨；如果抱怨，他们现在还一事无成地在原地抱怨。但因为不抱怨，他们把自己和不少动辄抨击"体制落后"、数落"环境恶劣"、哀叹"待遇低下"、咒骂"领导专制"、呵斥"教师懒惰"的其他教师或校长区别开来。凭着良知，怀着责任，发挥智慧，点点滴滴地去做，戴着镣铐把教育的舞蹈跳得尽可能优雅，他们今天站在了万众瞩目的领奖台上，每人获得 50 万元的教育发展基金。

所以，我把他们视为当今中国真正的教育英雄。这就是我宁肯不找马云合照却非常乐意和他们合影的唯一原因。

2017 年 7 月 12 日晚

自己看得起自己

今天下午，2018年新教育年会终于闭幕。为了这三天，我和我的团队累了几个月。不过，年会呈现出的精彩让我们觉得再累也值得。

这次年会基本上体现了我的设想：朴素、创新、争鸣。我取消了流光溢彩的演出，有学校把活动放在四川省科技馆，会上严文蕃教授的质疑让我期待的带有火药味的争鸣终于出现……这里我就再不多说，只想说说细微的感动。

昨天上午的会刚结束，一群老师涌过来想和我合影，这时一个穿志愿者T恤衫的小姑娘也想和我合影，可因为人多，她挤不进来，急得当场就哭了。后来拍照时，我才知道她是武侯实验中学的学生，叫谭诗语。当年我没有任她们班的班主任，但是给她们班上过课。她说："毕业后这几年，我年年都回母校去看老师，可您不在学校了！"说着，她又流泪了。我问她现在在哪里工作，她说大学毕业后就在武侯区的成都市第23幼儿园当老师。说起我们的校训，她脱口而出："让人们因我的存在而感到幸福！"

今天，我陪着嘉宾们去武侯实验中学参观，看见谭诗语正好也在学校做志愿者服务。她看到了我非常高兴，跑过来和我拍照。我们在学校那棵标志性的黄葛树前留影。我知道成都市第23幼儿园也在搞新教育实验，想到当年的学生现在成了我的新教育同仁，心里真的很开心。

让我开心的当然不只是学生谭诗语，还有在武侯实验中学遇到的许多老师。在阶梯教室，我碰见了高霞、白勇、刘朝升、李勇军、唐燕等老师，打了招呼后，我和朱永新老师在前排坐下，但还是习惯性地端着相机远远地抓拍他们。

台上，张瑞莉老师正在讲她利用生物课让学生对学校的大树进行研究的故事，看见她眉飞色舞的讲述，我拍了几张照片。突然想到我在这里做校长时，有一年她在这里上公开课我给她抓拍照片的情景。

张瑞莉老师讲述完毕，接着是白勇老师讲他引导学生做"家庭实验室"的事儿。他妙趣横生的故事，引得听讲的老师阵阵大笑。

最后是唐燕讲她的"完美教室"的故事，重点是通过阅读引领孩子成长。她讲到一个特殊儿童，父母吸毒被抓，爷爷奶奶去世，孩子失去家庭的爱。唐燕对他说："宝贝，今后三年我就是你的妈妈！"这当中的曲折和艰辛当然不是我这里三言两语能够说完的。总之，唐老师打动了孩子的心，孩子的精神面貌发生了积极的变化……在唐燕讲述的时候，她的眼里含着泪花，不少老师也不停地擦拭着眼泪。

我听着，除了有同样的感动，还有另外的感慨：这是当年不愿当班主任的唐燕吗？想当年，她向我说不愿当班主任时，我问她原因，她说班上有一个孩子特别顽劣，她管不了。我当时对她说："恭喜你有了一个科研对象！"我告诉她，任何一个特殊孩子都是教育资源，每一道教育难题都是科研课题；利用这些资源，研究这些难题，你就会成为教育专家！十多年过去了，唐燕成为一名不但有爱心而且有智慧的班主任，还发表了文章、外出讲学。她的成长，就是我的成功；她的幸福，就是我的快乐！

从阶梯教室走出来，碰见了赵敏敏，我俩彼此都很惊喜。我为她和朱老师拍了合影。

赵敏敏当年可让我操心了，她说起教师职业就牢骚满腹，工作态度很不端正。可是在我的引导下，她端正了职业态度，克服了自己的弱点，一步步成长起来。这次新教育年会，她给代表们上了一节公开课，受到好评。

我对她说："我最近在外面讲课，经常讲你的成长故事呢！"她对我说："你对我的认可一直鞭策着我，这次我教的班级又考得很不错。衡书记也对我有很多帮助、理解和支持！郑聪校长在我困惑的时候给我莫大的鼓励，我很感谢你们在我前行的路上给予的温暖！"

在校园一路走过去，又碰见许多老同事：张月、刁瑞阳、袁伟、许开旭……虽然都只是匆匆点头致意，但他们的笑脸却勾起了我美好的记忆，让我想到许多故事。

当老师就尽力当一个好老师，当校长就尽力当一个好校长。无论刚工作时默默无闻，还是现在成了"教育专家"，我都以平常心——也可以叫"初心"——来对待每一天，每一个学生，每一个老师。于是，我便有了这些故事，这些幸福。就是这么简单。

想到现在网上一些老师，一提起自己的职业就唉声叹气，悲悲戚戚，你跟他说"职业幸福"，他说你"太理想化"甚至"太假"。是的，教师待遇有待提高，教师尊严有待捍卫，教育环境有待改善，教育体制有待革新……我为此在"镇西茶馆"推出过大量文章，但这都不是教师怨天尤人的理由。经常听人批评无良媒体对教师的"抹黑"，可是我们是否客观上也在"抹黑"自己？如果你都看不起自己的职业，人家凭什么尊重你？

我又想起唐燕，想起赵敏敏——当初唐燕那么不想当班主任（我现在还记得她激动地控诉顽童的样子，脸都涨红了），现在以研究特殊孩子为乐趣；当初赵敏敏一说起进班就满腹牢骚（我现在都记得她在我面前哭的样子，委屈得很），现在她却体验到了教书的快乐。

学校还是那所学校，学生还是那些学生，工作还是那份工作，工资还是那笔工资……除了心态，她们什么都没变。然而，恰恰是心态变了，唐燕和赵敏敏的职业幸福便源源不断。

2018 年 7 月 15 日

别拿"一线教师"作标签，掩饰自己的苟且与卑下

这篇文章可能会让某些"一线教师"（注意，我加了引号）不高兴，但我相信更会赢得广大真正一线教师的认可与共鸣。

无论反对还是赞成，我都会直言不讳。

我绝不会因为怕"掉粉"而不说出自己想说的话。

保持独立、自由的灵魂比什么都重要。

一

一次在贵州讲学，我提到云南一位普通而让我尊敬的女教师。我说："表面上看，我是所谓'名师'，她则毫无知名度，但我和她，谁更能代表全国广大的一线教师？当然是她！她没有出版过专著，没有作过大型讲座，也没有获得过显赫的荣誉，甚至连学校荣誉都没有。但她每天都过着平淡而踏实的日子，陪着一届又一届孩子成长，备课，上课，批改作业，组织班级活动，和孩子们一起玩儿⋯⋯她所有的学生都记住了她。全国千千万万的老师就是这样的。她就是典型的一线教师。今天，在座的每一位老师也和她一样，默默无闻却令人尊敬。我向你们表示敬意！"说完，我深深地向台下的老师鞠躬。

2001年教师节那天，我写下一篇短文《把祝福献给普通的老师们》，其中有这样一段文字：

他们可能一辈子都没发表过一篇论文，却兢兢业业地上好每一堂课；

他们也许从来没有机会上公开课，却把一批又一批的学生送进了高一级学校；可能由于办学条件差、生源不理想等，很少有学生考上大学，但他们仍无怨无悔地爱着自己的每一个学生；他们的工资经常被拖欠，因此也发牢骚，但发完牢骚后仍然夹着教案走进教室；他们给一届又一届的学生声情并茂地讲长城、讲故宫、讲"江南忆，最忆是杭州"、讲"一桥飞架南北，天堑变通途"，可双脚迈得最远的地方不过是几十公里以外的小县城；丈夫或妻子已经下岗，因而日常生活捉襟见肘，但当自己的学生因家境困难打算辍学时，他们会毫不犹豫给学生以微薄而温暖的资助；他们的教学方法既不能归入这个"模式"也不能纳入那个"体系"，他们不过就是老老实实地上好每一节课，仔仔细细地批改每一道作业题；走在繁华的都市大街上，他们朴实、木讷、憨厚、迟钝，但在学生的心目中，永远是最美丽、最英俊、最有才华、最有激情的偶像；沉重的人生压力使他们的腰背已经微微有些佝偻，但正是这些微微有些佝偻的腰背，铸就了中国基础教育的脊梁！

这就是我眼里的一线教师。16年过去了，我依然这样评价绝大多数的一线教师。

注意，这里特别强调的是"绝大多数"，可见我并不认为所有"一线教师"都是值得我尊敬的。

二

不知从什么时候开始，在某些人（当然是极少数，但因为这极少数人活跃在网上且掌握了一定的话语权，往往给人感觉为数不少，影响不小）眼里，"一线教师"四个字有了另外的含义。它成了一种"人格保险箱"，好像只要说一声"我是一线教师"，就占据了"道德高地"，在人品上就比"非一线教师"要高尚得多。它成了一种"批评豁免权"，好像可以抵挡一切批评，可以批评任何人，就是不能批评"一线教师"，否则就是"与人民为敌"。它成了一种"吐槽垃圾桶"，抱怨、发泄甚至讽刺、谩骂，似乎源于一个"正当理由"，那就是"我是一线教师"。

我不相信少数在网上叫嚣的老师能够代表所有一线教师，而且相信，绝大多数真正的一线教师也不认可这些人是他们的代表。

只想听顺耳的话，一听不合己意的话便愤愤不平，这就是少数自称"一线教师"的人的特征。以我最近的"有趣"经历为例——我写《谁给谁抹了黑——请教屯留县纪委》，为几位 AA 制聚餐却被通报批评的老师鸣不平，于是赢得网上一片喝彩："李老师和我们最贴心！""李老师才是真正的专家！"我写《体罚并非世界教育的主流》，戳穿有人所谓"世界上大多数国家的学校体罚都合法"的谎言，便有曾经的喝彩者说："站着说话不腰疼！""你来我们这里带个班就知道了！""李老师离一线老师越来越远了！"我写《也说"没有教不好的学生，只有不会教的老师"》，对这句流传很广的"名言"提出质疑，于是网上点赞不断："还是李老师理解我们！""李老师的文章总是那么接地气！"我写《夏老师没有自杀为何让有人失望》，于是有先前点赞者说："李镇西变了""让我们寒心"……

本文草稿写好后，曾在网上发过两段，马上有一位网名为"心已远"的网友评论："我觉得凡是没有正在一线工作的老师没有资格评价一线老师，哪怕你做过多年的一线老师，只要现在不是，就请闭嘴。"

一言不合，便武断地要别人"闭嘴"——如此霸道，有半点胸襟吗？如此评论，有半点逻辑吗？

如果这样的人说他能够代表"一线教师"，恐怕才会真正激起广大一线教师的"公愤"。

三

尽管我知道这样的"老师"总喜欢——不，是"只喜欢"——听符合他心意的话，我今天依然要"冒天下之大不韪"，对极少数自称"一线教师"的人说点他们"不爱听""很反感"的话。

我承认，的确有一些不良媒体把教师中个别"害群之马"的所作所为当作热点新闻来渲染，比如"现在的老师对重要的知识，课上不讲，课下收费再讲"……这些事可能存在，但毕竟是个别的。一些不良媒体却往往以此"妖魔化"整个教师群体，令人寒心。但对这些负面报道的反感，并不能成为我们拒绝正视自身问题、更新教育观念、改善教育方式的理由。我们的确需要不断成长，需要继续加强师德建设，提升职业认同感，提高教育教学专业素养——这是每一个一线教师的追求。尤其重要的是，作为一线教师，应该听得进各种善意而中肯的批评，正视自身的不足，这是不断完善自己、超越自己的前提。

四

最近读到一篇文章《引入"倒推力"，促进教师专业发展》，作者叫龙向东，是贵州的一位中学教师——标准的一线教师。龙老师在引用顾明远先生"我们教师水平太低，所以提高水平是对的"的话之后，这样写道——

刚看见那句话的时候，我也有点疑惑：这样讲到底准不准确？是不是太过了？昨天下午，我去参加一个家长会，才体会到也许顾老所言并非夸张啊。

第一位老师上来，先请大家安静，然后很不客气地说："不愿听的就出去！"接下来，是介绍成绩："这次我们班考倒数第一！已经是第三次倒数第一了！"听了这话我感觉很意外，一般人不会这样讲的，这是缺点啊，隐瞒都来不及，还当众强调，难道要自我批评？到了后来才知道她这样强调的原因，"孩子就是一张白纸，考得不好肯定是家长的责任，就是家长不重视！""我教的另一个班就考了第一，同样是我教，这不是家长的责任会是谁的责任？！"她讲话的主要内容就是孩子们考试成绩很差，家长要承担全部责任。然后当众宣读每位学生的成绩。

对这位老师的做法，我有几点看法：一是她不太尊重家长和孩子，不是将他们当成朋友，而是当成不欢迎的人，无视孩子的隐私权；二是过于重视考试成绩，把教育当成了考试，通过宣读成绩给孩子"贴标签"，诱导广大家长给孩子"贴标签"；三是逻辑推理非常混乱。

第二位老师上场了，同样是先当众宣读成绩，接下来布置若干作业：书法抄写一遍然后听写、朗读三遍下学期的课文然后背诵默写部分篇目、写六篇作文、阅读作业、家长签字……总之很全面。我在想，提前把下学期的东西都学完了，下学期干什么呢？在我看来，很多作业并不是非做不可。成年人可以回忆一下，你小学所学的课本知识现在还记得多少？对你的人生产生了多大的影响？假期布置这么多作业，孩子们还有多少时间去发展兴趣和特长呢？我倒以为，教师过多地布置作业，恰恰暴露了老师对自己的教学缺乏信心。因为没底气，所以才大量地布置作业，这么做不过图个心安罢了。作业的多少应当取决于客观的必要性，而不是主观必要性；如果教师对于教学内容缺乏把握，当然也就不可能形成"客观必要性"，只能依赖"主观必要性"。

五

当然，不能说每一个老师都是这样的，但这样的老师恐怕不是个别的。这样的老师还不是我前面所说的那种品质恶劣的"害群之马"，相反他们都很敬业、很负责任。也许有读者会为这两位老师辩护："他们也没办法，都是应试教育的体制给逼的！"

可是我要问，离开了渊博的学问、高超的智慧、精湛的技艺，就算是应试，仅凭着通过家长去"督促"孩子在假期里"书法抄写一遍然后听写、朗读三遍下学期的课文然后背诵默写部分篇目、写六篇作文、阅读作业、家长签字……"就能真正提高孩子的成绩吗？

面对这样的"一线教师"，大道理不用多讲，每个老师就问自己一个朴素的问题：我愿意把自己的孩子交给这样的老师吗？从某种意义上说，这样的老师越"认真负责"，孩子越受害匪浅。

有的老师动辄爱"抱怨"，而且还为"抱怨"找了一个"正当理由"，说"抱怨是对官僚主义的施压"，是一种"抗争"。可我及任何人都没有看到过任何教育弊端是靠"抱怨"解决的。我在一篇文章中把那种成天唉声叹气、怨天尤人，而对工作敷衍塞责、对学生毫不负责的老师，称作"怨妇"。于是，有自称"一线教师"的人就说"很反感""很寒心"，说我"站着说话不腰疼"，说"名师哪知一线教师的苦"，说"专家、名师都是既得利益者"……

六

需要特别说明的是，抱怨是不可避免的，谁敢说自己从没抱怨过呢？包括我，任何人遇到不如意多少都会抱怨几句，这很自然。我经常批评的"抱怨者"不是指这样的老师，而是特指那些只抱怨、不工作，或混日子、消极应付、耽误孩子的老师。我再强调一遍，发牢骚本身无可指责，有良知的老师也会发牢骚，但正如我前面所说："他们因此也发牢骚，但发完后仍然夹着教案走进教室"，埋怨几句不公，却不因此而迁怒于孩子，不因此而懈怠职业，这样的老师不是我说的"怨妇"。

我从来就不主张教师面对不公逆来顺受。对于种种教育弊端，我们当然需要呐喊，但这呐喊应该理性而有程序地表达。比抱怨更重要也更有效的，是通过途径反映、申诉乃至抗争。

我所知道有这么一位一线教师（由于某种原因，我隐去其姓名），就在我附近的地区（同样由于某种原因，我隐去具体的区市），为教师待遇问题依法起诉地方政府。这位老师的诉讼有四：第一，依法判决被告向原告公开市政府发放绩效年终目标奖的范围、划分该范围的依据，以及为何将教师划分在年终目标奖范围之外；第二，依法判决被告向原告公开原告2001—2016年应发和实发的第13个月工资数额；第三，依法判决被告向原告公开原告2009—2016年应发和实发的绩效工资数额；第四，依法判决被告承担诉讼费。法院已经受理此案。不管最终结果如何，这位一线教师依法行使权利维权的行动值得我为她点赞。

所以，我2017年2月就教师待遇问题做了一个大型调查，写成了一篇万字报告，递交全国人大和全国政协；今年6月就教师所承担的"非教学工作"问题我也做了一个大型调查，也写了一份调查报告，递交教育行政部门。这就是"理性而有程序地表达"我们的"呐喊"——提升教师的职业尊严感和幸福感，关键在于"加薪"和"减负"双管齐下。

但种种教育问题的解决不是一蹴而就的，需要有一个过程。在这些问题没解决之前，我们只能做权限范围内能够做到的，如调整心态，扩大视野，丰富教育素养等。一线教师这样做，本身也是在超越自己，让自己越来越强大，最终赢得别人的尊重，包括获得相对富足的物质待遇。

七

那天，我的朋友李海林先生在我的微信朋友圈里留了这样一段话，愿老师们能听得进去——

高待遇从来都不是社会赏赐给你的，你必须用其他人所没有的特殊知识和技能为社会服务，迫使这个社会给你想要的。问题是，我们有多少别人没有的特殊知识和技能呢？不知道老师们能否听得进这样的话。事实上，所有卓越型教师没有一个陷于贫困的。每当这个时候，老师又痛斥这个社会的不公，认为是权贵在使怪，或者斥责这些名师吹牛拍马。他们看不见成功的教师所付出的艰辛劳动和巨大付出。如果他们看到了，又在私底下说：这些傻子，这样辛苦又有什么用。这是一批没有希望的人。可悲的是，正是他们，在教我们的孩子。

"事实上，所有卓越型教师没有一个陷于贫困的。"李海林老师的这句话也许说得有些绝对——可能也有一些教师很卓越却由于某些原因而陷于贫困，但至少大多数或我认识的许多卓越型教师，没有一个不是从一线教师成长起来的，其中许多人至今依然是一线教师，而他们的确没有一个陷于贫困。

看看那些名师的经历吧，你会发现他们大多"崛起于畎亩之中"，成长起点恰恰是一线教师。

比如中国教育学会名誉会长顾明远先生，还有石中英先生、刘铁芳先生、项贤明先生、王崧舟先生……他们刚参加工作时，都是普通学校或乡村小学的一线教师，有的学历并不高，但现在都成为当代中国最具影响力的教育专家。还有驰骋教育江湖的著名学者"江湖一刀"谢云，曾经是默默无闻的一线教师，现在他不仅是一线教师，而且是威震四方的教坛名师。这样的人，我还可以列举出很多。

现在，他们当然不可能"陷于贫困"。可当初，他们作为一线教师时，同样遇到许多困难、坎坷、不公。如果他们因此抱怨、沉沦、得过且过，会有今天的卓越吗？

还有著名特级教师王栋生（笔名"吴非"）老师。多年来，他多次撰文抨击某些"一线教师"的种种有违师德的言行，而他自己直到退休都是标准的一线教师。当然，他是一位有着非凡影响力的一线教师。这种影响力不是靠他的"抱怨"得来的，而是奋斗多年的实至名归。

我自然想到冰心那首著名的小诗——

> 成功的花，
> 人们只惊美她现时的明艳！
> 然而当初它的芽儿，
> 浸透了奋斗的泪泉，
> 洒遍了牺牲的血雨。

八

也许有人会说："您说的都是名人，而名人毕竟是少数！"好，我再说几位非名人的一线教师——

我想到了李国斌老师。李老师是四川金堂县的一位高中语文老师，不幸于2004年患上淋巴癌。在生命已经被医生宣判了"死刑"的情况下，他依然乐观，笑对人生，在与病魔作斗争的过程中，一次次创造了生命的奇迹，居然不可思议地重返课堂，而且当上了班主任。关键是，他不只是应付式地完成教育教学的常规工作，而是积极思考，大胆改革。他在病中完稿并出版了《我的学生我的班》，记录他自强不息、锐意进取的教育故事。在一个小县城教书，所有一线教师遇到的困难他都遇到了，但他没有抱怨，更没有沉沦。他说："我知道，作为学校一个小小的班主任，虽然没有呼风唤雨的本事，不能左右学校的规定和要求，不能决定教育的'大气候'，但是我可以营造教育的'小环境'。在遵循教育规律和学生身心发展规律的前提下，按照自己对教育的理解和思考，在我管理的班级进行教育改革试验。"

还有胡兰老师。作为一名乡村女教师，她长期在最基层的学校陪伴着农村孩子——不仅仅是"陪伴"，还潜心研究教学，探索教育改革，在教书育人方面成绩卓著，因此荣获"全国模范教师"的光荣称号。2014年8月，她在一次体检中，偶然被查出患有脑部恶性肿瘤胶质瘤，做了开颅手术。

医生说她三年后复发的可能性为90%。可是，手术后4个月，她便主动要求重返课堂，继续当班主任、教语文。一年后，病情复发，她一方面接受治疗，一方面继续工作——没有谁强迫她上班，也没有谁对她进行"道德绑架"，是她自己把教育当作自己生命的存在方式。她在2016年的工作总结中写道："2016年，对我来说是不寻常的一年。这一年，我饱受脑部肿瘤复发困扰，在忍受病痛发作疼痛、头晕、乏力等不适症状折磨的同时，咬牙坚持，负重前行，努力展示积极乐观、豁达向上的健康形象。我战胜了病痛，战胜了困难，没有成为学校和同事的拖累，并尽我所能，把微弱的光亮惠泽于一同前行的所有人。"

<h2 style="text-align:center">九</h2>

有"一线教师"可能又会说："你说的都是患有绝症的人，并不具有代表性。"

好，那我就说说罗民吧。罗民，这个名字可能知道的人不多，他是我的网友，网名"滇南布衣"。15年前，我和他在网上相识，感动于他长期坚守在云南南部的一个山坡上，陪伴着12名孩子。于是，我利用一个暑假专程去看他。几间低矮阴暗的土房，残砖垒砌的乒乓球桌，玉米地旁坑坑洼洼的"操场"……就是"校园"。就是在这里，罗民年复一年地陪伴着一批又一批的孩子，其艰苦一言难尽。临走时，我问他："你没有想过调出村小，到县城工作？"他说现在还没有想过。我说是不是没有机会，他说不是，"我的一个表叔曾在县里机关工作，主动跟我说过，如果想调到城里来可以去找他"。我问，那你为什么现在不想调到城里工作呢？他说："我想还是再在乡下待一段时间，带一带现在乡里各小学这一批30多岁的老师，他们很有培养前途。我想通过他们去改变现在的乡村小学教育。"话语中，"布衣"流露出一种使命感。我说："你真的相信你能够改变现状吗？"他说："能！1993年，我曾经有几次机会调进城里，但没有去，而是去了金鸡村小学。现在看来，我改变了金鸡村小学。正是在我任教期间，金鸡村小学修建了全乡第一所钢筋水泥的教学楼，而且培养出金鸡村第一个大学生！"15年过去了，我和罗民早已失去联系，但经常想起他。不知他现在是否还在那山坡上教书，也许早已调到县城，物质生活改善了许多。这无可厚非，因为这是他奋斗的结果。

还有我在微信公众号上写过的汪敏老师、王兮老师、卢晓燕老师、刘朝升老师、蒋长玲老师、王晓波老师、郭文红老师、卢韵笛老师……这些令他们的学生感到温暖的老师，许多人连名字都没有听说过，可他们都是一线教师。

十

有的自称为"一线教师"的老师却不是这样的。他们总是那么"悲情"而"悲壮"。2000 年前后，那时我刚学会上网，在一些网站论坛担任版主，因而和许多每天在教室上课的一线教师相识。其中，一位来自重庆的小学教师（这里隐去姓名），每次上网或给我写电子信件总是"满腹委屈""悲愤不已"。透过网络，我似乎都能感到他满脸纵横的泪痕。我每每开导他，他却总是说："你们名师不懂我们……"后来，我只好放弃对他的"使命感"。这么多年过去了，不知他是否还生活在自己的"悲情""悲壮"和"悲愤"之中。

什么叫作"你们名师不懂我们……"总有人"一刀切"地称专家名师为"高高在上""夸夸其谈""脱离实际""专制帮凶"。总有人有意无意（对有人来说，是"故意"）地把"专家名师"与"一线教师"对立起来——好像"专家名师"一定是"高谈阔论""脱离实际"的胡说八道者，而"一线教师"一定是"富有经验""实事求是"的勤奋实干者。一旦贴上"专家名师"的标签，你就已经"输三分"了，只要声称自己是"一线教师"，则"怎么说都有理"。

真理不认身份，只认事实。无论"专家名师"还是"一线教师"，都可能胡说八道，也都可能勤奋实干。何况二者可以互相转换或合二为一：同一个人，可能先是"一线教师"后为"专家名师"（比如顾明远、石中英等先生），或者成为"专家名师"后又重返课堂成为"一线教师"（比如 2004 年 4 月，我以特级教师和博士的身份从成都市教科所的岗位上主动回中学教语文并担任班主任），或者成为"专家名师"后依然一直是"一线教师"（比如著名特级教师吴非先生）。以"出身"论"英雄"，是一个荒唐年代的特征，难道这个荒唐还要继续下去吗？

十一

吴非曾建议我"脱离群众"（他对这四个字有特殊的解释），直言："远离尘嚣也就远离市侩主义——说实话，和装作听不懂的人去说理，你比他还要蠢。"

是的，我知道"永远叫不醒一只装睡的耳朵"。我倒也没有"蠢"到指望这篇文章能够"说服"谁、"改变"谁，但希望我的文字能够让自强不息的一线教师感到不孤独。

几年前我去看吴非时，他很自豪地谈到南京师大附中语文组："我们语文组有些老师真不错，庄敬自强，有真正的教师修养，他们有一个共同的特点：不苟且！"

当时，他说的"不苟且"三个字让我心里一震。不苟且，意味着抵御外在的诱惑，坚守内心的良知，不管社会风气如何，绝不放弃应有的理想、情操和气节——

敬业，但不愚昧；郁闷，但不沉沦；疾恶如仇，却绝不迁怒于自己选择的教育工作；偶尔也发发牢骚，但绝不因此而与教育为敌，与孩子为敌；就算迫不得已做应试教育的奴隶，但思想上绝不做助纣为虐的奴才；环境昏暗，内心却始终燃着一盏明亮而温暖的灯；身居一隅，目光却始终投向诗和远方……

我身边乃至全国各地许多角落的千千万万默默无闻的普通老师就是这个样子的。

他们才是真正的一线教师。

2017 年 7 月 22 日于从新西兰陶波至惠灵顿的车里

请不要用势利的眼光打量学生对老师纯洁的情感

一

昨天晚上，20多年前毕业的几个学生请我吃饭，我便写了一篇短文并附上照片发到"镇西茶馆"。本来我认为这事太普通，当个老师谁没被以前的学生请吃过饭呢？所以，我估计那篇文章不会引起太多老师的兴趣，点击量不会太高。

谁知居然引起强烈反响，一大早点击量就超过五千，十点刚过便破万。大家纷纷对我和学生的师生情感点赞。这真的让我感到意外。也让我想到20年前《爱心与教育》出版时引起的反响。不过就是一些平常的故事，居然让读者泪流满面！后来，我接受央视记者采访时说："教育中应该有的爱，本来是自然的，现在居然让许多人感动，这只能说明我们这个时代，教育之爱失落了！"

"镇西茶馆"中关于学生请我吃饭的小文引起热议，许多老师向我表达"羡慕"，是不是也说明了这种情况呢？

更让我惊奇的是，个别老师这样留言：

因为您是名人，跟您吃饭还能留影是何其荣幸的事。一般的平凡老师，师生关系再好，也不会时常有学生请吃饭，他们一生经历的老师太多了。

李老师，看你的学生多，请你吃饭的学生也多，毕业后还能经常有班级聚会，这是你教学魅力的延伸。但也不能忽略你的名气和影响力的加持，更多普通老师或许与学生只是认识而已。

我相信留言的老师没有恶意，在日常生活中他们也是负责的老师，但恕我直言，这种思维真的是匪夷所思。把学生回来看我，请我吃饭，扯到"名人""名师"上，这思维逻辑是怎样推演的呢？

二

反驳这种观点不费吹灰之力——

20世纪80年代末期，我教的学生刚一参加工作便回来看我，请我吃饭，那时我无论从哪个角度讲都不是"名师"。

有人也许会说："那是因为那个年代风气好，学生记情。"

可前几年我做校长、当班主任时教的学生，也是刚参加工作便回来看我，请我吃饭。

有人也许会说："那是你运气好，遇到了懂事的学生。"

我曾经在一所学校专门教过"差生"集中的班，班上不少男生根本"不懂事"，可十多年后，他们经常来看我，也请我吃饭。

有人也许会说："'差生'对老师的感情本来就很深，优生恰恰不容易感恩老师。"

可我教过的许多有天赋、出类拔萃的孩子：杨嵩、胡小鸥、胡夏融、荣建、程桦、吴涛、潘芳奕等，他们和我也有很深的感情，几十年来一直有联系，有的也曾请我吃饭。

有人也许会说："你不是说你常常把学生从初一教到高三吗？6年时间，师生感情当然不一般！"

我刚工作的第二年，实习时只教了一个月的学生便不远百里来看我，请我吃饭；去年，我在网上邂逅了1998年5月在天津借班上公开课的一群学生，彼此都非常兴奋，他们不但记得我，而且说如果去天津，他们请我吃饭。我只给他们上了一节课，连名字都叫不出，可他们却记了我19年！

也许有人会说："那是你们中学老师才有这样的福气，我们小学老师、幼儿园老师想都别想！"

幼儿园老师也许真的如此。按人的记忆力规律，孩子记不住幼儿园老师应该是很自然的。比如我，现在就记不清我的幼儿园老师；但小学老师被学生记住的却很多。我认识的许多普通小学老师：黄雪萍、陈秋菊、蒋敏怀、郭文红、王晓波、石春红等——估计全国绝大多数老师没听说过他们，但在我的微信朋友圈里，她们经常晒学生回来看她们的照片。当年教这些孩子时，孩子们还是小不点，而回来看老师时，他们都是大人了，可还搂着老师的脖子亲昵地合影。隔着冷冰冰的手机屏幕，我都感到了温暖。

成都市红牌楼小学的黄雪萍老师人到中年，她教过的学生每三年聚会一次，坚持了很多年。

成都市太平小学的侯超俊老师对我说："学生们毕业两年了，突然有一天接到一个孩子的电话，说在我家楼下等我。我走进小区就看见20多个孩子，手里提着蛋糕，说他们记得过几天是我的生日。当时我很感动。"

上面这些老师都不是"名人"，可依然享受着孩子的爱。

三

在昨天那篇文章的留言中，我们可以看到不少普通的一线老师也享受着学生的尊敬和依恋。我选几则留言——

记忆：前天下午，几个三年前毕业的男孩子来看我。他们有去读职高的，有考东坡班的，有一路脚踏实地平平淡淡的，有重点学校特招的。现在的他们都长得高高帅帅，一个个恭顺地站在我身后，开玩笑地说：老师，我们给你当保镖！我笑了：那走在街上，我可就太拉风了！看着比自己高大壮实了许多的孩子真心围绕着我，心里真的都是满满的幸福！（2018-06-22 06:59:35）

莫问前程：我老公是个小学老师，他经常坐车、洗澡，或在外吃早点时被已认不出、叫不出名字的人抢着付账，这些人喊他老师，他猜这是他从前教过的学生。我认为，作为老师，只要你对学生付出了真爱，哪怕你是幼儿园老师，他也会永远记得你。（2018-06-22 12:57:18）

李三爷：李老师，有同感啊！我从教快30年了，学生数以千计。我们慢慢老了，学生也有所成就。他们还记得我们，确是莫大的安慰。去年教师节，一个学生给我寄来一套渔具，我非常高兴。当年我撞见他一个人在教师办公室，神色慌张，后来有老师说东西丢了。我没有揭穿他，只是旁敲侧击地对他说了些话。几年后，他开了间渔具店。他一直称我为恩师。我庆幸选择了正确的教育方式。还有一个学生，现在在东非做生意，成了董事长，说最近要来看我。桃李已满天下，我心依旧永恒，更当活出精彩，终为学生表率！（2018-06-22 13:06:55）

红尘菩提：我也是，前几天连续有高考结束或大学毕业的学生来看我，我只是初中老师，但孩子们都喜欢我。当老师其实蛮幸福的，不知道网上为什么总有那么多人叫苦。（2018-06-22 22:12:14）

……

我承认，比起30多年前，当今社会人与人之间的感情淡漠多了。但教育的人性是不变的，因此只要我们的教育始终充满浓浓的人情味，教育之情，教育之爱，便永远不会离开我们。人非草木，孰能无情？

四

用"名人""名师"来解释学生对我的依恋，这是某些成人用自己功利、势利的"小人之心"度孩子纯真无邪的"君子之腹"！——我知道这话会让一些老师不高兴，觉得"李老师言重"了，可是，说学生请我吃饭是因为我是"名人"，这是对学生纯真情感的亵渎，你都不怕"言重"，我怕什么？

何况，绝大多数学生长大后，都不知道他们的李老师在教育界的所谓"名气"。几年前，在北京举行我从教30周年研讨会，就近请了北京工业大学教授、博士生导师荣建，他是我30多年前教过的学生。他发言时说："我今天走进会场大吃一惊，李老师居然这么有名。可在我心目中，他就是一个普通的老师而已。他很爱我们，爱给我们读小说，爱带我们出去玩儿。我很感谢李老师，可真没有想到他现在在基础教育界名气这么大。"当时全场老师都笑了。去年到厦门，厦门大学附中的姚校长请我吃饭，我叫来了20世纪80年代教过的学生潘芳奕，她现在是一家企业的老总。当她听了姚校长对我的介绍后，很吃惊："原来李老师成名人了！"

我举这两个例子是想说，学生不像有些老师想象得那么势利。他们尊敬我，仅仅因为我是他们的李老师，而不是什么"教育专家"。

还必须说明的是，从教这么多年，我几乎从不接受家长的请吃。我这里用了"几乎"，是不想把话说得太绝对，因为我怕万一记性有误呢。但在我的记忆中，我真的想不起接受过哪个学生家长的请吃，包括学生考上大学后，我也不愿意接受家长的请吃。20世纪80年代没有这种风气，后来这种风气越来越浓，我则自觉躲避。

但毕业工作了的学生请我吃饭，我无比开心，且坦然赴宴。本来我是特别反感饭局的，武侯区的校长都知道"西哥不喜欢饭局"，但学生请我吃饭，我特别乐意。同时，我也经常请学生吃饭。有一年，我专门驱车100多公里，从成都赶到乐山请学生吃饭，他们都很感动。我拿出稿费捐助聚会活动，也不是一两次了。我对学生说："我用你们的故事写成书，这稿费当然应该给你们！"

但实话实说，并不是所有学生都请我吃过饭，也不是所有学生都回来看过我。教书36年，学生那么多，怎么可能人人请我吃饭，人人都来看我呢。对此，教师应该保持宽容之心和平常之心。

五

学生不来看你，不一定就是把你忘记了。学习忙，工作忙，失去联系等，都可能成为学生不回来看你的原因。有一个"规律"：学生刚毕业的第一个教师节和春节，回来看老师的往往比较多，后来就渐渐少了。等到学生参加工作或者过了一二十年，往往又会回来看老师。特别是他们成了父母，有了孩子，和老师的联系就更多了。这是我的切身体会。对此，我是这样想的：刚刚毕业的学生，对老师虽然很尊敬，但那种感情还比较浅，看老师更多的是出于礼貌；他们读大学，找工作，为生存打拼，确实很难顾及回去看老师——还有的学生觉得自己没有混好，没脸见老师；待岁月流逝，人到中年，渐渐有了怀旧心理，自然会想到少年时的老师，再加上自己也有了孩子，对老师的理解就更深刻。

写到这里，我想到一个经常想起的学生，这个学生很长一段时间没来看过我，但许多读了我的《爱心与教育》的老师都说她应该来看我。这个学生叫"周慧"。我在外讲学，常有老师问到她现在的情况。因为我的书中写她进入高中的第一夜生了病，我背她上医院的事。毕业30多年，除了很多年前曾经收到过她的贺年卡，就再没有音信。但我从来没怪过她，因为我知道她的为人。我知道她大学学的是德语，也许出国了，总之失去了联系。但是前几年，我突然在网上和她联系上了，她果真在德国的一所大学任教。后来她回国我们见了面，彼此非常激动。今年暑假，她还要回国，还要来看我。

　　人都是有感情的动物，和学生相处三年或更多时间，彼此有了感情，学生毕业后希望他们回来看自己，非常正常。但是，这不是我们教书的目的，更不是我们的唯一追求。教师教书是为了什么？就是让每个孩子健康成长，增长知识，提高能力，完善人格。如果这个目的达到了，就可以了。孩子的成长与进步，是对我们最好的回报。至于还有学生会回来看我们，那只是意外的收获——有，当然好，而且惊喜；没有，也不要紧。这就是我说的平常之心。

六

　　希望学生回来看自己的心情很正常，没有回来看自己有些遗憾也是人之常情，但如果过分在乎甚至计较学生是否回来看自己，就是另一种"功利心"。我的确曾经听一位年轻的女老师和我说某个优生："如果不是我，他休想考上大学！我给他单独辅导多次。他成绩下滑，我去家访，还摔了一跤。可是到现在，他连一个贺卡都没有寄过。"说着说着，这位老师的眼圈都红了。

　　对学生应该进行感恩教育，但由老师去教育学生要"感恩老师"总觉得有些别扭甚至滑稽，而且这"感恩"有些变味。不要把学生是否回来看自己，看得那么重。说得不好听点，我们就是服务行业的，所做的一切都是服务——为学生成长服务。我们提供服务，领了工资，其他的就不必多想。商店的服务员会因为顾客没有回去看他而郁闷吗？

　　一个叫"雷鸣"的朋友在我文章后留言道："问心无愧而已，只要学生努力正直，我就知足了，请不请吃饭，回不回来看我，无所谓，我教他们知识，哪求什么回报？"说得真好。

有一个词，我刚参加工作时就特别反感，现在也是，那就是"感情投资"。先不说教育，一般意义上，人与人之间的感情是无价的，所谓"无价"，就是没有功利，不求回报。亲人之间、朋友之间彼此付出真诚，不应该想着回报，这才是真情。否则，连感情都成了"投资"，这个世界太冷酷太可怕了。说到教育，我相信绝大多数老师对学生的爱是没有功利色彩的，是绝对无私的，是无愧于"春蚕""蜡烛"的评价的——尽管这些比喻已经被人批评过，我也曾经撰文质疑，但是在"无私奉献"这点上，临时用来形容教师，我是可以接受的。然而，的确有一些老师，把和学生的关系庸俗化，和家长的关系物质化，一切都是"投资"，都是"撒窝子"（川话，意即"放鱼饵"），所付出的总希望有回报。于是，一旦学生"忘记"自己，就郁闷，就"辛酸"……

做一个纯粹的教师，保持一颗纯净的爱心，不希望学生毕业后都来看自己，你的形象往往会在学生心中立一辈子，学生自然会永远记住你。我想到了已经退休的吴非老师。他的教育，他的课堂，体现了他发自内心的、真正的人道主义情怀，说明了他朴素而自然地爱着每一个学生。他坚决不收学生家长的任何东西——有一次，他对我说："连学生家长给我一瓶醋，我都不要！"他的人格赢得了学生的尊重。在吴非那里，感情就是感情，不是"投资"。

我写过一篇文章《并不是每一个学生都喜欢我》，可供大家阅读。绝大多数学生对我是有感情的，这种感情不一定表现在回来看我，请我吃饭。当然，如果一个中小学老师教了那么多学生，居然一个都没有回来看过自己，恐怕就得找找自己的原因，而不要老怪"社会风气"。

2018 年 6 月 22 日

并不是每一个学生都喜欢我

一

20多年来，特别是自从《爱心与教育》出版后，我渐渐在一些读者的眼中成了一个"神"。在许多人看来，我非常爱学生，学生也非常爱我，这种师生关系简直像童话一样美好温馨，又像神话一样难以置信。我要说，读者这种感觉真实但不全面。

说"真实"，是因为我和学生的关系总体上来说的确很纯真，不含一点儿杂质，许多故事确如童话般美好，自己想起来都那么温馨。这样的故事在我的书中已经写了很多，但写不完，更多的是存留于我和历届学生的记忆中。

说"不全面"，是因为我不敢说教书30多年来，每一个学生都那么喜欢我——不，可能也有学生恨我（恨此处没加引号）。当然，我说的是"可能"有，也可能没有。但不喜欢我的学生肯定有。

也许有读者不知道，与《爱心与教育》同时写作并几乎同步出版的还有《走进心灵》。在书中，我专门写了一章内容——我的教育失误，来讲述我犯的许多教育错误。当时我的用意在于，既告诫自己尽量避免犯已经犯过的错误，也提醒年轻的同行以我的教训为戒。但遗憾的是，20多年来，人们读我的书，只记住了我爱学生和学生对我的爱，却没注意到我伤害过学生和也有学生不喜欢我。

二

那天，我翻开从教后用过的第一本语文教材，看到里面夹着一张纸，打开一看，是1982年4月我班学生李松写的检讨。我一下乐了：这个李松，居然还有"把柄"在我这里。

李松是当年我大学毕业后带的第一个班里最让我头疼，不，最让我"恨"的学生，顽劣到了极点。他对我也"恨之入骨"，但几十年后，我们成了称兄道弟的朋友。

我把他这份已成"文物"的检讨在这个班的微信群里发布，一下子给大家带来了乐趣，大家纷纷调侃。聊着聊着，李松突然来了一句："这么多年过去了，我没成为西哥的骄傲，西哥却成了我的骄傲！"

也许李松是不经意说的，我却十分感动。我相信他说我是他的"骄傲"是很真诚的，他现在也是我的"骄傲"！当初那么顽皮的男孩，现在在一家医院工作，善良正直，尽心尽责，虽然不是"名人"，但难道不能成为我的骄傲吗？

我和李松当年彼此都不喜欢甚至"恨"对方，现在却互为"骄傲"，教育就是这样有意思，耐人寻味。

在我从教的30多年中，尤其是在年轻的时候，不喜欢的学生有多少？因为不喜欢，冷眼相对，挖苦讽刺，或不公正地批评、惩罚（不要以为李镇西老师就没有这样做过，不是的）的学生有多少？有学生不喜欢甚至"恨"我，也很自然。

当然，像李松一样，许多"恨"过我的孩子也许随着年龄的增长，理解了老师的批评，也宽容了老师的刻薄，重新尊敬老师。但并不是每一个这样的孩子都像李松那般。

我不愿意用"没有经验""急躁"等理由来原谅自己那时的种种错误。对李松这样的学生，我当时确实是很"恨"的，巴不得他转走。这种心理就是一种自私。后来我又教了许多届学生，同样也遇到过一个又一个、一批又一批"李松"。我的教育当然更加成熟，犯的错误越来越少，但不能保证再也没有伤害过李松那样的学生，只是也许我不知道，可能永远也不知道，但在学生心里留下的阴影可能是永远的。在此，我向这些学生表示真诚的歉意！

三

其实，教师难以意识到的对学生的这类伤害，就是对中等生的冷落。这里说的"中等生"，不只是指成绩中等，主要是指那些"不起眼"的、容易被教师忽略的学生。我说的伤害，不是说冤枉批评了这样的孩子，而是说当我们过多地关注后进生时，对这类学生的漠视，本身就是一种伤害。

比如李燕琼同学，30多年前在我班上，论成绩是不错的，尤其是数学成绩突出，但表现似乎不那么"优秀"（我这里将"优秀"二字打上引号，是说明她并非不优秀，其实她善良、刻苦、乐于助人，有集体荣誉感，只是因为性格不是那么活泼，再加上没有文体特长，出头露面的机会较少，因此在我眼中就"平平"了）。她现在在北京师范大学工作，从事脑科学研究。有一次我去北师大讲学，她特意来听我讲未来班的故事。说起未来班，她眉飞色舞，很是自豪，对我的尊敬丝毫未减，后来还陪我去东北传播新教育理念。我感到她现在对我的好，远远超过当初我对她的好，想起来就觉得当初对不住她。

和李燕琼相似，还有她的同班同学毛加庆。当初在班上，他除了成绩不错，其他我感觉一般。所以直到初中毕业，他都没有当过三好生，也没当过班干部。我觉得他的不调皮、不热心让我省心，也让我冷落了他。他现在是四川省武胜县县委书记，对我依然尊敬有加。他曾特意请我去武胜县给全县教师作报告。通过四川省委组织部的朋友我了解到，毛加庆做得很棒。我的确放心了，同时自责，当年我没看出他出色的组织能力，他连小组长都没当过，我真是"瞎了眼"。

还有张红霞。她当年在班上是个非常可爱的小姑娘，圆圆的脸蛋，常常笑眯眯的，但成绩中等，表现中等，自然就很少被我特别关心。几十年后再见面，我觉得对不住她。但她还记得我对她的关心。昨天我们微信聊天，她说："因为没考上乐山一中，您从北京回来还去过我家。后来，我高一收到过您的信。当时我到一所普通中学读高中，落差比较大，您的信真的对我有很大帮用，所以您算得上我毕生的老师！"我回忆了一下，1984年暑假，我是去过北京，那是我第一次去北京，还去了谷建芬老师家感谢她为我谱班歌。回到乐山，还去已经毕业的张红霞家里安慰她，这事我却一点印象都没有了，可红霞还记得。这里我并非借她的回忆来表扬自己，甚至炫耀自己多么"爱学生"，而是想说，教师给学生带来的伤害，他们往往会忘记，而给他们的一丁点儿好，他们则一辈子都记着。

以上是我随便举的三个中等生的例子，其实严格地说，他们并没有"不喜欢"我，相反对我很好。但这样被我冷落的中等生绝对不少，更多被我冷落的学生呢？他们可不一定如这三个学生一样。如果我给他们的心灵带来过伤害，我真诚道歉。如果他们到现在还在心里不喜欢我，我完全理解，不怪他们。

四

历届学生中，还有被我粗暴批评或伤害过自尊心的。我的书中写过一个叫"耿梅"的女生，因为犯了一个小错误，被我骂"脸皮厚"；还有一个叫"付饶"的女生，也是因为一个小小的错误，被我责令把写的检讨贴在学校大门上……这都是我刚当教师那几年发生的事，毫无疑问对孩子造成了严重的伤害。但同样，她俩也不能算"不喜欢"我的学生，因为多年后，他们都原谅了我，至今对我非常尊敬。我再次感受到，学生对老师的宽容远远超过我们对他们的宽容，孩子的胸襟其实比大人更宽广。

我不能要求每一个孩子都是耿梅和付饶。也是在 20 世纪 80 年代，有一次，校长告诉我，某家长找到他，要求将其女儿转出我班。后来，这位母亲对我解释说，孩子要求转班，原因是某次迟到我没让她进教室，这让她很没面子。我很惊讶，也感到很委屈：我对这孩子很关心，曾单独辅导她的作文，帮她修改，最后这篇文章在全国很有影响的一家报纸发表。但是，我后来意识到，无论你为别人付出了多少"好"，只要有一次"不好"，以前的所有的"好"都等于零。我反思，这个女孩肯定不是或不只是如她母亲所说是因为迟到罚站，可能还有平时我不知不觉流露出的严厉让她怕我，感觉在我班上很不快乐。当然，她转班——这事本来也由不得我同意与否。再后来，她一直不理我，直到几十年后的现在。但我一点都不怨她，只怪我当初没善待她。其实，我对其他孩子也同样严厉，甚至更甚，比如耿梅和付饶，但还是那句话："我不能要求每一个孩子都是耿梅和付饶。"

教育的个性，就包括对不同的孩子得用不同的方法。30年来，我已经多次在心里感觉对不住那个转班的女孩，今天，我愿意在此公开向她表达歉意。

五

比呵斥、体罚更伤学生心灵的，是教师的不公。我在高一新生中做过调查："你最不能忍受的老师的缺点是什么？"统计结果让我意外，排在第一的是"老师偏心"，其他诸如"辱骂""体罚""工作不负责""上课不吸引人"等都排在其后。

有一个学生，本来我觉得对他挺好的，可因为一次几个学生犯了同样的错误，他认为我对他处理得特别重，从此耿耿于怀，到现在都不怎么理我。虽然每次聚会也和我打招呼，但我感觉他心里有疙瘩，和我始终不能像哥们一样随便亲热。

昨天，一位当年我对她既欣赏也很严苛的女生跟我聊天，说："李老师当年对我的影响很大，正面负面都有，有段时间我是有些怨气的。但现在人到中年，回头望，有句话不知适不适合：雷霆雨露皆是君恩。"我向她表示，对她有些内疚。她说："老师当然也有个人喜好，不可能对所有学生一视同仁，而且当年您也才20多岁，越有热情，可能反而越爱憎分明。"

我理解，她说的"爱憎分明"，其实就是有时候对学生没有一视同仁。需要说明的是，所谓"一视同仁"，并非否定教育的"因材施教"。学生希望我们应该做到的"一视同仁"，指的是感情和尊严的平等。当然，感情是不能伪装的，老师也有喜怒哀乐，凭什么要对所有学生都平等地充满感情呢？我的观点是，如果说一开始就要甚至必须爱每一个学生，那是矫情，我们可以暂时做不到从感情上爱每一个学生，却必须在行动上尊重每一个学生。这是能够做到的。可惜，当时我连这个有时候（的确只是"有时候"）都没做到。

我上面列举的学生，都是我20世纪80年代教的。但这并不说明我后来就没犯过类似的错误，只能说后来被我伤害的学生越来越少，但也不是没有——我记得后来还在课堂上撕过学生的书。我们意识到了问题的严重性，并不等于马上就能改正。相同的错误，有时候还会再犯。当初反思教训是真诚的，后来旧病复发也是真实的。不能因为旧病复发就说当初的反思是虚伪的，是说假话。

六

最不喜欢我的学生，也许是成都市玉林中学初 98 届 6 班的孩子们。当然，说这个班的所有孩子都不喜欢我，也是绝对夸张。事实上，直到现在，这个班还有学生和我保持着真诚的交往。但这个班不喜欢我的孩子最多，这是事实。

算起来，他们现在已经 30 多岁了，可在我心中，他们的确是"孩子"，因为一想起他们，我就想到一群天真烂漫的孩子。当初，我带他们这个班的时候很投入：还没进校，我就拿着花名册挨家挨户地家访，那可是八月中下旬酷热难耐的时候；进校第一周，我就给他们举行了"露一手"主题活动，让每个孩子都上来展示自己的特长甚至绝招；在世界乐园，我们留下开心的笑脸；在蒙蒙春雨中，我们徒步去郊外踏青，穿过油菜花，走过原野，走着走着天晴了……教他们的时候，是我的教育观相对比较成熟的时候，自我感觉带他们这个班得心应手，浪漫而富有情趣。但是，两年后我离开了他们，而我无法抗拒这一调令又无法给他们及其家长解释。于是，我在家长学生眼中成了"无情抛弃"他们的人。近 20 年里，这个班的大多数孩子很少和我联系，想起他们，我就心痛。

让我惊讶而感动的是，2015 年 8 月，这个班的孩子举行进校 20 周年聚会。聚会活动即将开始前的半个小时，他们突然给我打电话，请我参加聚会。当我赶到现场，孩子们给了我热烈的掌声。虽然我很清醒地知道，这掌声更多的是出于礼貌，但已经知足。何况，他们对我带他们时候的许多往事记忆犹新。欧阳懿哲同学居然还带来了他保存的当年我指导他们办的手抄报《玉林日报》，一份不少，太让我感动了。在饭桌上，有学生对我说："当初，您突然离开我们，我们真的像失去父母的孤儿……"我理解他们 20 年来对我的"恨"，但依然没有（因为不能）给他们解释当初突然离开的原因。经过这次聚会，这个班的大多数孩子重新和我建立了信任，但依然有少数学生没有"原谅"我。我不怪他们。毕竟在他们看来，我当初"抛弃"了他们而调到了一所"更好的学校"，是典型的"嫌贫爱富"！

前两天收拾书房，我发现1997年暑假我给学校的一封信的复印件，信上我明确表示，因为所带的班马上进入初三，不能走。我给学校提出：第一，我暂不调走，待教的两个班初中毕业后再走；第二，一年后我调走，但我依然愿意以借调或兼课的形式留在这个班，直到他们高中毕业；第三，如果学校觉得不好管理我，我愿意与学校签订有关的"责任协定"；第四，以上设想我已经向我拟调往的有关单位谈妥，并得到理解与允诺。很遗憾，学校不但没有同意我的这些请求，而且采用了一些强硬措施使我不得不离开。于是，我只好不辞而别，"抛弃"了孩子们。

之所以"不辞而别"，是因为我承诺过学校：为了维护学校声誉，绝不跟学生作任何解释，一切以学校对这个班的学生及其家长的说明为准。20年过去了，现在写出这些，我的心已经平静，我不怪学校，更不怪学生，因为每一方站在自己的角度都有道理，都值得理解。只是那一班十四五岁的孩子所受到的伤害，已经无法抹去。前年聚会，我没向孩子们表达歉意，因为我觉得我离开他们非我所愿，但今天想来，不管怎样，客观上他们是因为我的离去受到伤害。所以，我在这里不求原谅地向成都市玉林中学初98届6班全体同学表示真诚、深深的歉意！

七

我高中的班主任张新仪老师是一个特别优秀的老师，深受她历届学生的爱戴。去年教师节前，《中国教育报》向我约稿，希望我写一位我的老师，放在他们教师节的专版中。我一下就想到敬爱的张老师。我写张老师的文章以《长大后我就成了你》为题在《中国教育报》发表后，赢得张老师历届学生的点赞。我问过张老师："你教了一辈子书，有没有学生恨过你呢？"她想了想，说："嗯，有的。一个学生比较贪玩，我就去家访，这个学生就对我有了意见。后来他在医院工作，见到我都不理我。"张老师接着说："其实，教书是我们的职业，教好书是我们的本分，学生记不得我，喜不喜欢我，我不在意。"

张老师说的那个学生至今对她耿耿于怀，并不是因为张老师做错了什么，但她一直这么坦然。30多年来，一些学生之所以"不喜欢"或者说

"恨"我，主要是因为我的教育失误，所以我就更不应该计较学生"不理解"甚至"不感恩"了。

说到"感恩"，我一直有个不同于绝大多数同行的看法。教师教书领了工资，要说"回报"，每个学生的家长已经以纳税的方式，通过每月的工资向我们"表示"了，你还希望得到什么格外"感恩"？至于有老师希望学生多年后记得自己，甚至经常回来看自己，这可以理解，但不可强求。如果学生不喜欢你，不来看你，是很正常的。我们完全不必伤感，因为我们的付出都是应该完成的本职工作，没有什么"寒心"不"寒心"的。

与其计较学生不喜欢自己，不如反思学生为什么不喜欢自己。这样，我们会不断改进工作，会更理解孩子，自然便会赢得更多孩子的心。在我看来，不喜欢自己的学生，对教师来说也是一笔教育财富。

2017 年 6 月 10 日

【幸福】

"李老师，您说实话，您有过职业倦怠吗"

尽管做了九年校长，而且似乎还不错——注意，仅仅是"不错"而非"很好"，但还是觉得自己最适合的角色是语文教师和班主任，而不是校长。

客观地说，从2006年担任校长到2015年卸任，九年间，武侯实验中学发生了巨大的积极变化。但这些"积极变化"不是由于我的才干，而是因为——

第一，学校副校长和中层干部帮我承担或者说行使了管理职能，尤其是先后三任书记，同时兼有"常务副校长"的职责。他们有序而有效的管理，让我这个校长几乎仅仅是象征性的存在，所以我才可能去当班主任，轮流到每个班去上课，挨个找老师谈心……九年间，有过几次"重大事件"，但有了他们，均化险为夷。

第二，学校绝大多数老师不但理解并认同我的教育主张，而且支持我的教育改革，包括学校人事管理改革、课程改革、课堂改革……作为地处城郊的涉农学校，我们通过新教育实验推进平民教育，受到孩子的喜欢、家长的认可和各方好评。没有老师们的积极参与，这些都是不可想象的。

第三，教育局领导及各部门的鼎力支持。这绝对不是套话。因为他们认为我是"专家"，所以不但给我创造尽可能宽松的环境，而且给我提供许多特殊的政策，如课程改革、人事改革、评价改革，这都让我的一些想法得以实施。还有领导对我的个性的宽容，包括对我说话和行事风格的包容，这些都是学校发生积极变化的重要因素。

当初担任校长是教育局的决定（当然，如果我坚决推辞，他们也不会强迫），但一种想挑战自己的欲望和一点点虚荣心，让我抱着"试一试"的态度走马上任。很快，我发现自己真的不适合做校长，虽然我有理想，有想法（注意，不是"有思想"），有激情，但毕竟一天行政干部都没有当过，连中层都没当过，直接由普通老师提拔当校长，能力方面的缺陷是显而易见的。

我缺乏统筹全局的能力，学校的人事、财务、教育、教学需要经营得井然有序，可我完全不熟悉。我缺乏协调斡旋的能力，上上下下、方方面面，有经验的校长能够从容应对，长袖善舞，而我完全是书生。我缺乏艺术处理人际关系的能力，理论上我知道对上级、同级、下级应该有不同的相处方式，但我对谁都一样，直来直去。我一点都没有"变相表扬"自己的意思，对校长来说，这真的不是优点。我缺乏必要的韬晦和城府（在这里没有贬义），缺乏应有的沉着与冷静，缺乏起码的客套（依然不是贬义）与礼仪……

总之，能够当九年校长且还"将就"，甚至被评为"特级校长"，纯属运气和照顾。我是有自知之明的，所以卸任校长四年多来，时不时有人（集团）邀请我"出山"当校长，我都毫不犹豫地推辞。我知道他们请我，不是看中了我有能力，而是因为我有"名气"。我直率对他们说："我真的不会当校长！"

他们可能认为我是虚心，其实我是心虚。

程红兵、李希贵、卢志文、李海林、刘长铭、崔其升、叶翠微等，无论战略眼光还是待人胸襟，无论创新思想还是行政能力，我永远不及这些校长。他们当校长的高度，我永远达不到。这是我的肺腑之言。但我十分自信地认为，我特别适合当教师——语文教师和班主任，甚至可以说，我有当教师的天赋。

一旦走进教室，置身学生之中，我就特别放松，特别自然，特别机智，特别潇洒。无论是语文教学还是班级管理，我总有那么多的新意、那么多的即兴发挥、那么多无法预约的精彩，那么多的"随心所欲而不逾矩"……

因此，我上课成瘾，当班主任上瘾。

"上课成瘾"和我的学科专业有关。我是中文系毕业的，从小喜欢文学，觉得自己这辈子最开心的事之一，就是当了语文教师。教语文，和中国文化、文学、文字打交道，备课是享受，上课也是享受。而且，在课堂上，学生们凝神地看着我，一双双晶莹的眼睛就像明亮的星星，我宛如置身灿烂的星辰大海。我就是迷恋这种享受。

"当班主任上瘾"和我的性格有关。我写过一篇文章《当老师可能是需要某些天赋的》，那些天赋我几乎都有。我天性开朗，感情奔放，待人真诚，思想敏锐，对学生有亲和力，天生喜欢娃娃，看到小朋友就想摸他们的小脸蛋，逗他们傻笑，再加上有学生认为的"幽默"和"才华"……这一切，都让我当班主任如鱼得水。只要我新接一个班，第一天就会让学生迷上我。

几十年过去了，我不敢说每一个学生都喜欢我和我的课，但绝大多数学生都是喜欢的，这也是事实。不止一次，不同年代的学生来看我，都这样说："李老师，你教我们的时候，我们天天都盼着上学，不想放假！"

几年前，曾有记者问我："李老师，您说实话，您有过职业倦怠的时候吗？"

我回答说："您要我'说实话'，但您的语气已经表明了您想知道的答案——就想我说'我也有过职业倦怠'。如果我这样说，你笔下的李老师就显得特别'真实'，你还可以评论说，'连李老师这样的名师都有过职业倦怠'；但如果我说我'有过职业倦怠'，恰恰就是没有'说实话'，是在为了迎合舆论而撒谎。真实的情况是，我从来没有过职业倦怠，因为我一直在享受教育！你就这样写，我不怕别人说我在说大话，我只能实话实说。"

我之所以喜欢教师这份职业，绝非因为这个"理想"那个"情怀"、这个"责任"那个"使命"，不过是性格所致，兴趣使然。

仅此而已。真的。

2019 年 11 月 27 日于达拉斯至布宜诺斯艾利斯的航班上

让人们因我的存在而感到幸福

"让人们因我的存在而感到幸福"这句话，是从 20 世纪 80 年代起，我送给历届学生的"见面礼"。后来，它成了武侯实验中学的校训。在每周一的升旗仪式上，这句话都会从三千师生口中喊出，响彻云霄。

我从来不相信一句话能改变一个人，甚至改变世界。教育没那么简单。但深入灵魂的语言，有时候的确会产生潜移默化的影响，让人格散发出持久的芬芳。

一

我刚当校长不久，有一次在校园碰到一个男孩。他扑过来抱住我："李老师，我好崇拜您！"

我一愣："为什么呀？"

小男孩仰着脸看着我，很认真地说："我读了老师发给我们的《做最好的家长》，觉得李老师太了解我们了！"

开学不久，我买了几百本拙著《做最好的家长》送给初一的学生家长。没想到，这小家伙也读了。

我说："这本书更适合你的爸爸妈妈看，他们看了吗？"

他的笑容消失了，摇摇头说："没有。"

我说："今天回去告诉你的爸爸妈妈，说李校长要'我'转告你们，一定要读这本书。"

过了一个月，小男孩再次到办公室找我，很兴奋地说："李老师，我爸爸妈妈把您的书看完了。"

我乐了，问："你发现你爸爸妈妈有什么变化吗？"

他说："有的。以前我考试没考好他们会骂我，还打我。这次我没考好，爸爸找我谈心，妈妈还说相信我下次能够考好。"

又过了两年多，孩子毕业前夕来找我，给了我一封他爸爸写的信。信不长，但其中有一句话让我感到了自己的价值："李校长，是你教育我怎么当家长，我们一家人会永远记住您的话：让人们因我的存在而感到幸福！"

二

2013年6月9日，初三毕业典礼刚结束，就有孩子跑上来和我合影。一群女孩子围上来，要我在她们的校服上签名。后来，许多男孩子也涌上来要我签名。于是，阳光下，我拿着笔在孩子们的背上、手臂上、胸前，甚至腰间龙飞凤舞起来。

签名结束，走进办公室，我看到桌上有一封信——

尊敬的李校长：

您好！

很高兴在毕业之际给您写这封信，感谢您对我们无私的关怀。我至今记得第一次踏进武侯实验中学时，您给我们讲的《一碗清汤荞麦面》一课。您告诉我们做人就要像他们一样善良，充满爱心。作为一个懵懂的孩子，您的话给了我启迪，在我人生的道路上给了我一个很好的开端。

今天，毕业了，我们不再是刚入学的孩童，已不再稚嫩。即将告别这里，心中充满了不舍，我们会永远记住这里，记住曾经在一个美丽的校园里，有一群活泼天真的孩子逐渐成长为坚强、勇敢的少年，有一位慈祥可爱的校长给了这群孩子人生的启迪，让他们沿着正直、善良的道路前行！

谢谢您，尊敬的李校长！谢谢您，尊敬的李老师！我们一定会永远记住您对我们说过的话：让人们因我的存在而感到幸福！

您的学生：王瑞

2013年6月9日

读着这样的文字，我无法不感动。

今天，我记下这件往事，不禁在心里想，王瑞同学现在在哪里呢？算时间应该读大二了吧？

三

今天早晨，我来到办公室，打开电脑，登录微信网页版。看到一段留言——

李老师，我最近评了区上的名师优师，每个月多了700元。

我用这个奖励资助了两个贫困山区的学生。

每个月都给她们打钱。

为什么给您说呢，因为我一直在坚持，让人们因我的存在而感到幸福。

李老师，您知道您对我的影响有多大吗？您改变了我的人生。我来自农村，没权，没钱，没人，能在武侯实验中学工作，是您给了我理想和信心，我才能在我的专业领域有所发挥，才有今天，因此我只能这样来回报社会。好了，李老师不打扰您了。

替我保密，祝您幸福安康。

一时间，我很是感动。窗外是阴天，可我觉得眼前明亮而温暖。

这位老师是武侯实验中学一名非常普通的老师，性格豪爽，工作敬业，正直善良。700元不算多，但对于凭工资吃饭的他，也是一笔不小的收入。他这一行动，和我印象中的他完全吻合，我一点都不奇怪。

虽然我已经不当校长离开学校，但从他的这几段微信留言中，我再次体会到了我曾经做过校长的意义。

他叫我保密，所以我不便透露他的姓名，但这件事我一定要公开说，希望这一缕善良的阳光能够照亮更多人的心房。

以上所写，似乎微不足道，但一想到这些琐碎的往事，我便感到温馨，好像又回到了武侯实验中学的校园。

（2019年9月16日补充说明：文中提到的王瑞同学，大学毕业后专门回来看我。去年9月还参加了我的退休仪式。看到当年可爱的小女孩长成漂亮的大姑娘，我真是开心。）

2017年3月29日

对我来说，教师的幸福的确是其他任何职业所没有的

今晚，初中 87 届一班的几个学生和我聚会。这个班是我的第二个"未来班"。30 多年前，我把他们从初一教到初三毕业。

虽然几十年来毕业多年的学生请我吃饭已经是生活的常态，但每次和学生在一起，我依然兴奋和感动。何况对我来说，每个班都有一些特别的记忆。比如这个班，学生曾经在大年初一和我一起在乡间放鞭炮，瞒着我去看我生病住院的妹妹，在课堂上"突然袭击"为我祝贺生日……

今天来的这几个学生，每个人都有故事：赵刚，调皮而机灵，没少被我批评，但对班级的爱让他在我们的毕业纪念册扉页上写了一首滚烫的诗；宋平，善良而正直，运动会上背着受伤的荣建过跑道；沈建，多才而幽默，每次旅游都参加，曾和我穿行在瓦屋山的茫茫原始森林中；卢涛，温和而内敛，每次班里需要做好事的同学时，他都把小手举得高高；陈焱，聪明而文静，在贵州旅游时，和我一起拼命挤火车；彭艳阳，纯真而成熟，那次全班同学为我庆生时，作为班长的她代表同学献给了我一束鲜花……

大家都感慨时间过得真快。我说："我最有体会，当年你们十二三岁、十四五岁，可现在你们的孩子都比你们当年大了！"

他们对我教他们时发生的许多事记忆犹新：中午给他们读小说，暑假带他们出去玩儿……赵刚谈到当年我借给他的《走向未来丛书》对他的影响，他甚至还记得这套书的主编是"金观涛"；沈建谈到我给他们读过的报告文学；陈焱还记得我给他们读过的小说《烈火金刚》，甚至还记得书中的日本鬼子"猫眼司令"……

陈焱说起我当年给每一个同学送生日礼物的事。我心想，你们的生日

我至今还记得呢！比如，卢涛出生于 1972 年 2 月 14 日；沈建是 3 月 25 日；赵刚要晚几天，是 3 月 29 日；宋平是下半年的，9 月 15 日；陈焱是年底的，12 月 4 日；彭艳阳是次年春天出生的，1973 年 4 月 17 日。

卢涛说："我还记得有一年暑假，李老师在外面旅游时给我写信，写的是黄果树瀑布。"

我说："你的记性太好了！刚好前几天，我偶然发现了当年给你们写信的底稿，还在微信公众号上发了，感动了许多读者。今天我特意带来了部分信件……"

我从包里拿出几本发黄的本子，一一翻到当年写给他们的信。他们激动地看着，拿出手机拍照。

卢涛说："李老师，以后我们帮你把这些信输入电脑吧！"

宋平说："当年，您给我们读小说，挨家挨户家访，带我们去全国各地玩儿，还给我们写信……现在有多少老师能够做到？"

沈建说："别说现在，就是在当年也没有几个老师能够做到。"

我知道学生在夸我，但我坦然接受："是的，就在当时也没有多少老师能够做到。我所做的这些，都不是学校的要求，但我心甘情愿去做，因为我喜欢。"

赵刚说："我女儿读初中时，老师要求全班每个同学写一句最能表达自己心愿的话，其他同学写的是自己要如何奋斗，而我女儿写的是——'让人们因我的存在而感到幸福！'这正是您当年给我们说过的话。"

我很高兴。当年我给赵刚他们说这句话，几十年后，他传给了女儿。

从美国回来的彭艳阳，拿出一本小册子，这是她做游学项目的"精彩回顾"。扉页是一位参加游学的孩子写的几句话，其中一句是："团长姐姐说：'让人们因我的存在而幸福。'"所谓"团长姐姐"，指的就是彭艳阳。

分别时，他们送我走了很远。我感慨地说："前几次，有网友看到我微信上发的学生请我吃饭的照片，很惊讶，也很羡慕，因为他们说学生很少请他们吃饭。但他们不知道，这样的享受，对我来说，太平常了。"

赵刚说："30 多年的友谊真的很珍贵！我的一个做老师的朋友，知道我们和您的这种关系后，都说希望他的学生几十年后也能和他有这样的关系。"

我对同学们说："真的要感谢你们！"

当不少教育同行在抱怨当老师倒霉，发誓绝不让孩子当老师（顺便说一句，我的女儿也是老师，非常爱学生，学生也很爱她）的时候，我却在享受教育的幸福。这份幸福是其他任何职业所没有的，唯教师独有。

2018 年 11 月 19 日晚

昨天的教育，此刻正在不知何处的远方生根、发芽、开花……

一

我有时候会在"镇西茶馆"推出几年前在武侯实验中学做校长时写的老师们的故事。每次编辑的时候，重看这些文章，心里总是暖融融的。这些文章也受到各位读者的欢迎，这让我很高兴。但我最高兴的，莫过于时不时看到文章后面那些业已毕业的学生的留言。

那天，在《谢肖明——超越自己》一文后面，一个叫"晴儿"的网友这样留言——

我第一次认识谢肖明老师，是他和范景文老师共同担任年级主任的时候，瘦瘦高高的，标准理科生外貌。在我的印象中，他是我的理想型老师，对教育态度认真，与学生相处随和自然，和蒋长玲老师一样（但是蒋妈妈有强迫症，很是完美主义）。我当时可喜欢谢老师了，他是化学老师，主要的实验器具都放在他的办公室里，其中的酒精灯是我的最爱。因为酒精可以用来擦我们宣传部在年级组办公室门口壁上的白板，用可擦笔写了擦后还会有印子（其实，我一直希望学校可以想个办法去除这个弊端，比如刷一层可擦漆也好呀），当时让我们很苦恼，每次会在擦白板上浪费很多时间，除了酒精外，我也想过很多办法，可是这毕竟治标不治本。非常感谢他，他每次都很大方地将酒精灯递给我并提醒我要小心一点。很感谢他，每次都很支持我的工作并且在范老师对我的不足进行批评时没有参与进行"混合双打"。很爱他，他就像漫漫长夜中散发温柔晕色的一束星光，就算相隔再远，也能照入心间。

一看就知道是武侯实验中学毕业的学生。是谁呢？我当然猜不出。不管是谁，只要是武侯实验中学的学生，就是我的孩子，于是我回复道："可爱的孩子，我和母校也爱你。"

我请求她加我的微信。于是，我和"晴儿"在微信上聊了起来。

她说她是"许晴航"，我一下想起武侯实验中学附属小学的校名就是她写的，当时她在小学读五年级，后来又进入武侯实验中学读初中。我问她现在在哪里读高中，她说："武侯高级中学，读高二了。"

我把武侯实验中学附属小学的校门照片发给她，上面有她当年题写的校名。

她说："现在每每路过，感受截然不同。小学每次到学校门口：哎呀，这是我写的，好棒哦！初中：哎呀，这是我写的呀，笔画结构太丑了！现在：唉，时间真的是在做加速度运动，一转眼，那时候的小朋友长大了。"

我回复她："你现在依然还是小朋友呀！等你80岁的时候，一定要牵着小孙子的手到这里来告诉他：'这是你奶奶我当年读小学时写的校名！'"

她回答道："嗯，这里也是我梦想开始的地方！"

二

在《杨艳——把故事写进孩子的心灵》一文后，有一个学生留言，回忆道：我是2005—2008年的学生。当时杨老师还教我们历史。记忆最深的就是讲到中国近代史的时候，杨老师用很低沉、很严肃的声音说：这是她最不愿意回顾的历史。那会儿不懂，学完会考后还是不懂这种心情，但现在懂了。

我回复：这么长时间了，你还记得杨老师上课的细节。杨老师知道后，该有多感动！母校随时欢迎你"常回家看看"。

同一天，这个学生又在《邓万霜——给孩子留下温馨的记忆》一文后这样深情写道：

十年过去了，很多事还历历在目。能成为武侯实验的一名学生，我很骄傲和自豪，也感谢我老爸当年在成都那么多所学校中给我选了武侯实验。很荣幸，我们遇到了老邓。也很荣幸，我们遇到了李校长。读到这篇文章我都快哭啦，很多往事都记起来了，包括那句校训——让人们因我的存在而感到幸福。现在，每每回学校都会和老邓聊起您，应该算是"说说那过去的故事"吧。还有一件事，或许您已经忘记了，那就是艺术节初二（9）班的节目在学校审查时刷下来了。但后来大家去您办公室门口堵您，等您，想给您证明我们大家在努力排练。后来您让音乐老师给我们班一次表演的机会，大家都很珍惜，很感恩。

三

看到她的留言，我回忆了一下，好像是有这么一回事，但记不清了。我赶紧在笔记本上找出当校长期间写的日记，果真找到了。

2007 年 4 月 28 日　星期六　阴

昨天下班前，我正准备去医院看母亲，突然被一群女孩子拦住了。她们脸上挂着泪花跟我说，她们是初二（9）班的，准备的艺术节节目被淘汰了。她们希望我去说说能够让她们再比赛一次。我说，你们这样关心集体很让我感动，但是比赛需要公平，如果因为我是校长而帮你们说情，别人会怎么想？她们又跟我说要展示班集体的风采，我说展示的机会很多，比如学习、课堂纪律、课间操等。我要她们正确对待这次失利。

上午，母亲在手术室，我在外面守候，拿出笔记本电脑写了一篇短文，发在了博客上——

艺术节：请尊重每一个学生！

昨天几位艺术节节目审查被淘汰的小姑娘哭着来找我，希望给她们一次机会。

我说，我理解你们的心情，但不能以校长的身份让你们"胜出"。既然是比赛，就肯定有失败者，否则就不公平。

但是，过后我一直在想，现在依然也这样想——

艺术节的目的是什么？是评出一、二、三等奖吗？

是为了把一些质量差的节目淘汰下去，然后把质量优秀的节目展示出来吗？

是为了在优胜劣汰的同时，伤害一批又一批学生的集体荣誉感和自尊心吗？

当然不是。我想，我们的老师绝不可能是这样的。

但客观效果却是如此。

什么时候开始，我们把群众性的活动变成竞技性的活动，甚至变成班级对抗赛？

学校艺术节不是评奥斯卡，就像学校运动会不是奥运会一样（奥运会还讲"重在参与"嘛！）

有老师也许会说：人生无处不存在竞争，通过淘汰可以对学生进行挫折教育。

错了。我们现在还缺乏挫折教育吗？月考、周闯关、期末考、中考……哪一次不是挫折教育？当然，这些挫折都是必需的。哪里还需要一个艺术节的淘汰以增强挫折教育？所谓公平竞争、优胜劣汰，请在这里止步！比一、二、三等奖更重要的，是孩子们纯真的上进心和不可伤害的尊严感！

至少有一个月了，我们的校园因艺术节孩子们的排练而生机勃勃，到处都是青春的舞姿和纯真的歌声。每天中午，我都无法休息，因为办公室外面一群女孩子在排练舞蹈（开始她们怕影响我休息而不得不放低声音，连录音都不敢开，后来我就在里面把门锁上，装着我不在的样子，这样好让她们放心地唱歌跳舞），但是我很开心，因为这才是真正的校园。

很多班的孩子找我："李校长，帮我们看看，好吗？"

每次我都欣然前往，尽管我是外行，也能够感到她们的歌声和舞姿很不专业，但她们很认真，所以每次我都说："很好！"简单一句"很好"，就让她们欢呼雀跃。

但是辛辛苦苦一个月，居然连学校的舞台都不能上。请老师们换个位置想想，如果是你，作何感想？因此，我有个想法：取消所谓"年级淘汰"，所有班级都登台表演。

学生辛辛苦苦练了一个月，即使水平再差（又不是专业演员，自然不可能精湛），我们也应该给人家一个展示的机会。

现在，我的母亲正在做手术，我在医院手术室外面守候着，但我心里依然想着这事。我已经给张书记和分管德育的副校长易琼通了电话，谈了我的想法：让每个班都上。如果演出时间太长，可以分两次展示。这样，老师当然辛苦，组织难度也很大，但是只要真正为了学生，值！

我们所做的一切，不都是为了学生吗？

"尊重学生""以人为本"……平时我们反复说、反复写的这些话，不是口号，而是行动，就应该体现在这些地方！

2007 年 4 月 28 日上午 9:26 分
匆匆写于医院手术室外

母亲手术还算顺利，午后一点左右被推出手术室，然后直接进了重症监护室。

下午，我回到学校，找永锐、易琼、谢华、李欣芳、刘鸿川和赵春丽老师商量。他们都同意我的想法，说看着一个个好的节目不得不被淘汰也很无奈，但规定（谁也说不清楚是谁从什么时候开始规定的）如此也没办法。现在，这个想法让他们很高兴。

李欣芳也谈了一些困难，如每个班都登台表演那时间就不够用。但大家都愿意想办法。最后大家都说，干脆把艺术节的时间推迟（原定是五月十一号），让更多的人参与。赵春丽老师还说，为什么一定要是艺术节呢？为什么不拿一周时间来让孩子们表演呢？为什么不可以搞"艺术周"呢？

最后，大家初步决定拿一周来展示各年级各班的节目，再做出一台精品节目来展示。

总之，观念一变，好多事都好办了。

四

一晃整整十年过去了，当年的小姑娘还记着这事。

我回复道：拥抱你，孩子！我最开心的就是看到武侯实验中学的学生的留言。这种留言，常常给我一种惊喜！虽然我叫不出你的名字，我也不知道你在哪里写下的这则留言，但我知道教育的种子正在远方生根、发芽、开花……

后来，我知道这个女孩叫"范梦"，现在在加拿大留学。范梦在后台给我发来消息——

哈哈，才发现刚关注时弹出来的信息。李校长不用回复我啦。我只是看到您给我的留言想告诉您更多我因为您而发生的改变和故事。

看到李校长给我的回复，我激动到睡不着了。其实从朋友圈看到老邓的转发，我就开始追忆过去。然后就是同学们的各种转发和评论，大家都在一起追忆过去，留下的都是美好。我在多伦多，已经有两个孩子，一个一岁半，一个刚满30天。我想说三件事。一是我还记得当年您有两本书，一本叫《做最好的班主任》，另一本叫《做最好的家长》，那会儿我爸还特意买了《做最好的家长》来看。二是我记得那会儿您女儿在法国留学，有一次我们看了您女儿在法国留学的一些视频（我记得是视频），留学的种子就埋在了我的心里。初中那会儿，我的英语不是很好，都达不到90分的及格线。后来上了高中，我开始慢慢加强英语学习。可以说，我是从高一真正开始学英语的，高三上学期的期末考，我英语考了120多分。这是用100多个日日夜夜超量记单词学英语换来的。高中毕业，我就来多伦多了。三是我对孩子的教育理念。虽然他们两个都还小，但我深知在外国教育文化的熏陶下，我可能很难将中国的教育理念传授给他们，但我绝不会放弃。从大儿子出生，我们家的规矩就是在家只讲中文。从老大能听懂话开始（育儿书上写2—3岁是儿童的第一个叛逆期），我们就要用大人的口吻和他交流，平等地对待他，用心地站在他的角度去理解和引导他。我也希望他们两个将来可以做"让人们因我的存在而感到幸福"的人。

写这篇文章前，我给范梦发微信，说要把和她的微信聊天内容写进文章，她很爽快地同意了。文章写作过程中，我给她看初稿，她看了后说："哇，原来那天我和我们班文艺委员去找您，您正准备去医院，您母亲要做手术。当时完全看不出来您的匆忙，您还停下脚步和我们讲话。"

她的回忆和我的日记于特定的那一天、那件事重合在一起。我既想到了当时她们的哭诉，也想到了我的母亲。

刚好她也关心地问我："您母亲的身体还好吗？"我告诉她，母亲已经于2009年去世。她回我："听到这个消息震惊又难过。当时在那种情况下您居然还有心听我们的事儿，还和几位老师讨论。哎，我们是真不懂事。"

她的话语加重了我回忆的伤感，但我怎么能怪她们呢？孩子们当时并不知道。

我请她发来一张她现在的照片，配在文中使用。她给我发了两张。照片上，她已经是一个漂亮的成年女性，完全不是我印象中11年前的那个小姑娘了，但我依然感到无比亲切。

五

"一碗清汤荞麦面，我清楚地记得四年前李老师给我们讲述时的情景。而四年后的今天，李老师还会在以前的那个九月给学弟学妹们讲这个故事吗？"

每次看到从武侯实验中学毕业的孩子在我的"镇西茶馆"留言，我都非常开心。上个月，一个孩子在文章后面留言提到《一碗清汤荞麦面》，回忆我给他们讲这篇课文的情景："李老师，我常常想到您给我们上那堂课，那是多么美好的记忆啊。"

这些留言的孩子，绝大多数我都不知道是谁，但他们在远方对我的思念，我感受到了，很温馨。

今年5月，我在厦门讲学。结束后，我在机场刚过安检，一个女孩跟我打招呼："李校长好！"我的第一反应是，这是刚刚听了我的课的老师，可她自我介绍说："我是武侯实验中学的学生，是2006年进校的，那年您也刚到武侯实验中学当校长，是您当校长的第一批学生。我是2009年毕业离开武侯实验中学的。"我很高兴，问她："毕业9年了，对母校还有哪些印象啊？"她脱口而出："让人们因我的存在而感到幸福！"

我又想到上个月回母校四川师大给新生演讲时，有两个女孩举手很骄傲地说自己是武侯实验中学毕业的学生。我问其中一个女孩："武侯实验中学给你留下的最深刻的印象是什么？"她不假思索脱口说道："让人们因我的存在而感到幸福！"全场响起掌声，然后3000多名大学生一起喊出这句话，青春的声音冲上云霄。

另一个女孩在回答"为什么要选择当老师"这个问题时，很真诚地说："我初中的班主任先是李晓惠老师，后来是杨翠容老师，她们都是非常好的老师，课也上得很棒。我还记得李校长给我们上的一节课，课文是《一碗清汤荞麦面》，教我们要善良而坚强。当时我就立志，一定要做像李老师、杨老师和李校长这样的老师。"

晚上，我和这位叫"郭倩"的同学在网上聊天，她说她有一个愿望，毕业以后回到母校当老师。我说："欢迎！"她又告诉我："我们班有一个同学，今年考上了北大！"我从她这句话中听出两层意思：一是感到骄傲，也想让李校长骄傲，因为武侯实验中学毕业的学生也有考上北大的；二是她有点自卑（当然这是我的揣摩），觉得考上北大的才是母校真正的优秀学生。于是，我马上给她敲了一行字："你也是母校的骄傲！"

的确如此。武侯实验中学地处城郊，原来是一所农村学校，后来随着城市建设的推进，现在官方文件的定义是"涉农学校"。80%～90%的学生是当地失地农民和进城务工人员的孩子。在明里暗里择校的背景下，那些名校显然是不愿收这样的学生的，但我对老师们说："他们不要，我们要。我们陪着这些孩子成长，就是我们的光荣。"

如果要看升学重点率，武侯实验中学当然比不上那些名校，所以有一段时间有人在网上说"李镇西的武侯实验中学在成都并不怎么样嘛"。是的，如果要和"名校"比当然"不怎么样"，但我们的老师有爱心——就像我最近推出的李青青、朱应芳、胡德桥、谢肖明、杨艳、邓万霜、冉光辉、罗勇、刘锦平等老师，也更有智慧。他们用自己默默无闻的奉献，把教育的良知写在孩子们的成长路上。更重要的是，他们为无数郭倩、许晴航、范梦这样的学生留下了充满人性的温馨记忆！

从教36年，我的学生中有很多成为国家的栋梁之材和杰出人士，他们令我骄傲；但我同样感到骄傲的是他们中那些默默无闻但善良、正直、勤奋的劳动者。

我想到了苏霍姆林斯基的话："请记住，远不是你所有的学生都会成为工程师、医生、科学家和艺术家，可是所有的人都要成为父亲和母亲、丈夫和妻子。假如学校按照重要程度提出一项教育任务的话，那么放在首位的是培养人，培养丈夫、妻子、母亲、父亲，而放在第二位的，才是培养未来的工程师或医生。"

这是教育的真正含义，培养"人"就是教育的真境界。

武侯实验中学的老师们正是追求着教育的真境界，不问收获地辛勤耕耘着每天的课堂，把种子播撒进岁月，等待着将来在不知何处的远方传来种子发芽的声音，闻到种子绽放的芬芳……

2017 年 10 月 28 日

我最幸福的就是我的职业和我的爱好完全融为一体
——我的"最后一课"（乐山站）

"从北京出发，从广州出发，从合肥出发，从石家庄出发，从成都出发……此刻，在祖国四面八方的我的学生向同一个地方集结——乐山。还有一个学生早就从德国赶回来，等待着明天。我在高速公路的车上还在准备明天的'最后一课'。回望芳华，致敬青春！"

昨天下午，我乘坐汽车在高速上奔驰的时候，在手机上写下这样的文字。

当时我没想到，集结到乐山的，还有来自天津的、昆明的、自贡的、万州的等。今天，本来九点半才上课，可我八点半走进阶梯教室一看，居然已经有不少人坐着了。我一个都不认识，一问都说是"慕名而来"。离上课还有半个小时，教室已经坐得满满当当。徐家扁小学（因为这里是原乐山一中校址，所以我们的活动在这里举行）的张副校长只好在教室加了许多小凳子。

我的学生则是快上课的时候才陆陆续续到的。许多学生远道而来，不少人还带着孩子。何静红带着她的女儿和妈妈，一家三代来听我的课，不能不让我感动。师生相见自然亲热一番：握手、拥抱、合影……我把冯宗秀老师也请来了，当年她是这个班的第一任班主任，是她把这个班交到我手上的，所以我对她说："是您牵着我的手，把我领进了班主任工作领域的。"

我特别惊喜的是见到两个人：一个是汪斌，1984年毕业后再也没有见过他，也没有任何联系；还有一个是成都市西北中学外语学校的校长田精耘（也称"田哥"），他特意从成都赶来为我拍照。后者我真没想到他会来，"我就是要给你一个惊喜嘛！"他笑着，笑容里有几分"阴谋得逞"的狡黠。

大学同学邓碧清、蒋渝也来了。蒋渝是我大学同寝室的同学，他本来在峨眉山避暑，今天专程下山赶到这里为我拍照。

九点三十五分，面对满满当当的四百余人，我开始上课。老班长何静红担任今天的值日生。"起立，敬礼！"随着她的口令，教室里响起了"老师好"的声音，我也给大家鞠了一躬回说："同学们好！"

说是"最后一课"，其实是上两节课。第一节是语文课，给学生朗读并讲解短篇小说《一碗清汤荞麦面》，这是我特别喜欢的一个作品。我一边朗读，一边讲解，不时还提问，和大家一起思考。我结合故事分析人物，品味语言，有的地方又请大家齐声朗读。这时候，不只是我的学生在朗读，全场所有听众都在朗读。

讲到老板娘对母子三人的爱时，我说了一句话，后来得到许多听课者的赞同："爱的最高境界是不动声色、不知不觉、不露痕迹。"讲着讲着，我看到有人开始擦拭眼泪。是的，这碗"面"打动了我们每个人的心。我用两个词概括本文的主题："善良"和"坚强"。最后，大家一起朗读"让人们因为我的存在而感到幸福"这句话。

第二节课是一堂班会课，主题是"回望芳华，致敬青春"。我对同学们说："芳华是我们共同的芳华，青春是我们共同的青春。"学校对我的介绍是这样的："李镇西，全国优秀教育工作者，四川省特级教师，成都市有突出贡献的优秀专家……"我没用这份介绍，而是自己准备了一份："李镇西，中学语文教师，班主任，一位深爱孩子因而被孩子真诚爱戴的老师。从教36年，从他身边走出了数以千计善良、正直、勤劳的公民。他的理念是，朴素最美关注人性做真教育，幸福至上享受童心当好老师。"

我以展示"文物"为线索，串起了我36年的教育经历和一些教育故事。所谓"文物"，就是学生的照片、作业、贺卡，还有我用过的第一本教材，给学生刻印的资料，以及保留的当年学生唱歌的录音，等等。

对照着照片上的孩子，我叫王红川、周一、刘大庆等同学一一站起来的时候，全场大笑。当年的孩子已经人到中年。我的一本语文书里居然还夹着李松当年写的检讨，以及张红霞的请假条。读着李松的检讨，全场再次大笑，李松也笑了。我说："当年我年轻急躁，对李松很凶，伤了李松的自尊心，还有调皮的周一，当年我也没少骂你，今天我真诚地向你们表示歉意！"我又说："可就是这位当年我特别'恨'的李松，去年相聚吃饭时对我说：'几十年过去了，我没有成为西哥的骄傲，可西哥却成了我的骄傲。'这就是我们学校的胸襟。"

说到歉意，我展示了当年耿梅给我提建议的信，她希望我以后批评同学要注意方式，不要伤同学的自尊心。我向耿梅表示感谢，并再次致歉。

当然，最激动人心的故事，是未来班和谷建芬老师的友谊。我展示了谷建芬老师给我们谱曲的班歌手稿，还有同学们和谷老师的通信。我播放了30多年前同学们演唱班歌《唱着歌儿向未来》的录音磁带。许艳清脆的声音，同学们稚嫩的歌声，此刻听来格外令人震撼。还有我和历届学生在郊外嬉戏游玩的照片，隔着遥远的时空也散发着青春的气息。

结合这些故事，我讲了以下一些观点——

学生的心胸永远比老师开阔。

教育，一定要永远站在学生的立场，一定要有儿童视角。

我最幸福的就是我的职业和我的爱好完全融为一体。如果一个人的爱好和职业是一致的，他就是幸福的。

要做一个有故事的教师，每个故事都要充满人性，浪漫而富有情趣，这才是教育，才是幸福的教师。

教师是知识分子，要永远保持心灵的自由，没有什么比精神独立更为重要的了。

我为我的每一个学生自豪。无论学生做什么，只要善良、正直、勤劳，就是我们最骄傲的。

……

我谈到我的成名作《爱心与教育》："这是我和你们共同创作的童话。感谢你们和我一起编织了这么美好的故事。我目前的70多本著作，都是我和学生共同创作的！"

昨晚吃饭时，我感慨地对学生们说："我教你们这个班的时候，是最不成熟的时候，完全谈不上经验、智慧，还犯了那么多的错误，可30多年来，你们对我这么好。"王琦说："我们是你的初恋啊！"我笑了："田晓敏也说过这话，刘大庆也说过这话。是的，你们的确是我的'初恋'。"

今天乐山的气温至少在35度以上，阶梯教室坐三四百人，闷热难耐，我的衬衣已经湿透，但每个人的情绪依然高昂，他们以这种方式鼓励着我。

最后，全体学生起立，再次唱响我们的班歌《唱着歌儿向未来》。在全场有节奏的掌声中，年少时的歌在每一个同学的胸膛唱响："蓝天高，雁飞来，青青松树排成排，我们携手又并肩，唱着歌儿向未来……"

课后，记者采访我，问我退休后做什么，我说："对我来说，退休只是一个概念，因为教育对我来说就是爱好，我不可能放弃这个爱好，所以该做什么还做什么，比如推动全国的新教育实验，引领年轻老师成长，读书，写作，等等。"

记者又问我："您认为中国怎样的教育才算理想的教育？"我说："教师幸福，孩子快乐，家长满意，一起成长。"

记者再问我："您觉得您今天的课上得怎样？您准备这堂课用了多少时间？您认为这堂课有什么意义？"

我回答："我很满意这堂课，不过这本来也在我的意料当中。我没有专门备课，但花了大量时间找'文物'，就是学生的各种资料。至于这堂课的意义，我觉得没有什么特别的意义，这堂课让我和我的学生回到了我们曾经有过的温馨状态。"

我真的是这样想的。对于社会进步来说，教育当然有着重大的意义，但对教师和学生一个个生命体来说，教育就是浪漫，就是温馨，就是情趣，就是诗情画意……每一个教师都应该是教育童话的创作者。

不要说这太理想化，不要说这是"乌托邦"，我做到了。

2018 年 7 月 21 日晚

对我来说，教育就是和学生一起编织童话

——我的"最后一课"（成都站）

该怎样来记述今天的感动？

九点半上课，八点刚过就有人在教室里坐着了。从北京来的，从上海来的，从山西来的，从陕西来的，从湘西来的，从重庆来的……160个座位的大教室已经挤得满满的，后边站着学生，门外也站着学生。

当初我只打算在乐山上退休前的最后一课，成都有同学说要赶到乐山听课，阳洋同学就说："李老师，您能不能在成都为我们的学生也上一堂课呢？"她的建议得到大家的赞同，于是便有了今天的盛况。

当年的课代表黄金涛今天担任值日生，师生互致问候后，教室里200多双亮晶晶的眼睛望着我，充满期待。

我对同学们说："原打算在成都复制乐山的语文课讲《一碗清汤荞麦面》，但因为有学生已经听了乐山的课，于是决定换成苏霍姆林斯基的《致女儿的信》。之所以选这篇文章，是因为它与爱情有关，与人生有关，与幸福有关。今天来听课的，有尚未成人的孩子，也有已经成人的父母，我想读这篇课文的每个人都会有所启迪。另外，我非常敬仰苏霍姆林斯基，用他的这篇文章来上退休前的'最后一课'，算是对这位教育家的致敬。"

我这样定义今天的两节课："今天的两节课都是讲童话。第一节语文课讲爱情的童话，第二节班会课讲教育的童话。虽然有的年级的学生已经听我讲过《致女儿的信》，但在不同的年龄读这篇文章会有不同的感受。"

我先问在座的孩子中有没有14岁或接近14岁的，结果有几个孩子举手。我问他们是否想过"爱情"，结果多数孩子说没有，有一个孩子说想

过；我问他们是否问过爸爸妈妈，回答是："没有问过，不好意思。"我又问已经成年的学生："你们在14岁时想过爱情吗？"结果很多人举起了手。我又问，你们当时想爱情的时候是否问过爸爸妈妈，多数学生还是说没有。我问："为什么不问呢？"他们说："怕被爸爸妈妈骂。"我笑了。这时戢云辉举手说："我问过爸爸。"我追问："爸爸怎么回答的？"他说："爸爸说，你现在要学好本领，以后才会有人爱你。"

我乘势问道："苏霍姆林斯基的女儿问她爸爸'什么是爱情'的时候，苏霍姆林斯基是怎么回答的呢？"大家回答说，他给女儿讲了一个童话。

课文的学习就从这里开始——为什么要用童话来解释爱情？

同学们说，通俗易懂，生动形象，孩子容易理解。我说，是不是还有这样一个原因，就是爱情和童话在精神气质上最接近，都讲究朦胧、浪漫、纯洁、情趣……或者说，爱情的最高境界就是童话。

作者是怎样讲述这个童话的呢？同学们纷纷发言，我肯定了他们的说法，然后和他们一起讨论童话叙述的艺术：环环相扣、互相照应。

三个场面——

"那男人和女人一会儿望望天空，一会儿你看看我，我看看你，相互传情。"

"老头儿和老太婆坐在屋前，时而望望红艳艳的朝霞，时而你看看我，我看看你，以目传情。"

"他们一会儿望望火红的天空，一会儿你看看我，我看看你，相互传情……"

不变的是人、景、情……

三次问答——

"这是什么呀？"他向大天使加夫里拉问道。

"这是爱情。"

"这是什么？"他问大天使。

"忠诚。"

"这又是什么？"他问大天使。

"心灵的追念。"

三次发现——

"他所不理解的美和某种从未见过的力量。"

——"勃然大怒。"

"无与伦比的美和更大的力量。"

——"怒不可遏。"

"不可理解的美和那种同过去一样的力量。"

——"久久地伫立凝视着，随后深沉地思索着离去了。"

"那男人和女人一会儿望望天空，一会儿你看看我，我看看你，相互传情。"

"这是什么呀？"他向大天使加夫里拉问道。

"这是爱情。"

"他所不理解的美和某种从未见过的力量。"

——"勃然大怒。"

"老头儿和老太婆坐在屋前，时而望望红艳艳的朝霞，时而你看看我，我看看你，以目传情。"

"这是什么？"他问大天使。

"忠诚。"

"无与伦比的美和更大的力量。"

——"怒不可遏。"

"他们一会儿望望火红的天空，一会儿你看看我，我看看你，相互传情……"

"这又是什么？"他问大天使。

"心灵的追念。"

"不可理解的美和那种同过去一样的力量。"

——"久久地伫立凝视着，随后深沉地思索着离去了。"

"爱情"——与"倾慕"有关。

"忠诚"——与"时间"有关。

"心灵的追念"——与"生死"有关。

这就是爱情！

我们又讨论最后两个自然段："父亲和奶奶都在说'什么是爱情'，但两人的侧重点有什么不同？"

经过讨论大家明白了，奶奶强调的是"爱情是美和力量，是纽带"，父亲强调的是"真正的人才能够享受爱情"。苏霍姆林斯基说："只有人才能够爱。同样，从人本身来说，只有能以人的方式去爱的人，才能成为真正的人。"这句话与前面的"做一个幸福的人，只能是在你成为有智慧的人的时候"相照应。

什么叫"以人的方式去爱"？我给大家讲了爱情天梯的故事，讲了我的岳父岳母感人肺腑的爱情故事，大家被这些纯真而持久的爱情感动了。

最后，我给大家讲了我和苏霍姆林斯基的女儿苏霍姆林斯卡娅的交往，讲了十多年前我在盐道街外语学校的学生学了这篇文章后给卡娅的信，以及卡娅的回信——

亲爱的孩子们：

你们好！

十分感谢你们给我来信，你们在信中言辞关切，充满温情，并谈及了苏霍姆林斯基和李镇西。

我想在复信中给你们写下几句话，谈谈我对生活、学习、学校和老师的看法。

谈到生活，我想引用苏霍姆林斯基对于此曾用过的词"需要—困难—美好"。

生活总是给我们提出任务、问题和课题，我们需要完成和解决它们，但不会那么容易，就会遇到困难，必定要锤炼意志，开动脑筋，耗费心血。而当这些问题被解决的时候，就体会到克服困难取得成功和胜利的欢乐与美好。生活能如此展开，日复一日，月复一月，年复一年，直至一生，那就是充满希望、胜利和成就的一生，无悔无愧的一生。

当然，上述胜利和成就对于他人来说也许会是微不足道的，但它们对于你们每个人却是至关重要的。学习和学校能帮助人们正确地生活。在我看来，应当在学习中找到愉快，应当有一门喜爱的学科，即学习这门学科使你会因取得成功而欢乐。其实，没有什么比求得新知更幸福的了！苏霍姆林斯基正是这样认为的，他说，我相信取得新知的欢乐。当一个人开动脑筋、善于思维、积极探求时，他一定是一个幸福的人。

在上述生活道路上，老师会对你们提供帮助。任何人也不会像老师那样信任你们，任何人也不会像老师那样努力把自己的知识和心灵贡献给你们！

祝你们万事顺意！

奥莉佳·苏霍姆林斯卡娅

2004 年 11 月 10 日于中国华西村

在我的带领下，同学们集体朗读最后几句："我坚信，你们将会成长为真正的人，成为忠于祖国的爱国者，成为世界公民，成为很好的朋友，成为充满爱心的父母双亲！"这节语文课就在这庄严的朗读声中结束了。

休息十分钟后，班会课开始了，喊"起立"的值日生换成班长王铜。我对同学们说："如果说上节课的童话是乌克兰的，那么这节课的童话则是我们共同创作的。"

通过一张张照片和一件件堪称"文物"的资料，我讲起了一个又一个充满情趣和温情的故事，把学生带回了曾经的温馨时刻——

周末的狂欢，我们骑着自行车沿成都市一环路狂奔，青春的笑声冲向夜空；

每一个小组轮流到我家里吃饺子，或涮火锅，然后打扑克；

春天，我们走向原野，用双脚丈量美丽的成都平原，谍战游戏"南下风暴"席卷开满油菜花的土地；

课堂上，我给大家朗诵中篇小说《凤凰琴》，同学们泪如雨下，表达着共同的悲伤和善良；

毕业前，最后一次去野外，我们在游泳池里疯狂，溅起的水花洗净了蓝天；

我们在锦江之滨种下的一棵棵银杏树现在已经枝繁叶茂，成为蓉城秋天最美丽的景色；

我要去西安学习三个月，同学们依依不舍，最后一节语文课彼此泪目；

当火车开动时，我探出头向大家挥手告别，孩子们追着火车跑；

我和孩子们在公园玩耍，跳蹦蹦床，摔跤，我的裤腿被撕破，但笑声直冲云天；

我和同学们一起去五凤溪的一所小学开展手拉手活动，把爱心送到偏远山区孩子的心上……

在讲这些故事的时候，我时不时通过手机网络，连线在美国和新加坡

【幸福】

的几位同学，请他们看网络直播。

我当场对所有学生进行了一个小调查——

1. 毕业多年，李老师给你印象最深的是什么？

2. 你觉得李老师有哪些优点可以传承给现在的年轻老师？

3. 你觉得李老师有什么缺点或不足，应该让现在的年轻老师尽量避免？

阳洋站起来读她的回答——

1. 毕业多年，李老师给你印象最深的是什么？

答：最深的印象是李老亲手做的麻婆豆腐。记得李老[①]在课堂上说起学会做一道非常美味的菜"麻婆豆腐"，并轮流邀请每个小组到他家吃喝、玩耍。那时的我真的非常期盼去他家。终于等到那一天，我和同学骑着自行车结伴来到李老新家。屋子不大，很干净整洁，大家吃着、聊着、打闹着。伴着美味的麻婆豆腐我吃了几大碗饭和饺子。整个屋子充满欢声笑语。

不记得是哪位调皮的同学不小心弄脏了白白的墙壁，李老紧张又无奈地说"我爱人有洁癖啊！"说罢，拿着毛巾仔细擦拭墙上的印迹，而我们却在一旁偷笑。李老不仅仅是我们的良师，更是益友、兄长，他不嫌麻烦，组织50多位同学到家中吃饭玩耍，最后一个人收拾碗筷，打扫卫生，我相信现在很难有老师能做到这点。

直到现在，我点菜都会点麻婆豆腐。

2. 你觉得李老师有哪些优点可以传承给现在的年轻老师？

答：李老真心对待每一位学生。

我在高中时期，学习中等，我们这种中等生却得到李老的很多照顾。

1999年毕业那年，收到李老的生日礼物——日记本，里面有李老的祝福"永葆纯真"。

高中毕业20年后的聚会，李老一眼就认出了我，还问："你还捂着嘴笑吗？"一个学习中等、不爱交际的女生能在李老心中留下如此深刻的印象，就是因为李老真诚地对待每一位学生。

---

① 在成都，学生对老师最亲昵的称呼是"某老"——这是"某老师"的简称。比如称"张老师"为"张老"，称"王老师"为"王老"等，这和年龄无关，哪怕刚毕业的女大学生，只要学生喜欢她，一样叫她"某老"。

3. 你觉得李老师有什么缺点或不足，应该让现在的年轻老师尽量避免？

答：李老没有缺点。

阳洋的回答引发全场大笑和热烈掌声，让我非常感动。

最后，我们齐声朗读："让人们因我的存在而感到幸福！"伴随着这洪亮的声音，结束了这堂班会课。

好几位学生上来给我献花，我们一起合影。突然一个巨大的蛋糕推了进来，放在我面前的桌上。黄金涛说："李老师今年退休，我们就以为李老师今年满60岁。不管您的生日是不是今天，我们都祝福李老师！"

学生的"突然袭击"让我热泪盈眶。全场齐唱："祝你生日快乐，祝你生日快乐……"

我动情地说："让教育充满着诗意，把教育编织成童话。什么是'教育'？一个日子，一个孩子，就是教育。擦亮每一个日子，陪伴每一个孩子，就是教育的全部。我们要把怎样的三年时光，留给孩子们未来的记忆？"

2018 年 7 月 29 日

【智慧】

真实有效的教育，往往发生在
教师的不声不响和学生的不知不觉之间……

黎巴嫩诗人纪伯伦说："我们走了很远，却忘记了为何出发。"这话同样适合于教育。

我越来越感觉到，"大张旗鼓""直截了当"的教育正充斥着我们的校园：班会课、征文比赛、演讲比赛、板报比赛……一个又一个声势浩大的教育活动中，深入心灵的教育可能并没有真正发生。教育形式与技术越来越精致而娴熟，却忘记了我们的初衷并不是"出经验""出模式"，不是为了"彰显特色""打造品牌"……而是为了对学生情感的熏陶、思想的启迪和灵魂的唤醒。

30多年的教育实践告诉我，最有效的教育往往是最自然的，而最自然的教育往往发生在教师的不声不响和学生的不知不觉之中。

有一年，我又带了一个初一新班。

开学第一天，点完名之后，我开始给同学们发开学礼物，就是我昨晚写的一封信。这是我当班主任的一个传统。每带一个新班，我都会给新生写一封信，表达我的期待与祝福。

本来，我完全可以请几个同学上来帮我发信，那样我的信就会很快到达每一个学生手中。但多年的教育经历告诉我，如果由我亲自发信，或许在发送过程会出现一些教育因素和教育契机。于是，我对同学们说："这样，我念一个名字，就上来一位同学拿信，这样也以便我再熟悉一下大家！"

第一个被叫到的男孩看上去很淳朴，上来的时候对着我傻笑，但显然没有对人礼貌的习惯，因为我双手送过去的信，他并没双手接，更没有说"谢谢"。

这个孩子就"送"给我了一个教育机会。我本来可以立即就他的没有礼貌对全班同学进行一番教育——我相信，如果我那样做，接下来每一个同学接过信时都会很有礼貌地对我说"谢谢"，但这个学生的面子将受到伤害。进入新班集体的第一天就在全班同学面前被当作"反面典型"，这对他来说多么丢脸啊！于是，我没有批评他，因为此刻，维护一个少年的尊严比教育全班同学更重要。

我继续发信。接下来几位同学都没说"谢谢"，但我依然不动声色，笑眯眯地双手把信递给上来的每一个学生，并等待着某种时机。这种"等待"源于我对学生集体的信任。我坚信在几十个学生中，总有学生——哪怕一个——会有礼貌的。我期待着这个学生出现。

终于，发到第七个同学时，这位叫"高微"的小姑娘接过信之后对我说了"谢谢！"我马上对大家说："高微同学多有礼貌，向我说谢谢！"之后，接下来的每一个同学拿过信之后都对我说"谢谢"。

但依然没有一个同学用双手接信，包括高微。没关系，我继续等待。我想，退一万步说，如果发到最后没有一个同学双手接信，那时候我再提醒也不迟。我一面继续发信，一面等待着……

到第 11 个的时候，黎娜同学用双手接过信，说："谢谢！"

我马上对大家说："大家看，黎娜同学更有礼貌，她不但对我说'谢谢'，而且是用双手接信的。"

于是，以后上来的同学，都改用双手接信了。最后一个上来的同学也是双手接过，并对我说"谢谢"。

整个过程大约 20 分钟，我却进行了一次不动声色的教育。

其实，我本来可以在发信之前给学生说这样一番话："同学们，下面我要给大家发信了。但我担心有的同学没有礼貌，所以我这里提醒一下大家，一定要有礼貌，上来接信时应该双手接，并且对老师说声'谢谢'。"

如果我这样做了，相信也有很好的效果，每一个学生一定会做得非常规范。但和我实际的做法相比，这并不是最佳的教育方式。

为了表述方便，我姑且把"事先提醒"叫作"A 方式"，把实际的做法称作"B 方式"，然后作一个比较分析——

第一，A 方式是基于批评的教育，是假设（虽然这种假设是可能发生的）学生没有礼貌而实施的教育；B方式则是基于表扬的教育，是发现学生有礼貌时通过表扬进行的教育。

第二，A方式是教师明显而生硬的教育，因为我一开始就很明确地让学生感受到老师在教育他们，这是为教育而教育；B方式则让学生在不知不觉中受到教育，是自然而然的教育。

第三，A方式是教师对学生说教式的教育，B方式则是情境中的教育，是学生在实践中的体验式教育。

第四，A方式是教师对学生的教育，B方式则是学生在教师的巧妙引导下，自己对自己的教育，即同一集体中有礼貌的学生对另一部分缺少礼貌同学的教育——有礼貌的同学因表扬而受到鼓励，缺少礼貌的同学则被有礼貌的同学感染，进而改变自己的行为。

这就是我说的"自然而然的教育"。

我再讲一个案例——

那年我教高一。一天晚上，我抱着作文本由一楼办公室朝四楼教室走去，准备利用晚自习时间给学生评讲一下作文。刚走到二楼拐角处，便看到我班一对男女生在不远处的阴暗角落拥抱，因为他们很投入，所以并没察觉老师即将走近。

怎么办？当时我脑子里急速地旋转。装作没看见吗？可是我明明看见了，如果不阻止显然是失职；但如果我当面批评，会让两个学生难堪，这也不是最好的教育方式。

我的反应还算敏捷，马上将手一松，作文本便哗啦啦掉了一地，我赶紧蹲下埋头捡作文本。声音惊动了两个孩子，他们跑过来帮我捡作文本——显然一点都没察觉我刚才已经看到了他们的行为。作文本全部都捡起来了，我说了声"谢谢"，便和他们一起走进教室。不动声色，似乎一切都没发生过。

这事却一直搁在我心里。下一步怎么办呢？不了了之，那我就没尽到教育的责任，这是对孩子不负责；如果我找他们来谈，那会让他们很尴尬：原来老师看见了呀！而且，这种直截了当的教育，很难入耳入心。我决定还是不动声色地引导。

一周以后的语文课，是单元小结。那个单元的课文是女性专题：《项链》《祝福》《杜十娘怒沉百宝箱》等。在总结本单元课文时，我谈到了女性的命运，谈到了尽管现代科学已经证明男女智商并无明显差异，但古今中外杰出人才中女性所占比例较低是事实。原因何在？我和学生一起讨论这个问题。在众多复杂的原因中，有一点不可忽略，就是相比男性，有些女性过早地关注自我，而且往往把自己的命运都交给男性。而所有杰出的女性都能超越自我，视野开阔，胸襟博大。那堂课上，我没有一句话涉及早恋，更没有哪怕是含蓄地批评谁，但我内心的目的很明确：希望那个女生能够很自然地想到自己。

对我来说，教育最大的幸福就是看到自己不露声色的教育一步一步达到期待的目的。那次正是如此。第二天，我从交来的作业中发现，那个女生说她听了我的单元总结很触动，想到自己，想到了"这一辈子我究竟应该成为怎样的人""我现在应该有着怎样的精神状态"等。她说，"希望李老师能够找我谈心，我很想对您倾诉"。

接下来真的是行云流水。在办公室，她给我说了她和那个男生的感情，以及这份感情给自己带来的"愉悦"和烦恼。但她现在决定冷冻这份情感，"因为我觉得我还有更重要的事情要做"。三年后，她在大学里给我写信："感谢李老师在我人生的关键时刻，给我点燃了一盏明亮的灯！"

苏霍姆林斯基在其名著《给教师的一百条建议》中，最后的一条建议便是"保密"，即教师的教育意图要隐蔽在友好和无拘束的相互关系的气氛中，在自然而然的状态中对学生施加教育影响，因为真正的教育是自我教育。苏霍姆林斯基这样写道："假如一个人处处感到和知道别人是在教育他，他的自我认识与自我完善的能力就会迟钝起来……"

我之所以似乎"小题大做"地叙述和剖析这两件小事，是想证明我本文开始提出的一个观点：真正的教育效果，总是发生在自然而然的情境中。教育者的教育目的一定要非常明确，教育过程则一定要不露痕迹。当我们处处刻意表现教育时，教育往往不会出现，这叫"多情总被无情恼"；当我们忘掉教育而忠于生活本身的逻辑时，教育往往如愿而至，这叫"道是无晴（情）却有晴（情）"。

2015 年 6 月 4 日

仅仅凭一纸班规就能管理好班级？哪有那么简单

一

最近，我推出了一系列关于教育惩罚与民主教育的文章，引起了许多老师的兴趣。但任何具体的教育操作，背后都有理念和情感，所以我后来推出的故事，很难说是单纯地依据班规惩罚管理了，所涉及的是班级管理和教育的系统。

但一些浮躁的老师没有心思去琢磨"系统"，他们只想立竿见影地找到能够"搞定"学生的"方法""技巧""绝招"——一句话，他们只关心"术"，而没兴趣寻"道"。

从一些老师的"请教"中可以看出：

"李老师，遇到不讲道理的家长怎么办？"

"李老师，我班有一个学生老不交作业怎么办？"

"李老师，班上有学生拉小圈子不参加集体活动怎么办？"

"李老师，班上有个女生就是油盐不进，怎么批评都不管用，怎么办？"

"李老师，科任老师不和我配合怎么办？"

"李老师，如果班干部和违纪同学交流依然不起作用怎么办？"

……

说实话，这些问题我一律没办法。我不可能于千里之外给你"支招"。任何问题都是在特定环境、特定土壤中产生的，也只能放在特定的环境和土壤中解决。脱离了特定的环境和土壤，我哪能孤立地给你"锦囊妙计"？诸葛亮也做不到。

所以，凡是远方读者给我提出的各种问题，我一律不回答，因为无法回答，不能不懂装懂。

但我可以非常自信地说，如果老师所说的难教学生，包括其家长，和我相处三年，我相信我有办法，甚至上面的问题根本就不可能出现——一旦有苗头就已经"泯灭"在萌芽状态了。比如最后一个问题："如果班干部和违纪同学交流依然不起作用怎么办？"这个问题放在我的班上，就不是问题。所谓"教育，就是陪伴""教育，就是潜移默化"，就是这个意思。

这里，"陪伴"和"潜移默化"包含班级系统中的情感、思想、温暖、正气、师生关系、人际信任等要素的作用。这些要素无不和老师的理想、情怀、爱心、智慧乃至对教育本身的信仰（当然，我也没有达到"信仰"的高度，但正努力争取）分不开。你把这些全部抽掉，孤立地想"搞定"或"摆平"某个人，不可能。

遗憾的是，相当多善良、负责而肤浅（请原谅我用这个词）的老师，觉得"可操作性的办法"才是"硬道理"，其他的"爱心""情怀""高度""视野"等都是"虚"的——"别给我来虚的，具体说怎么做？一二三……来点干货！"这是一些老师旺盛的"求知欲"。

所以，一些老师急于让我抛出现成的班规，说是拿去"参考"，"绝不照搬"，但我知道他们还是想图个"捷径"。我当然不给。

二

在我们这个时代，大家喜欢"直奔主题"，而且喜欢嘲笑崇高，"理想""情怀"之类的表达早就不是什么"好词儿"，早就被人嘲笑——至少是调侃了。比如，我不止一次听见有人说："别老拿'理想'来忽悠我们！""哼哼，这家伙又在卖弄'情怀'了！"……

然而，教育没有理想还叫"教育"吗？教师没有了情怀还叫"教师"吗？

即使从"实用"和"管用"的角度说，没有人文内涵的"技术"只是一个概念。这也是为什么许多老师向别人学习经验，在班上应用时却"水土不服"——又回到我刚才的说法：你是找"术"还是寻"道"？

从我的文章里看到一两条"经验"却用不上，于是便找出种种理由来解释：

"你这是多年前的案例了，现在进入互联网时代了！"

"你说的学生都是 20 世纪八九十年代的学生，多淳朴单纯。现在的学生可不比过去，不好管啦。"

"你的生源好嘛，所以好管理！"

"你教的学生太单纯了，到我班上来试试？"

"你是名师嘛！名人效应当然让你的班级好管理啦！"

"你是校长嘛，科任老师当然要听你的啦！"

……

看到这些似是而非的说法，我哭笑不得。

我想，如果年轻的老师都这样思考问题，那永远得不到成长。

我前天在无锡市五爱小学讲课时说："现在想起我当班主任时的投入，都被自己感动了！"是的，我想到从 20 世纪 80 年代到前几年做校长也做班主任的时候，我和学生一起摸爬滚打，挨家挨户家访，按学号每天轮流找学生谈心，每个学生的生日都表示祝贺（现在我还能说出许多 30 年前学生的生日），周末和寒暑假带着他们满世界玩儿，安排学生以小组（七八个人）为单位每周日到我家做客（吃饭和玩儿）……这一切，没有一项是学校规定班主任必须做的，但这都是我和学生彼此信任的基础，也是我之所以能够相对比较容易用一纸班规便能把两个班（我曾经同时担任两个班的班主任）管得井井有条的根本原因。

有一点我承认，我班的学生确实很单纯，但这个"单纯"正是我良好班风的体现，为此我倾注了全部心血。当然，还有家长的配合。

时代当然在变，这是不可否认的，尤其是在互联网时代；但切不可无限夸大不同年代学生的不同点，尤其是把诸如学生迟到了便叫来派出所所长的父亲"修理"老师的极端事例放大为学生的普遍行为，进而断定"现在的学生不好管"，更是不妥。其实，"现在学生可不比以前，不好管啊！"这种论调在我刚工作时也听老教师经常哀叹，他们说的"不好管"的学生，正是我们现在怀念的 20 世纪 80 年代的"淳朴学生"。

无论时代如何变，"教育，这首先是人学"是永远不会变的；教育的人文追求，以及培养拥有自由精神、平等观念、民主素养的现代公民的目标是不会变的。

三

我和学生真挚的情感及彼此的信任，是一些老师无法相信的。他们竟然问我：

"学生毕业二三十年后还请您吃饭，是不是他们想请您帮忙？"

"学生受了班规惩罚表面上没说什么，但会不会从此心里就一直恨您？"

"您和学生制定的班规有惩罚内容，为什么家长不找您麻烦？"

"您叫学生给您投信任票，学生会不会担心您认出字迹，便不会说真话？"

"您把自己交给学生监督，还会有威信吗？学生还听您的管教吗？"

"您让学生决定班规是否有惩罚内容，是不是太迁就学生了？"

……

恕我直言，这些问题都是隔岸观火的"疑惑"，如果你在我班生活，甚至就是我班的一员，比如科任老师，这些问题是想都不会想的。原因还是我上面说的——我们这个集体长期形成的风气（或者说"文化"）、彼此的信任和纯真的关系，是不会有这些问题的。

这是我们班特有的"场"决定的。建立并形成这个"场"，就是班主任工作的全部内容，而不仅仅是制定一个班规。

因为感觉难以置信，有老师希望我现在带一个班，而且是普通学校的普通班，按我所说的去管理，如果有效，他就"服"了。哈哈，我才不会因为你"激"我就去带班呢！更不会为了证明自己而现在去带班——30多年的班主任工作经历已经反复证明，不需再证明了。

但是我有百分之百的信心，如果现在真的给我一个班，我同样有绝对的把握将其带好——既充满爱心，又充满正气，师生之间平等而和谐，彼此信任又监督、帮助。但必须从起始年级一直带到毕业。

总有些读者把班规仅仅当作管理的方式，他们说："孩子那么小，为什么一定要班规呢？还制定得那么细致，让孩子犯犯错误有什么不好呢？这正是成长的真实状态啊！"我在文章一开始就说了，班规远远不是（当然也包括）把学生"管住"，它是管理的工具，但绝不仅仅是为了管理。它同时也是一种教育、感染和训练。简单说，班规的目的主要不是让学生成为消极听话守纪的温顺学生，而是成为积极维权守法的自由公民。

估计有老师暂时还想不到这一层，所以他们一直把班规仅仅当作制服学生的手段，急于想得到我的现成的班规。但如果想通了我说的更深一层的意义，就理解了。

四

关于民主治班，为什么我觉得很容易，不仅仅是因为我有大量的满含情感的工作作铺垫，还因为我"放得下面子"，不就是给学生认个错吗？不就是犯了错误该罚就罚吗？学生可以，老师为什么不可以？这是多么好的事啊！它不但带动了学生的知错就改，还让学生帮助自己改正缺点，走向成熟与完善，多好。

我们都追求民主、平等，平时最爱抱怨哪个领导（如校长）不民主、不平等，但千万不要在向领导争民主的同时，在学生面前却是一副专制的面孔。请从自己做起，让自己在学生面前先民主起来。

每一个国民有了真正的民主素养，并将之转化为自然而然的生活方式对待周围的每个人，最终教育就成功了一大半。

就这么简单。

但这么简单的事，有的人就是做不到，那我也没办法了。

自己做不到，却希望学生做到，这叫"缘木求鱼"。

今天这篇文字，是针对老师们的疑惑所做的集中解答，比较啰唆，也很直率，但很真诚，算是把心掏给了大家。

2018 年 11 月 8 日

开放的书吧与真实的教育

凡是来参观武侯实验中学的人，无不称赞学校的开放书吧。

学校共有四个开放书吧，分布在教学楼的过道、长廊和大厅。2006 年 8 月，我到这个学校做校长时，发现许多孩子家里几乎没有课外书，如果去学校图书馆借阅，又不太方便，于是决定在校园设立开放书吧，让孩子课间随时都可以看书。自从开放书吧建立后，一到课间，总有许多学生在那里看书，这是校园最美的风景。

但是一学期下来，书丢了不少。这是"最美的风景中"最令人遗憾甚至心疼的地方。

于是，不少老师说："还是把书放到图书馆吧！"

应该说，在我决定搞开放式图书架的时候就想过：与其让这些书一本不丢地放在图书馆无人问津或很少被人阅读，不如将它们放在公共场合让人随意取读，这才能真正发挥图书的作用。两种情况：一种是书完整而崭新地珍藏于图书馆；另一种是书损失一些，但广泛地被人阅读。我宁愿选择后者。

究竟是"以人为本"，还是"以书为本"？

为什么把"以人为本"叫得那么响亮，可一到行动上，却把"人"忘得干干净净？

我让老师们在网上论坛就此展开讨论。有老师反对我的观点，说："读好书，做好人，是我们对学生的要求。把书窃为己有，这是连起码的做人道德都没有了，读书何用？诚信何在？"

我也坦率地亮出我的观点：第一，宽容地看待丢书现象；第二，科学地严格管理。

所谓"宽容地看待丢书现象",就是说,学生偷偷地把书据为己有,肯定是不对的,但是这个行为背后也有可取的因素,那就是学生爱读书。请问,这些丢了的书丢到什么地方去了呢?不正是丢到特别喜欢它的读者手里了吗?而且,如果某一位学生喜欢某本书到了非要冒着道德风险据为己有的程度,他一定会非常认真阅读这本书的,甚至可以想象,说不定这本他偷偷拿回家的书,会改变他的一生——或者因此喜欢上了某门学科而终生研究它,或者在心里树立了一座人生的丰碑和榜样……他今后有了出息,说不定会捐给母校一座图书馆。

《班主任之友》主编田恒平先生知道我们学校的开放书吧和我的理念后,很激动地对我说:"李老师,我读小学的时候,有一次去老师办公室看到桌上的《中国少年报》,特别想看,当时办公室里刚好没老师,我便悄悄地偷走了,回家里认真读,后来我真的喜欢上了这份报纸,喜欢上了写作。所以,有时候不要把小孩的事想得那么严重。"

即使在当初丢书的时候,也有老师说(比如辜超),他感到欣慰的是,至今还没有看到有一本书被撕坏扔在校园的任何一个地方,这说明学生是爱书的。再换个思路想,摆出来的书不断地损失,我们再不断地充实,就相当于给贫困孩子无偿捐书,这也是一件有意义的事啊!须知,学生爱书,这不正是教师所期待的吗?虽然这样的"爱"绝不提倡。

所谓"科学地严格管理",就是说,我们要针对现在开架式图书的管理进行科研攻关,采用多种形式管理,不仅仅是老师管,还要发动学生管。有老师提议,在学生中征集管理办法,这非常好。宽容学生偷偷拿书,绝不是说就不需要管理了,管理的过程其实也是教育的过程。

说到"德育",我还认为,学校有了这几个开放书吧,就拥有了源源不断的德育资源,我们应该好好利用。孤立地给学生讲"诚信",开主题班会,搞关于诚信的征文、演讲比赛之类的活动,效果是有限的。有了这些开放书吧,每一次出现丢书的情况,都是一次情境中的诚信教育机会。须知,最好的教育,是情境中的教育。

如果因为丢书就取消开放书吧,把书放回图书馆,让学生凭借书证借阅,这样当然可以保证书一本不丢。但放在图书室的书多半无人问津,或少人问津。这样整整齐齐的书，有何意义呢？

经过我的引导，老师们在讨论中逐渐统一认识：开放书吧应该继续存在。于是，险些夭折的开放书吧，一直保持到现在。

开放书吧并非我这个校长的"首创"，全国许多新教育实验学校都有，还有不少非新教育实验学校也是这样做的。当然，不能说我是"借鉴"了其他学校的经验——的确不是，当时我是这样想的：如何让书发挥更大的作用？教育都是相通的，只要心里装着孩子，总会想到一块，并有"雷同"的做法。我希望这样的"雷同"越多越好。

还是要强调一下，千万别误以为我允许"偷书"。我虽然宽容孩子忍不住"偷书"的行为，但绝不意味着提倡甚至赞赏这样做。无论如何，"偷书"是一件不光彩的事情，虽然谈不上是多么严重的品质问题，但的确不符合做人的基本道德原则。开放式书吧一万册书的来源，一是从图书室里搬出来的适合学生阅读的书，包括文学名著、科普读物等；二是通过各种途径的社会捐助书籍；三是以往年级各班教室里的班级书柜，毕业时孩子们便把这些书赠给学校；四是有学生捐赠的书。这是学校一笔宝贵的财富，我怎么可能放任"偷书"现象呢？

不必忌讳"偷书"这两个字，学生不经允许悄悄拿了不属于自己的东西，就是"偷"——我加引号是为了强调，而非否认其偷窃的本质，只是有时候如果杜绝偷书和提倡阅读发生对立，我宁愿选择后者——与其让书被喜欢阅读它的孩子"偷"走，也不愿让这些书一本不丢但基本无人问津地"藏"在图书室。

把书从图书馆搬到开放书吧，并不等于放任自流，以为学校真的默认学生可以随便把书窃为己有。是的，在提出把书放到教学区，开辟开放式书吧时，我说过："不要担心书丢了，因为这些书毕竟是丢到了喜欢它的人手里。与其让书一本不丢地保存在图书馆却长期无人问津，不如让书真正到阅读它的人手里。"这样说，是假设出现了这样一种无奈的情况：书丢了却找不到窃书者（孔乙己说："读书人窃书不算偷。"这是一种自欺欺人的说法，别真以为如此。"窃"就是"偷"），怎么办？是把书重新搬回图书室，还是宁肯丢一些书也要继续为孩子们营造方便课外阅读的环境？我们选择了后者。

我是把问题推向了极端——方便阅读与管理书籍发生对立。事实上，这二者并非总是矛盾的，而是完全可以统一的。这就涉及管理。无人监督不等于无人管理。千万别误以为武侯实验中学的开放书吧无人管理。当然，管理也有一个逐步完善的过程，刚开始没经验，人手又不够——学校只有一位图书管理员，而且还是兼职，她还要管理学校图书室必要的藏书，不可能把所有的书都搬到开放书吧。她怎么可能同时兼顾开放书吧呢？所以，刚开始我们是值周教师兼管，还有学生干部课间巡视，等等。

　　我们逐步完善并建立了越来越科学合理的管理方案和管理细则，并且不断在实践中修订和完善。除了开放书吧建立不久时处理过为数不多的违规者之外，这么多年过去了，我们没有发现过一起把书私自带走的情况。写到这里，我怕把话说绝对了，专门打电话问了武侯实验中学一直分管德育的副校长唐剑鸿老师，他说："好多年前曾经处理过三个违反书吧管理规则的学生，但从来没有发现过偷书的学生。"

　　此外，开放书吧的存在和时不时出现的各种违规现象，正是真实的教育情境和教育资源。首先，我们将书吧的不同区域分包给各个班，一个班负责管理一处，三个年级轮流管理，一个月轮换一次。各个班参与管理书吧的同学都是志愿者。所谓"管理"，主要是整理书吧的书，如摆放整齐、清理总数、保持整洁等。学生会团委的学生干部则定期不定期地对书吧各区域进行巡视，给各班的管理打分。这实际上就是一种自我管理与自我服务。这种管理与服务都不是模拟的，而是真实的。这就是我说的真实的教育情境。其次，早几年针对不同程度的书吧违规情况，如果同学看到了会提出批评，如果老师发现了会通过谈心等方式予以教育，或者通过班会课进行引导。每一起这样的违纪现象，都是一笔真实的教育资源。什么叫"诚信"？什么叫"慎独"？什么叫"爱护公共财物"？什么叫"面对诱惑战胜自己"？什么叫"不辜负别人的信任"？什么叫"对得起自己的童心？"……孩子们这一切内心的真切体验，都不是通过征文比赛、演讲比赛、班会比赛虚拟呈现，而是真实地发生在他们置身无人监督的开放式书吧里。这就是真实的教育。

　　后来，我卸任校长到武侯区新教育实验办公室工作，很巧，我的副手满泽洪曾经是武侯实验中学的教务主任。他当年就特别反对我搞开放书吧，因为图书管理就是他的责任，他就怕书丢。但昨天中午吃饭时，我俩再次谈到这事儿，他一边回忆一边感慨地说："当时我在开放书吧放了一万册书，结果一周结束后统计，居然丢了一千多册。但后来丢书的现象越来越少，一学期结束，还多了几百册！"这多出来的"几百册"从何而来？是很多孩子从家里把书拿来捐给学校的开放书吧了呀！

是的，开放书吧，开放的是供孩子阅读的书，也是教育者无限关爱与信任孩子的心，孩子们收获的，则不仅仅是来自书籍的知识养料，更有源于自我教育的纯真品格。

这种生活中自然而然、润物无声的感染与熏陶，是开放书吧带来的真实的教育。

2017 年 2 月 23 日

破案之后

　　班主任除了按事先拟订的计划推进日常工作外，更多的时候是一些突发事件毫无"计划"地闯进我们的班级。这对新班主任来说，是一种挑战，也是一种考验。许多新班主任往往乱了分寸，不知所措。

　　迅速平息事件或解决问题，这是不少新班主任的"本能"。包括一些老班主任，每每遇到突发事件，其思路往往也是解决问题。

　　对于一个有经验的班主任来说，"解决问题"是远远不够的。

　　我不想在这里多此一举地说"遇到突发事件一定要冷静"之类的话，想给年轻的班主任提三条小小的建议，并展示一个长长的案例。

　　建议一：树立这样的观念——任何一次突发事件都是教育契机。因此，每当班上发生突发事件，你一定要意识到教育契机又来了。从某种意义上说，这是一件好事。

　　建议二：不要只想着"处理事"，更要着眼于"教育人"。也就是说，所谓"教育契机"，就是引导人、教育人的机会，要透过对突发事件的处理，让教育走进心灵。

　　建议三：让每一个孩子参与整个教育过程。也就是说，所谓"教育契机"，也是每一个孩子成为教育主体的机会。不要把处理突发事件仅仅当作班主任的事，而其他学生只是旁观者。要通过突发事件，让整个班集体发挥出教育意义。特别要注意的是，如果一个人犯错误，全班挨批评，这是最糟糕的情况，是我们要避免的。

　　究竟该怎么操作呢？

　　下面我提供一个当校长又同时做班主任时处理的突发事件。当时刚开学不久，对我来说，处理这样的突发事件当然不是"第一次"，但如果是一位年轻的新班主任，那可能就是"第一次"。

这个案例依然是以多年前的两则工作日记为素材而整理，学生的名字为实名（当然，征得了当事人的同意）。

一

昨天（2008年12月10日）傍晚，我还在医院输液，接到刘朝升老师的电话："李老师，林虹同学刚刚收的1600元生活费被偷了！"

我非常生气。林虹同学是我班的生活委员，这是她收的班上部分同学本月中午在学校吃饭的午餐费。我看时间，学生已经放学回家了，便在电话里建议刘老师给家长们发一条短信，请他们看看孩子回家后有没有异常。

我对能够"破案"并不抱希望。当然，能够清查出来最好，但班主任毕竟不是专业侦破人员，要准确地查出"行窃者"，难度相当大；何况，还有不少法律有忌讳（比如，不能随意搜查学生等），因此，破案不是一件容易的事，往往花费大量精力，却毫无收获。我那样给刘朝升老师建议，也不过是说说而已，连"侥幸"都谈不上。

我知道，对许多班主任来说，班级发生失窃事件，首先想到的是清查。但实际上，破案率是很低的，很多时候是徒劳。比"抓住小偷"更重要的是教育。因此，我当时头脑里开始构思如何把这件事当作教育契机，巧妙地对学生进行引导。

然而似有天助，我还没回学校，在德育处和刘朝升老师的帮助下——当然，更有家长的配合，经过比较曲折但终究还算顺利的"侦查"，案子算是"成功告破"——李俊同学不但承认是自己干的，而且退回了1600元钱。这是我当班主任20多年遇到各种失窃事件中的一次罕见的"惊喜"。

案子虽然破了，我却不认为这件事已经结束。我继续顺着自己的思路，设想着如何对全班同学进行一次教育。

这是我一贯的思路，每次遇到这种情况，从来没有把清查放在首位。当然，我会力所能及地进行一些调查，但不会把主要精力放在这上面。我会把主要精力放在对整个集体的教育上。案件能够侦破，多少有些偶然因素。比如这次我班的失窃事件，其侦破成功就带有相当的偶然性。但是，巧妙自然地抓住突然发生的失窃事件，对学生进行必然的教育，也就是说，把它当作一次教育契机，最能体现出班主任的教育敏锐和教育智慧。

换句话说，发生失窃事件，不能仅仅是教师对个别学生的教育和转化，也不仅仅是经济损失的挽回，而应该利用这一不期而遇的教育情境，对全班学生进行自然而然、入耳入脑、震撼人心的教育。

二

今天早晨（2008 年 12 月 11 日），我照例带着学生跑操。我们沿着学校操场一圈一圈地跑着。我跑队伍前面，刘老师在队伍后面压阵。跑了两圈，我停下来把刘老师叫到操场边，说："我打算开一堂班会课，就昨天的事对同学们进行一次教育。"

刘老师有些惊讶，说："来得及准备吗？"

我一看时间，还有十来分钟便上第一节课了，说："没问题。第一节课改成班会课。"

的确"没问题"，虽然这是一次非常重要的班会，但我不用刻意准备。20 多年的班主任工作经验、教训与智慧的积累，就是"准备"。

我又对刘老师说："你现在马上代我通知年级组长，让全校没有课的班主任老师和年轻老师第一节课到我的教室听课。"我企图让年轻老师看看，我是如何利用偶然事件进行必然教育的。我想给老师们作一个教育示范，这是一个校长的职责。

一旦决定开班会，我便决定让李俊回家。不然，就算我开班会时不点他的名，他也会很难堪，而他的难堪会使他暴露，同学们可能会猜出是他"干"的。正好那天李俊又迟到了，还没有来学校，于是我给他家长打电话，说："李俊今天别上课了！停课一天，叫他好好反思一下他的错误。"

李俊的家长当然很配合，表示理解。李俊却不知道，我这样做其实是对他的保护。为了能更好地掩护李俊，我课前还向刘老师交代了几句，让他在课堂中配合我的"表演"。

三

第一节课的铃响了，我朝教室走去，提醒自己这堂课一定要自然，让语文课不动声色地过渡到班会课，也让学生不知不觉地进入"角色"。

刚进教室，学生们看到我欢呼起来。他们总是这样喜欢我的课，我很得意。

我看了看教室，正面中间黑板下方的槽里挂着一块抹桌布，很不雅观。吴仁杰说："李老师，那桌布应该放到讲桌里面去，后面听课的老师看到不好。"我笑笑，没说什么。我想，一会当着全班说这件事。

老师们陆陆续续地进来，我请值日生喊起立，雷雨同学大声喊道："起立！敬礼！"

"老师好！"同学们说。

我说："同学们好！"同时开了一句玩笑："雷雨的声音，真如雷雨一般响亮！"

然后，我指着那个抹布说："刚才静息（注：指预备铃响后，到正式上课铃响之前学生安静地等待老师的一段时间）的时候，吴仁杰就着急地说，李老师，抹布挂在黑板槽上很不好看，把它收起来。第一，其实这个我刚才就看到了，就想看有没有同学把它捡起来。第二，为什么有这么多老师听课的时候你们才注意观察教室的前后呢？如果没有老师听课呢？我们的卫生是给谁做的？我们搞卫生不是为了别人，而是为了我们自己。"

我把抹布取下来，放在一边，然后说："上节课给大家读了一篇小说，没读完就下课了，同学们还记不记得是什么？"

"《谁生活得更美好》。"

"对，是《谁生活得更美好》，我今天接着读。"同学们一说出"谁生活得更美好"，我就忍不住窃喜：真是太巧了，这句话不正可以成为今天班会课的主题吗？只是此刻学生们完全想不到我一会儿将上班会课。

我一边板书"谁生活得更美好"，一边继续问："上次读到哪儿了？"同学们七嘴八舌地回忆。郑长鑫说："吴欢侮辱了售票员姑娘，施亚男准备去安慰她。"

四

我说:"嗯,是的。售票员姑娘非常和善、友好、有教养,吴欢呢,老要挑衅她,想激怒她。好,我接着读,"

施亚男猛然站住,他再也不羞于自己的"嫩"了。他把想要用在拳头上的力量全都压进了这最简单的几个字:"太可耻了!"然后立即返回停车场去。他想对售票员姑娘说——说什么呢?

吴欢说过,女性是一种脆弱的生物,而漂亮的女性尤其如此。

施亚男看见,她还坐在那辆空荡的、等着再次发车的车厢里,在暮色里低垂着她的头。他想她一定在哭泣,他甚至听见了她轻轻的抽泣声。要不是怕她误会他是一个趁火打劫、想要得到她的垂青的无赖,他准会替她擦干眼泪,对她说:

"还有很多人尊重售票员那平凡而高尚的劳动……"

一辆汽车悄然驶过,车灯照亮了她的脸。施亚男这才看清,她不但没有哭,而且正沉湎在什么想象之中。从她的脸上的神情可以看出来,她的思绪正在遥远而又美丽的地方漫游着……施亚男明白了,人的意志和坚强在于自身内心的平衡。脆弱的生物不是她,而是吴欢,也许还有他自己!他悄悄地离开了。

读到这里,我评论道:"我那天给你们介绍过张洁这个作家,她非常了不起,现在已经60多岁了。她的作品不像有的小说那样,故事很曲折,而是很细腻,很富有哲理。她20世纪80年代写了很多优秀的作品,比如长篇小说《沉重的翅膀》,前不久还写了《世界上最疼我的那个人去了》,建议同学们找来读读。"

我继续读——

他在淅沥的雨声里信步走着,一面听着雨滴噗噗簌簌地敲打着阔大的白杨树叶,一面想着人们从生活这同一源泉里却攫取了怎样不同的东西。他的心里忽然升起了一种热切的愿望,想要把这迟迟才意识到的东西说给那位可尊敬的写诗的朋友。

读到这里，我停了停，说："同学们，拿出笔记本写下这句话，'人们从生活这同一源泉里却攫取了怎样不同的东西'。"我把这句话写在黑板上，再次对同学们说："请大家把这句话抄下来。"

当在板书这段话的时候，我心里暗暗高兴：这段话不正可以成为我把这堂语文课引向班会课的自然过渡吗？

五

我说："售票员姑娘从中攫取了善良，施亚男从中攫取了纯真，而吴欢从中攫取了虚荣。同学们，每个人都问问自己，'我'攫取了什么？"

同学们都静静地听我说着，听我继续朗读这篇小说。

读到施亚男去找他所仰慕的诗人的时候，我提醒道："奇迹出现了！同学们反应过来了没有？"

学生七嘴八舌地回答，有学生意识到了，售票员就是那位诗人。我说："对！这篇小说是明暗两条线，明线是施亚男和吴欢等人乘坐公共汽车，和售票员交往；暗线是施亚男追随、仰慕这位没有见过面的诗人。到最后两条线合二为一，售票员和诗人就是一个人。"

小说读完了，我简单地评论了一下这篇小说的艺术特色：小说有明暗两条线，明暗交替，最后结尾的时候合二为一。

"对售票员就是诗人这一点，前面有没有铺垫呢？"我问。

同学们思考了一会儿，纷纷说："亲切地讲话，显出她的教养。"

"还有写她的眼神，写了好几次，和一般的售票员不一样，这是有教养的，有文化的，而且是境界高的人才有这种眼神。"

"还有，那天下午去看画。"

……

"但是，"我说，"今天我们读的这篇小说更多的是心灵的震撼，让我们感慨万千。"我开始不动声色地把这堂语文课向班会课过渡。"比如我会叹息，这样的纯真今天看来已经比较遥远了，因为现在很少有这样的售票员姑娘了。小说中说'人们从生活这同一源泉里却攫取了怎样不同的东西'，我刚才也说了，售票员攫取了美好，吴欢攫取了虚荣，施亚男攫取了纯真。那么，我要问同学们了，我们从生活中攫取了什么？其实，答案很明确，因为我们的班集体告诉我，同学们攫取的是美好。"

我似乎像突然发现了什么，问："怎么最后一组空着个位置呢？谁没来呀？"

张涛说："是李俊。"

我问刘老师："李俊怎么没来？请假了吗？"

刘老师按我课前交代的"台词"开始演戏："李俊昨天晚上生病了，他爸把他接回家了。"

我又问："病得很重吗？"

他答："很严重。"

我叹息了一声，对同学们说："我们班的同学生病了，大家都要关心呀！"

六

这么短短的几句"台词"，就自然巧妙地排除所有同学对李俊可能的怀疑。

于是，我话锋略微一转："前几天大家刚刚对干部投了信任票，结果已经统计出来，获得信任票最多的前五名是黎娜、刘丽、王露霖、张珂傈、沈小雨。我特别要表扬张珂傈。上次投信任票，她几乎没有什么人支持。我对张珂傈说，一定要用行动挽回自己的威望。一个月过去了，张珂傈重新赢得了同学们的拥护。我们给张珂傈鼓掌！"

同学们热烈鼓掌。

"刘丽同学担任体育委员时间不长，但也赢得了同学们的信任。另外，我们还选举了三好生，获得前几名的是张奇、张涛、高微、林虹、郭锦秀、王刚、张珂傈、黎娜、邓婷、丁妙，让我们用掌声向他们表示敬意！"

同学们热烈鼓掌。

等掌声平息下来，我缓缓说道："这么多优秀的同学！我们是个美好的集体，我们攫取的东西是真善美。开学报名那天，我在教室后面黑板上写了一行字，同学们还记不记得我当时写的是什么字呢？"

吴仁杰回答："相亲相爱一家人。"

同学们也一起回答："相亲相爱一家人！"

"是呀，'相亲相爱一家人。'"我拍着吴仁杰的肩膀说，"同学们还记得吗？吴仁杰是第一个为我们班上作贡献的人，他为我们做了什么呢？"

"他把教室地板拖干净了！"同学们大声说。

"对，拖地板。那天来得比较早的郑长鑫、廖凯都为我们班做了这些事情。虽然吴仁杰脾气不好，有些暴躁，但他还是有一颗温柔、善良的心。他给我们提供的温暖，我们一直记着。何况吴仁杰最近进步不小呢！"我说。

我再次提到李俊："还有今天生病没来的李俊同学，他也为我们班做出过贡献呢！一说到李俊，大家会想到什么呢？"

同学们说："第一个争当劳动委员。"

"他平时积极打扫卫生。"

我说："对，他主动要求当劳动委员，给大家服务。"

还有同学说："运动会上，他为班上争光。"

"是的，同学们会想到上次运动会上，他顽强拼搏而后悲壮倒下的身影。"我说，"今天下课后，每个同学都给李俊写几句话，安慰他，祝福他早日康复。好不好啊？"

同学们都说："好！"

我又说："我们班还有些默默无闻的同学，比如张奇，他是一个体弱温柔的小不点，可是他也为咱们班赢得了荣誉。"

我由衷地说："大家看，我们班多么温暖！"

我不断地引导孩子们回顾诉说班级的温暖，是暗中在作某种铺垫。

七

然后，我停顿了好几秒钟，教室里一片肃静，孩子们的眼睛都静静地注视着我。

我叹了一口气，似乎很吃力地说道"唉！接下来说的事情就让我很难受，我不知道该怎么说。我们个别同学，从生活中攫取了和别人不一样的东西。"我犹豫了一下，"我还是说了吧，昨天林虹收的 1600 元生活费不翼而飞！"

"啊？"同学们都非常吃惊。

我说："经过初步分析，这事不可能是其他班的人干的。我昨晚上没睡好，老在想这件事。我想，为什么我们班的个别同学会有这种想法、这种做法？谁忍心做这事呢？"

我接着说："为什么林虹会遇到这样的事？大家想想，林虹有什么优点？平时林虹为我们做了些什么？"

孩子们一听说林虹收的生活费被盗，自然开始猜测是谁干的，但我以"林虹有什么优点？平时林虹为我们做了些什么？"这两个问题，不但自然地分散了孩子们的兴奋点，而且为后面引导他们帮助林虹作了铺垫。

同学们说："勤劳。"

江志强说："她是班上的会计，很负责。"

他把"会（kuài）计"说成"会（huì）计"，大家都笑了。我纠正了他的读音。

郑长鑫说："她很开朗，很大度，有时跟她开玩笑，也许开得有些重，她笑一笑就过去了。"

"嗯，林虹的确大度，很善良。我还想到联欢会的时候，林虹那个组节目好多，给我们带来了欢乐。可是现在在她身上发生了不幸、不愉快。"我提高了声音，"我要问同学们，这个不愉快或者灾难，是她一个人的吗？"

我说了一句很关键的话。

同学们都说："不是，是我们大家的。"

"为什么是我们大家的？"

姚顺举手："因为林虹是我们班的同学。"

"嗯，这是个理由，还有没有其他的理由呢？"

张浩回答："因为我们是相亲相爱的一家人！"

"是的！我们是相亲相爱的一家人。所以，这绝不只是林虹一个人的灾难！当然，林虹应该小心些。但这事既然发生了，就不是林虹一个人的事了。在我们班上，有了什么光荣，我们共同享受；有了什么耻辱，我们一同洗刷！"

教室里一片安静，孩子们的神情都很严肃。

"既然是一家人，那林虹丢失了这笔钱怎么办呢？"我问。

我以为我的铺垫和引导已经水到渠成，期待的回答俨然呼之欲出。

八

谁知吴仁杰说："查出来，看是谁干的！"

我说："查不出来了。"

吴仁杰毫不犹豫地说："那就重交。林虹是为大家办事，不能让她一个人承受损失。"

我心里说：这就对了。

吕游说："对，大家重交班费。"

我说："我不赞成重交，因为有些同学家里经济条件很不好，我赞成捐助，让林虹感到班集体的温暖。当然，这钱不是捐助林虹的，是捐助咱们班的。"

同学们纷纷点头，嘴里不停地"嗯"着，表示赞成。

但我还是问："愿意捐助的同学请举手！"

很快，许多同学举起了手。渐渐地，每一个同学都举起了手。

这一双双举起的手臂，是我给林虹导演的令她感动的场面。我就是要让她不要因为一个同学对不起她，就对整个集体失望；要让她发自内心地感受到，班级同学是多么值得她服务。

我说："这么多善良的同学！我真高兴！如果林虹还为昨天的事儿难过的话，今天看到一只只高举的手，应该感到咱们班更有光明，更温馨。是不是？对于李老师来说，同学们举起的这一只只手臂，让我想到了1984年秋天我班同学彭艳阳丢菜票的事。"

我给大家讲了这个故事：

1984年秋天，也就是24年前，李老师教第二届学生的时候，我那个班的班长叫彭艳阳。有一次她跟我说，她的菜票在课间十分钟丢了。那个时候的伙食费很低，十多块钱就是一个月的伙食费。而她丢了五块钱，怎么办？我准备找她的好朋友邱梅影和陈晓蕾发动全班同学捐助她："你们是彭艳阳的好朋友，她的菜票丢了，你们打算怎样安慰她呢？"这两位同学说："李老师，我们正在发动全班同学捐助彭艳阳的菜票。"原来她们和我想到一块了。丢失菜票，给彭艳阳带去不愉快，或者说是一种伤害。说"不愉快"稍微轻了一些，但更多的同学给了她温暖。晚上，彭艳阳拿着一叠菜票来找我，流着泪说："李老师，我不能收这些菜票！"我说："同学们的心意，你怎么好拒绝呢？再说，你退给我，我又退给谁呢？"她说："可我只丢了五元菜票，这里有九元，多出了四元呀！"我说："这四元很好办，你把这四元放在你这儿，以后谁有困难就给他，让他不要还你。谁有困难就到他那儿去拿。爱的循环就这样开始了。"后来，彭艳阳加倍地关心集体，她总觉得同学对她太好了。她没有因为一次菜票的丢失就不好好对这个班，相反，她对同学更好了。

同学们都静静地听着。

九

我说："今年是 2008 年，24 年过去了，现在彭艳阳已经 35 岁，论年龄可以做你们的妈妈。也就是说，我的学生已经是两代人了，可是两代学生却纯真依旧，善良依旧。你们的童心，一样透亮。我很欣慰，我很自豪。"

我又停了一下，说："现在，我明确地告诉大家，同学们不用捐款了。李老师刚才提出这个问题，就是想检验一下你们的童心是否依然晶莹如初。这件事情已经水落石出，查出来是谁干的了，钱也全部追回了。"

一波三折，跌宕起伏。班会课也应该有悬念，有包袱。这是我主动追求的一种班会艺术。

同学们再次吃惊，脸上都露出欣慰的笑容。

我说："我不打算讲细节，只想说，经济损失一点都没有。如果说精神损失，林虹之前还有一些心有余悸，但是我想现在已经没有了。做这件事情的同学，要用一生的时间来洗刷自己的耻辱。"

同学们开始东张西望，互相打量。

我说："不要东张西望，李老师永远不会说出这个秘密。我想这个同学此刻心里已经很惭愧。同学们，钱虽然找到了，但李老师的心并不平静，我希望同学们的心也不要就此平静。我还要给你们讲个故事。十多年前，我在玉林中学教书，经常给同学们读小说。我给他们读过一部中篇小说，叫《在困难的日子里》。小说的副标题是'一九六一年记事'。作者路遥，已经去世。小说写的是大饥荒年代，路遥以自己的亲身经历为题材写成了这篇小说。其中有这样一个情节，主人公马建强很饿，课间休息，走路都是摇摇晃晃的，干脆就趴在桌子上，趴在桌子上都眼花缭乱的。老师的讲解也听不进去，如果是语文课，他就会想到许多关于美食佳肴的诗文句子；如果是上化学课，他就会想到这些化学元素如何组成各种食物；如果是数学课，他就会想如何用最精确的方法，分配每一天极其有限的食物，以维持生命。"

我继续讲道："有一天傍晚，他摇摇晃晃地朝河边走去，然后躺在河边的草地上，突然他发现了一个铁盒子，打开一看，里面装着许多钱和粮票。他本能地想到用这些钱和粮票去买吃的。但他突然理智地问自己，这是你的吗？不是的！不是你的为什么要用呢？他立刻感到一种赤身裸体般的羞愧。这是书中的原句。他终于控制住了自己。同学们看，马建强在生命受到威胁的情况下，都坚守着做人的良知，坚决不要不属于自己的东西。"

<h2 style="text-align:center">十</h2>

我又说："这篇小说，我给历届学生都读过。十多年前，我在玉林中学的时候，也给我的学生朗读过。记得那一年，我读完这篇小说后，又给同学们读了《悲惨世界》。主人公冉·阿让姐姐的弟弟快饿死了，他便偷了一块面包——也不叫偷吧，就被抓进监狱，被判刑。他身强力壮，数次越狱，又被抓回来，再加刑，结果累计坐了 19 年牢。走出监狱的第一个晚上，住在米里哀主教的家里。他当初走进监狱的时候还是一个纯朴善良的人，现在出来却染上一身恶习，第二天走的时候却偷走了别人家的银器。别人对他那么好，他却做那样的事情。但一走出去就被警察抓住，押回米里哀主教家。警察说，他偷了你的银器，我们给你送来了。米里哀主教平淡地说，哦，那银器是'我'送他的。就这么淡淡的一句，在冉·阿让的心中掀起滔天巨浪。他完全没有想到主教会这么对他。米里哀主教盯着他，意味深长地说了一句话：冉·阿让啊，'我'希望你永远做一个善良的人啊！"

说到这里，我停了一下，说："昨天晚上，想到林虹的钱不见了，我很难受，就记起了米里哀主教送给冉·阿让的这句话，一定要做一个善良的人。其实，做人哪有那么多的道理可讲？不就是坚守良知吗？"

"好，接着讲冉·阿让的故事。""后来冉·阿让果真洗心革面，战胜自己。他出狱后，沙威警官一直在追踪他。这个沙威警官忠于职守，发誓一定要把冉·阿让缉拿归案。冉·阿让就假装跳海'死'了。他本来很聪明，所以后来化名为'马德兰'，通过努力奋斗，成了一个市的市长。他用他的智慧，对这个市——用现在的话说，叫发展经济——作出巨大贡献，深受当地市民的爱戴，可以说是德高望重。可是有一天，他在办公室突然听到一个消息，在远方，一个长相像他的老人被沙威警官误以为是他而抓进监狱。你们说，这件事对冉·阿让来说是好事还是坏事？"

十一

同学们说："是坏事！"

"为什么是坏事呢？"我问。

高微回答："因为这件事会让冉·阿让的良心受到谴责。"

"对，你们说是坏事，这是站在冉·阿让的角度说的，或者说，你们和冉·阿让一样，有一颗善良的心。"我说，"那么，如果换一个人，他也许认为是好事。如果冉·阿让一直是邪恶的，他就会想，好啊，从此不是安全了吗？有人替他去坐牢，他永远摆脱了别人的追踪，永远不会再做噩梦。但这时他的心里又掀起波澜，他也在犹豫。他想，那个老人多不幸啊，怎么就仅仅因为长得像他就要入狱呢？他想到法庭去自首，这样才能解救那个老人。但转念一想，不行，那样的话，他一辈子都不能出来。如果真的去解救，现在所拥有的一切就没有了，迎接他的很可能是终身监禁，失去自由。可见冉·阿让也有犹豫、软弱的时候，这是人之常情。他又想，如果不去自首，可以在这继续做市长，继续造福市民。他一走，损失不是更大吗？但他马上又推翻了这个想法：冉·阿让啊冉·阿让，你连一个无辜的人都不能解救，还谈得上为更多的人造福吗？这儿离了他，还有人可以当市长！他反复地犹豫。突然，他想到米里哀主教说的一句话，你要做一个好人，一个善良的人，所以他毅然决然走向法庭自首。"

冉·阿让的故事打动了大家。

我继续说："当时，我给学生读到这里，忍不住评论说，任何人都有两个自我，这两个自我在不停地打架、搏斗。对于同学们来说也一样，高尚的你和卑下的你，坚强的你和懦弱的你，勤奋的你和懒惰的你，诚实的你和撒谎的你随时都在打架，关键是哪个你获得了胜利。每一个同学都要有勇气战胜自己。当时，我不过是随便这么有感而发地说，但没有想到，我的这一番话却触动了班上一个同学的心。"

我又自然过渡到另一个真实的故事："第二天，我来到办公室，看见我的办公桌上有一个比较大的纸包。什么东西？我打开一看，十元的纸币，总共22张。纸包里还有一封信……"

十二

那封信我至今还保存着，但今天没带来。不过我记得大致的内容是这样的——

李老师：

您好！

看到这封信您一定很奇怪，那么就请您慢慢往下看吧！

过去，我是一个非常卑鄙的人，但是我在老师和同学的眼里却是一个品德高尚的人。是的，同学们都认为我是好同学，老师也认为我是好学生，可是，他们哪里知道我这个公认的"可爱的人"，竟是一个小偷！

那是初一的时候，有一次班里收费，我观察了三小组的组长把本小组的钱放在了文具盒里，我心里十分高兴，认为一片肥肉就要到手了。第三节课下课了，同学们都要去操场做广播操，我等同学们走得差不多了，就开始了自己的罪恶。我走到小组长的座位前，拿出文具盒，打开一看：里面有一叠十元的人民币！在那一瞬间，心灵中卑鄙的"我"战胜了高尚的"我"，便赶紧偷了那一叠人民币，匆匆下了楼。还好，没人发现！而且，后来老师和同学们没有一个人怀疑我，因为我在老师、同学心目中的印象一直很好。

那件事以后，我感到自己的童心在很快地堕落，又接着偷了好几次钱。尽管每次都没人发现，但事后我总是心虚，很不好受。

李老师，您是一位好老师。每次听您在班上苦口婆心地对我们进行正面教育，经常对我们讲做人要诚实，要正直，我的心情总是难过到极点。记得您给我们读了路遥的小说《在困难的日子里》，并对我们说："马建强在那么艰难的情况下，都绝不要不属于自己的钱物，这是多么的可贵！"

当时，我真的想向您坦白我的罪恶，但实在是没有勇气！昨天，您在给我们念《悲惨世界》时，教育我们要向冉·阿让学习，向过去的罪恶告别，做一个人格高尚的人。您在说这些的时候，并没有具体地批评谁，但我听了却总觉得是在敲打我可耻的心灵！

如果我不承认，别人也许不知道，但我就彻底堕落了。终于，我决定鼓起勇气，承认我过去的偷盗行为，并且开了一张清单，写明我偷过的同学和所偷的金额，连同赔偿的 220 元钱，悄悄地放在您的办公桌上，请您代我退给这些同学。

本来我应该彻底勇敢地找您当面谈，但请原谅我还缺乏冉·阿让那样的勇气。我非常感谢李老师在我危急的关头，把我从罪恶的深渊拯救了出来，为我以后的人生点燃了一盏明亮的灯！

我讲完这封信的内容后说："信的结尾署名是'一颗曾经失落的童心'，但我一看笔迹就知道是谁，我对这位同学主动承认错误的勇气，很感动。"

十三

其实，一看信的字就知道是谁写的。我把那个同学叫到办公室，对他说，李老师已经看了你的信，首先要表扬你战胜了自己，并用行动改正错误。同时，我想征求你的意见，我打算匿名在班上宣读一下这封信。他一开始有些犹豫。我说，这和具体的人没有多大的关系，我要表扬这种勇气。他终于点头同意了。后来，我就在班上读了这封信，同学们都很感动，并鼓掌向这位同学表示敬意。

教室里依然是静静的，同学们依然在凝神听着我的话，后面坐着或站的老师也在聚精会神地听着……

我转身再次指着黑板上的那一行字："你们看，人们从生活这同一源泉里却攫取了怎样不同的东西？"

我说："现在同学们对这句话的理解一定会更加深刻了吧？从生活中攫取的不同东西将决定'谁生活得更美好'！"我又指了指黑板上方写的小说题目。

我又说："今天下午，李老师要去崇州灾区支教，给孩子上一堂课，给老师作一个讲座。我想，同样是学习，同样是生活，灾区的孩子们和我们有什么不一样？当然，环境不一样，老师不一样，条件不一样，但不同的条件下，只要我们都善良，就会有共同的欢乐。因为善良，所以美好！"

十四

我说："今天，2008 年 12 月 11 日，是一个普通的日子，我给同学们上了这堂班会课，请同学们记住我今天说的话。我们还要一起走过两年多的时光，还会遇到困难和风浪。说实话，我把所有将在班上出现的一些不好的现象，都看作意料之中的事，这样我会更从容一些。当然，我们的目光不要只盯着这三年。我希望我今天所说的一番话，对所有同学的心灵都有所震动，我们要站在人生的高度，看待今天这堂课。再过一二十年，如果我们有机会聚在一起，回想起这个班，回想起我们犯的错误，包括以后犯的错误，同学们会说，那不过是我们人生长河中的一个个小小的旋涡而已。'不尽长江滚滚来'，人生的河流会继续往前奔流，任何困难和错误都不能阻挡我们的成长和进步。等在座的各位同学七老八十的时候，回顾自己的一生，想到我们所遭遇的困难、挫折，可能会想，那不过是人生旅途中一段不太高但比较陡的坡。包括这位同学，我相信这堂课他不会无动于衷。李老师永远不可能说他是谁，因为他发自内心地认错了。谁不会犯错呢？人要善于宽容、谅解。同学们更不许去瞎想瞎猜，绝不允许！最后，这位同学还是承认了错误，不然怎么能找回这笔钱呢？从这个意义上说，他找回了自己失落的童心。我提议用掌声祝贺他！"

掌声响了起来。

我一看快下课了，便对同学们说："下面，同学们拿出两张纸，分别写几句话。第一张纸上写：这节课让你有什么感悟或收获？第二张纸写给李俊，给他安慰，让他好好养病。以后我们要记住，我们班每个人的痛苦都是大家的痛苦，每个人的欢乐都是大家的欢乐。"

十五

下课了，我把后面听课的老师召集在一起简单地说了几句："班里出现失窃，属于突发事件，这种突发事件的出现是偶然的，但老师要善于把偶然的事件变成必然的教育。其实，一开始我就没有把精力用在清查上，虽然后来还是清查了出来，但那实在是太偶然——对于这种事，清查不出来是正常的，查出来倒是一种意外，是偶然的。教育是必然的。作为一个教师，一定要非常敏锐，善于抓住一切机会对学生进行自然而然的教育。"

老师们都说我这堂课上得非常精彩，但有老师表示担心："你这样公开说失窃的事，那个犯错误的学生不会难堪吗？"

我笑了："他不在班上。刚才刘老师说他请病假了，就是我和刘老师串通好了给全班同学撒的一个善意的谎言。"

老师们说："你太有才了！可是，既然那孩子没生病，你让学生给他写慰问信干什么？"

我说："明天他来了之后，我要把同学们写的慰问信都给他看，要让他的心受折磨。"

应该说，我还是比较满意自己对这件事的处理的，但现在我写这篇追记的时候，心里还是有不少遗憾：第一，学生讨论太少，主要是因为我这堂班会很多内容是即兴的，不好控制时间，所以很少组织学生讨论。如果多让学生讨论，这也是很好的自我教育的机会。第二，在请学生就是否捐款举手的时候，我应该让学生都趴在桌上，把头低着，不许看别人，只许举手，这样可以避免学生举手是出于从众心理，保证他们真实地表达意愿。第三，我应该就"宽容"多说几句，那天虽然还是说了，但显得轻描淡写。我应该就此下重锤，让同学们不要老是猜测怀疑究竟是谁悄悄拿了林虹的钱。

如果重新开这样的班会，我会做得更好。不，我实在不愿意再开这样的班会了。

只是，我再一次感到，教育的确也是一门遗憾的艺术。

十六

（2008年12月12日）早晨，我在学校大门口截住来学校上课的李俊——我怕他直接去了教室，同学们会问他"身体好些没有"，他自然会莫名其妙，那就"穿帮"了。我直接把他带到办公室，对他说："昨天我叫你在家反思，其实是照顾你的面子，因为我昨天在班上上了一节班会课。"

我把我昨天写的工作日记，打印出来给他看，上面有整个班会课的实录。

我说："为了更好地保护你的面子，我给同学们说你生病了。同学们都给你写了慰问信，你看看吧。"

我拿出厚厚一叠信，递给了李俊。他一封封地看着，看得很认真。

这些信我都已经看过，孩子们给"病中"的李俊写的热乎乎的话，连我看了都很感动——

李俊，今天李老师给我们讲了许多有哲理的事，大家的感触很深……你生病了，希望你快点好，回到初一（1）班这个大家庭。王露霖

李俊，你好！听说你生病了，你可要好好养病哦！等病好了，我们一小组还要麻烦你给我们检查卫生呢！祝你早日康复！初一（1）班这个大家庭都等你回来！郭锦秀

李俊，你好！病好些了吗？希望你病快好。我们是初一（1）班，都是相亲相爱一家人，想起你，就会想起你在我们班的优点，如：为班级荣誉着想，你的朴素、善良，让我们班同学因你感到幸福，你积极为班级服务，还有你在运动会上坚持跑下1500米，你那英俊的身影奔驰在跑道上。祝你的病早点好起来！李老师今天上班会课说：一定要做一个善良、正直、心灵要美的人。付颖洁

……

纯真的林虹，是这样写的——

李俊，听到你生病了，我十分惊讶！我刚丢了钱时，甚至怀疑是你偷了的，在这我向你道歉，对不起！祝身体快快好起来，身体健康，开开心心每一天！林虹

天真可爱的林虹，她居然不知道正是李俊偷了她收的生活费，还因自己曾经的"怀疑"而道歉。

李俊看着看着，脸色越来越惭愧，到最后，泪流满面。他的心灵受到了强烈的鞭挞。

这正是我要的效果。

我对李俊说："这一页已经翻过去。只要你不说，没人知道是你干的，我会继续为你保密。我不要你在这里给我做任何承诺，因为我相信你知道以后会怎么做的。"

十七

从那以后，我们班从未发生过一起失窃事件。李俊同学阳光向上，虽然学习成绩一直不算太好，但善良上进，和同学相处和谐，特别乐于帮助同学，喜欢为集体做事，直到初三毕业。

毕业前夕，中央电视台《小崔说事》节目组编导林卉来采访我。当我讲如何引导孩子进步时讲了李俊这件事，虽然我当时是匿名讲述，但林卉产生了兴趣。她提出，可否让这个孩子走进央视演播室自己讲述这个故事呢？

我犹豫了，因为这涉及孩子的隐私。但我又想，几年过去了，如果李俊愿意，那也没什么。

结果，当我有些迟疑地征求李俊的意见时，他一点都没犹豫，非常爽快地说："可以啊，没问题！"

我说："你不怕……"

他说："都是以前的事了，有什么关系呢。我能够坦然面对。"

于是今天，李俊和我，还有王露霖同学以及另外三位老师一起走进中央电视台演播室。

面对崔永元机智有趣的访谈，李俊大方、真诚而从容地讲述了他曾经犯的错误。在这个节目播出之前，我们班没有一个学生知道三年前那件事是他所为。这是李俊第一次向全班同学承认自己的错误，而且是以这种面向全国的方式认错。现场观众给他以热烈的掌声，主持人王雪纯和崔永元也很感动。

王雪纯说："李俊不仅是改正了错误，而且超越了错误。"

崔永元问李俊："当时你看到同学们给你写的慰问信后，是什么感受？"

李俊说："当时我看到这些信的时候，非常伤心，我哭了。我对同学们这么不好，他们却对我这么关心。"

崔永元说："李俊，我觉得这样特别好，也许今天不说这件事，它到现在都还没画上句号呢！现在就算画上句号，彻底结束了。"

2011 年 6 月 29 日

转化后进生的制胜绝招不是"体罚"，而是大爱与大智慧

　　每次我贴出反对"体罚"的文章，网上总有人（不少是老师）和我"商榷"，说"不敢苟同"。他们大谈"体罚"的必要性，而且"理直气壮"地说："现在的孩子就是欠揍"……我不认为主张"体罚"学生的老师都是坏老师，他们的确也是好心，但确实有很多无奈。还有人说："您是专家，站着说话不腰疼，你到我班来试试！"

　　从教36年，我和太多的顽童打过交道，因此从来不是"站着说话"。我当校长之后，也没"站着说话"，还曾做班主任，因为我校地处城郊，是涉农学校，生源大多是当地失地农民和进城务工人员的孩子，所以后进生不少，我的班也不例外。可以这样说，所有和后进生打交道的老师遇到过的难题，我同样遇到过，并同样感到过棘手。我接触的后进生，许多与工读学校的学生没两样，有的本来就应该上工读学校，但家长不愿送去。

　　曾有一位在其他学校被开除的高一学生被其母亲送到我班上，第一次见面时他桀骜不驯，公然对我说："你要转化我？别做梦了！告诉你，我除了不吸毒，什么坏事都干过！"她妈妈流着泪对我说："李老师，我实在没办法了，是看到报纸上宣传您的事迹，说您是专家，是好老师，才慕名把他送到您班上来的，我不指望他三年后考上大学，只要他在您班上不再被学校开除，就是您教育的成功。"后来，这个孩子不但考上了大学，而且现在很有出息。

　　所以，我有资格也有理由说，我从来就没有"站着说话"，而是"混迹"于一批又一批（不仅仅是"一个又一个"）的后进生中，在摸爬滚打中和他们斗智斗勇又相亲相爱。当然，不是所有后进生都被我转化了，能够

把所有后进生全部成功转化的万能老师估计还不存在；但相当一部分孩子在我的引导下（当然也不只是我一个人的功劳）得以健康成长，长大后找到人生位置，这是不争的事实。

我有资格也有底气说，靠"体罚"来征服后进生的老师，不但无奈，而且无能。我知道这话又"得罪一大片"，但只能实话实说。当然，我更想对这些亲爱的同行说的是，转化后进生需要大爱和大智慧。

所谓"大爱"，就是对后进生的爱。这是超越任何应试教育功利的无私情感，是出于我们善良本性而自然而然流露出来的对人性的尊重，是我们的教育良知。如果是因为后进生有学习潜力，把他转化过来能够为升学率增加百分点，或至少不拖全班的后腿，才对他好一些，才关爱他，那只是小爱。明知他考不上重点高中或大学——就算表现好了也考不上，可依然爱他，这才是大爱。比如，安超转走又要求转回来，我不但同意，还给他组织了全班欢迎会，这就是"大爱"——不好意思，这里我自己表扬了自己，但这个自我表扬，我问心无愧。

所谓"大智慧"，是转化后进生所需要的，远不只是"对付"他、"收拾"他、"搞定"他、"摆平"他、"制服"他、"打掉"他嚣张气焰的种种技巧、招数、妙计、绝活儿及某些立竿见影同时也是急功近利的"兵法"，而是包含着情感、期待、信任、机智、鼓励、惩罚诸多因素在内的策略。这些策略的运用，不只是教师的孤军奋战（所以我从来不认为邹冰、安超等后进生的转化是我一个人的"教育成功"），而是伴随良好班集体的建设、其他同学的温暖帮助、孩子家庭教育的改进与家长的积极参与。注意，不仅仅是"和老师配合"，还包括孩子本人内心深处"想做一个好人"欲望的唤醒和"战胜自己"意志的练成。这就是我说的"大智慧"。

常常有老师感到委屈甚至愤愤不平："不许老师打学生，这是道德绑架。社会把我们的手脚捆起来了，学生气焰嚣张，却要我们教育好他们，这可能吗？"是的，不能打学生，又要把他教好，这对只有小招数的老师来说不可能，但对具有大智慧的老师完全可能（注意，我说的是"可能"）。

我从来就不是"教育万能"的鼓吹者，对片面绝对地说"没有教不好的学生，只有不会教的老师"的某些领导和专家相当反感。（参见我写的《"没有教不好的学生，只有不会教的老师"？》一文）我早就公开提出，有效的教育必然也必须包括科学合理的惩罚。因为没有惩罚的教育是不完整的教育，但惩罚不是体罚（参见我写的《教育不能没有惩罚》一文）。但究竟什么是"惩罚"（现在有人因为讳言"惩罚"便换个说法叫"惩戒"，我认为，完全可以理直气壮地提倡"教育惩罚"）？什么时候用"惩罚"？如何避免滥用"惩罚"？如何具体实施没有"体罚"的"惩罚"？……这些恰恰都检验也考验着教育者的大智慧。

教育的"大智慧"还体现在特定情境中，针对特定孩子、处理特定事件的随机应变与灵活处理。教育需要正确的理论，但有效的教育从来不是教条式地"运用理论"。比如在邹冰的故事中，我让全班投票决定是否给他惩罚。有老师说这违背了教育的一些原则，是不民主的。其实，抽象地看，让全体学生投票决定对一个孩子的处理，肯定是荒唐的。这个道理我当然懂。但在"那一时刻""那个情境"中，更重要的是在我们班"特定的集体氛围"和"人与人之间的相互关系"中，我们就这样做了，效果很好，没有不可以。从理论上说，教师不应该骂学生打学生，但在特定关系、特定情境中，一个老师于冲动中脱口而出骂了人，忍不住动了手，效果却很好，既没有教育理论上说的"伤害学生身心健康"，也没有给后来的师生关系留下隐患。所以，只要师生之间有足够的情感与信任，嬉笑怒骂皆成教育。当然，这句话并不能反过来证明我公然主张教师可以辱骂和体罚学生，也不能说我这种说法和前面不主张"体罚"的观点自相矛盾。对教育分寸的拿捏，也是"大智慧"。

如何转化后进生，我 20 年前就已经在《爱心与教育》等书中通过一些学生的故事谈了具体做法。老师们如果感兴趣可以找来读读。但我更希望老师们能够在自己的教育实践中探索出更多的转化后进生的智慧。

2017 年 11 月 5 日晚，于温州至成都的航班上

把全年级的后进生集中到一块教，是什么感觉

这是 20 年前的一段教育实践，文章是当年写的。每当和一些教育同行谈起后进生的转化时，我总会想到从教 36 年来所教过的后进生。我可以无愧地说，凭我和许多届孩子相处的时光，我最有资格谈论后进生。

下面是我写于 1996 年 5 月 19 日的一篇论文——

让每个学生享受成功

人们常常把行为习惯不好、学习成绩欠佳的学生称为"差生"。一般的教师往往认为，"差生"的学习之所以欠佳，是因为其行为习惯不好。这种认识当然不错，但并不全面。根据多年对"差生"的观察与研究，我发现相当一部分"差生"的行为习惯不好，其实是由其学习成绩欠佳造成的——尤其是小学生和初中生。由于家庭文化背景、个体智力状况及学生性格差异等因素，某些学生在学习上落下一大截：知识欠缺、能力低下、学习成绩分数总是不及格……试为这些学生设身处地地想一想，面对老师讲授的知识他一窍不通，面对老师布置的作业他束手无策，他能不胡思乱想、调皮捣蛋吗？学生首先是人，需要一种精神寄托。既然无法在学习中满足自己的精神乐趣，这些所谓的"差生"必然会通过其他令教育者头疼的不良行为来体现自己的存在。

由此看来，欲转变"差生"，除了加强深入细致的思想教育和科学严格的行为规范外，还应帮助他们让他们获得学习上的成功感，并以此树立起一种健康而稳定的精神追求。说到让"差生"获得成功感，不少教师会感到难以做到。的确，在现行教育体制中，要让所有"差生""达标"（主要

是"达"中考和高考之"标")几乎是不可能的。但是，这并不意味着我们的教育注定要让一部分学生失去成功的欢乐，乃至失去人的尊严。既然孔夫子早就提出"因材施教"，既然苏霍姆林斯基曾多次谆谆告诫教育者"要让每一个孩子抬起头来"，既然我们的社会主义教育——特别是九年义务教育是面对所有学生，那么，我们就没有任何理由不充满真诚地帮助每一位学生获得求知的乐趣进而享受成功的快感。

这里又自然涉及一个关键的问题，即何谓"成功"？不同的人，其一生的成功标志不可能一致，对此无须多加论证。我们想强调的是，对于不同的学生，衡量其成功的标准也不应是同一尺度。根据苏霍姆林斯基的"个性发展"理论，每一个学生都是"独一无二的个性"。苏霍姆林斯基认为，教育者的明智，就在于他能从似乎都"差不多"的学生中，发现每一个人特有的兴趣、爱好、特长和志向，大胆地让每一个人的才能得到尽量的发展。苏氏并不以及格率和升学率来衡量自己教育工作的成败，他感到满意的是：他的每一个学生都成了全面发展的人、"合格的公民"，每一个人都在生活中找到了他的条件许可的合适的地位：能够成为科学家的成了科学家，能够成为集体庄员的成了有道德有知识的普通劳动者（参见《给教师的建议》）。这里的"每一个学生"当然包括我们所说的"差生"。如果我们把苏霍姆林斯基这一闪耀着人性光芒的教育思想用于指导我们的日常学科教学，那么，教师就应该千方百计地让每一位学生在各科学习的每一个阶段都学有所乐、学有所得，不断增强学习兴趣和信心，积极主动地获取新知，使所有学生——特别是"差生"平等地分享学习成功的欢乐。

正是基于这样的思考，在我担任班主任的初95级（5）班，我和我的同事们尝试着在教学中采用"分层递进教学法"。

先得把这个班的由来及其特殊性作个介绍。1995年8月，我出于研究"困难学生"的兴趣，曾向学校领导提出统一将初95级新生中的"困难学生"编一个班，以集中精力"因材施教"，探索教育"困难学生"的规律。遗憾的是，学校领导却安排我教这个年级选拔出来的成绩最好的学生组成的"实验班"（"重点班"），但我认为，研究"差生"（当时我用的是"差生"这个概念）才是真正的教育科研，也是真正的教育实验。后来和学校"谈判"的结果是，我依然服从学校安排，当"重点班"班主任；而学校则答应我出任另一个"差生"最多的班的班主任。这个班的生源构成是这样的：学校先按入学分班考试（以选拔"尖子生"进入所谓"实验班"）把全年级400多个学生中的最后27名学生编入我班，然后再以"抓阄"的方式确定我班的另外30多名学生。这样一来，一开始就人为地造成这个班63名学生综合素质惊人地悬殊。我们可以设想，如果按传统"一刀切"的教学方式，要想在这个班取得教学成果是极为艰难的。何况，我当时是同时担任两个班的班主任和语文教师。

所谓"分层递进教学"，即学生不同的学习基础编成不同的教学组，采用鼓励性、激励性的"因材施教"，让每一个学生都能在自己原有的学习基础上有所提高。我们把学生分为四个教学组——"带头组"（学习能力最强、知识基础最好）、"普通组"（学习能力中等、知识基础一般）、"提高组"（学习能力极弱、知识基础极差）、"基础组"（学习能力较弱，知识基础极差），语文、数学、外语三门主科教师在课堂教学、作业要求、测验考试等各个教学步骤中体现出四个层次，以体现出教学鲜明的针对性。每个学生所属的四个教学组不是固定不变的，随着学习的进步，每个学生都可能按"基础组—提高组—普通组—带头组"递进流动（当然，对个别学生而言，也可能出现与之相反方向的流动）。

实施"分层递进教学"，教师教学的艰巨性、复杂性大大增强——每上一堂课，需备四套教案，而这四套教案又是在同一节课内"立体"操作完成；布置作业，需在质与量方面提出四种不同的要求；单元测验和半期、期末考试，教师要命制四套难度不等的试题……但是，对学生而言，这种"分层递进教学"极大地调动了他们的学习兴趣，并增强了他们——尤其是"差生"的学习信心，从而激发起所有学生的学习热情。每位学生都有学习上的成功感，这种成功感又激励着他们向新的学习目标迈进。就整个班级而言，"分层递进教学"促进了班级浓厚学习风气的形成，进而推动了整个班风的明显好转——连原来学习最差、最不想学习的学生都开始把兴趣转向学习，课堂上调皮捣蛋的学生自然就少了。

"分层递进教学"尝试的初步成功启示我们，让每一位学生享受成功，使他们从学习中体验有所发现、有所创造的快乐，这既是教育者教育艺术的体现，更是我们充满人性的教育所应达到的目的之一——因为"正是这种有所发现的欢乐，正是这种靠着自己的努力完成作业的欢乐，乃是人的自尊感的源泉"（苏霍姆林斯基：《给教师的建议》）。

其实，"让每个学生享受成功""分层递进教学"这些观点和做法并不新鲜，但是真正做到却很难，难就难在一些教师和家长的"成功观"不易改变。当时，我之所以能够大胆地进行"分层递进教学"，一是家长赞成，二是学校支持，三是其他任课教师的配合。没有这三点，我当初的一些想法是不可能付诸实施的。比如，我曾让语文基础最差的学生在语文课上抄《烈火金刚》《红岩》等小说。

特别感动的是，我离开这个班几年后，在成都市教科所短暂工作两年，有一天，隔壁办公室一位老师对我说："有一年我们去玉林中学督导验收，学校个别领导在你教过的学生的家长会上对你进行诋毁，否定你的改革。结果第二天我便收到学生家长的联合签名信，说他们不同意学校对李老师的评价。信中说，李老师的改革我们绝大多数家长都很理解，成绩有目共睹，李老师对我们孩子的好，我们最清楚，希望成都市教科所能对李老师有个公正的评价。"当时，我无比感动，却没法向这些家长表达感谢。

前不久，我和这群顽童聚会，他们已经年近而立。有一个学生对我说："李老师，别看我们当年那么调皮，学习成绩也不是很好，但你教会我们做人。十多年过去了，我们当中没有一个走上邪路的，都是善良的劳动者！"

下面是这次聚会后我发在博客上的文章——

百感交集的聚会

今天中午，成都市玉林中学初98届（5）班的十多位学生约我小聚。

这个班很特殊，因为我当初刚送走高95届（1）班又回到初一担任两个班的班主任，一个班是由全年级成绩最好的学生组成，所谓"尖子班"；另一个班则集中了全年级最令人头疼的孩子——今天聚会的学生，就是这个班的。

所谓"孩子"那是当年，今天站在我面前的学生，都是大人了。这个班的学生出生于1982年或1983年的比较多。今天见了面，好几位我都没认出来。但他们都认得我，见了我很高兴。无论是当年文静的小姑娘沈蜀娥，还是当年调皮得不得了的吴桢，今天都让我感到特别亲切。当年的小男孩、小女孩，如今都是大人了。看着他们，我不禁说："我在外面讲学，经常说，只要是我教的学生，长大后男生个个英俊，女生个个漂亮！"

当年我在这个班倾注了太多的心血。想想，要"对付"那么多的捣蛋大王，我得花多少功夫啊。但今天我落座的第一句话，便是对挨着我坐的马筱晓说的："我要向马晓筱道歉！因为当年我错批评过你！"马筱晓是个很活泼的女孩子，当年也很调皮，没少挨我的批评。但有一次我却冤枉了她，具体细节我记不得了。我曾让马晓筱回忆一下写给我，但她没有写，估计她没往心上记。今天，马筱晓听了我的话，说："哪里哪里！没有没有！"我多次说过，学生的胸襟总是比教师宽阔。他们总是记住我们的好，而把我们的不好忘得干干净净。

饭桌上，我给他们讲了很多当年的故事。这些故事，他们是亲历者，但"内幕"却不知道。我今天也没有完全揭秘，但我的讲述，勾起了他们的回忆。他们听得特别专注，特别认真。戢实说："我们又回到了当年的课堂上！"

张宇航也是当年让我操心的孩子，但今天他说："我们当年读书的确不行，但李老师教会我们做人。这么多年过去了，我们班的同学没有一个成为对社会有害的人。"我说："我现在想得最多的是我的教训，尽管教你们时我不再动手打你们，但有时候你们太让我生气了，我抓住你们的胳膊时还是要忍不住使劲捏你们。"吴桢说："是的，你就捏过我，把我的手捏得好疼！"大家笑了起来。

戢实说："下次什么时候聚会找个大的房间，让李老师给我们上一堂课，哪怕是像当年一样给我们读读小说也行。"

吃饭中，张凌打来电话致歉，说因为特殊情况来不了。他说他很想见见我："李老师，您是我最后一任老师！我离开您后就再没读书。我下次一定专程去看您！"这个张凌，当年在班上也很调皮，成绩不好，经常被我骂，后来中途转学，去沈阳学足球。走的时候，我们为他开欢送会，他泪流满面。再后来，他以足球运动员的身份去了日本，一待就是十年。前几年回来还给我打电话，说很想我。现在，他是四川省足球队的教练。

当年这个班并不是个个都"差"，也有不错的，比如戢实、伍希、王燕青等学生，但集中了全年级最"差"的学生，这是公认的。因此，这个班就成为全年级"差生"最多的班。然而，这个班的孩子和我感情很深。无数次，我带着他们去公园玩，在野外斗鸡。

本来还想和孩子们多待一会，但我中途接到一个电话，不得不提前离开。分别的时候，吴桢说："李老师，到上海你一定要给我说。"我问他："这次是到成都出差吗？"他说："不是，我就是专程为这次聚会而回来的。"我太感动了。

这群学生中，有两位是我的同行，一位是马筱晓，在成都泡桐树小学西区教书，兼做德育工作；一位是郑姝，她现在是成都十一中的英语老师，目前教高一。我对她俩说："我们都是同行，以后多联系，有机会我送你们几本我的书。"

郑姝说："李老师，听说你们学校的校训是'让人们因我的存在而感到幸福'呀，这话当年你也对我们说过的。"

我说："是的。"

写到这里，我突然感到后悔，因为走得匆忙，都没有和马晓筱、郑姝合个影。我们三个老师合影，多有意义啊！

2013 年 11 月 16 日

请记住这六位"英勇救疫"的中国人
——为班主任老师写的讲话稿

同学们好!

这个寒假很长,大家都盼着开学了吧?我也是。今天见到同学们,我感到非常亲切,非常开心。

中国抗击新型冠状病毒感染(以下简称"新冠")的疫情已经持续了一个多月,在这场与病毒抢夺生命的搏斗中,每一个同学保护好自己的生命就是对抗疫的支持,就是为赢得抗疫最后的胜利作出贡献。

但是,当我们待在家里的时候,还有许多人冲在第一线,每一分钟都在以自己的生命和疫情进行殊死的抗争——不幸感染病毒的去世者,以自己的生命延续了别人的生命;更多安然健在的战斗者,用自己的生命挽回更多人的生命。

他们值得我们永远记住——记住他们疲惫的面容,记住他们逆行的背影,记住他们不朽的精神!

今天,我就给大家讲讲在这次全民抗疫中,我们应该记住的几位"英勇救疫"的英雄。(这里特别说明一下,"英勇救疫"是我临时杜撰的一个词,特别加了引号。"救疫"的"救"不是"抢救",疫情怎么能去"抢救"呢?而是"战胜""扑灭"的意思,就像"救火"的"救"一样。所以,"英勇救疫"的意思是"英勇地战胜疫情"。)

我希望大家记住的第一个英雄是谁呢?我先不说他的名字,但我相信只要一说他的事迹,同学们立刻就会恍然大悟。17年前,在抗击"非典"的严峻时刻,作为中国工程院院士、我国呼吸病学的顶尖级专家,他说了一句掷地有声的话："把重症病人都送到我这里来！"那年他已经 67 岁，可是一直奋战在前线，为中国最后取得抗击"非典"的胜利立下了卓著功勋。他因此被评为 2003 年"感动中国十大人物"之一。当时给他的颁奖辞是这样的："面对突如其来的 SARS 疫情，他冷静、无畏，他以医者的妙手仁心挽救生命，以科学家实事求是的科学态度应对灾难。他说'在我们这个岗位上，做好防治疾病的工作，就是最大的政治'。这掷地有声的话语，表现出他的人生准则和职业操守。他以令人景仰的学术勇气、高尚的医德和深入的科学探索给予了人们战胜疫情的力量。"

同学们可能已经猜出他是谁了，他就是赫赫有名的钟南山院士。

最近大家可能听说了正流传的这样一句话："火神山、雷神山、钟南山，三'山'齐聚克难关！"足见钟南山在老百姓心中的威望。

今年，当新冠疫情出现时，许多人还没意识到病毒的凶险程度，他便以自己精深的专业素养告诉大家真相："新冠病毒有人传人的危险，请大家没有特殊情况千万别去武汉。"但是，已经 84 岁高龄的他毅然奔赴武汉，来到疫情最严重也最危险的第一线。在火车上他一边吃着盒饭，一边研究疫情，后来实在太累，靠在椅子上就睡着了。这幅照片感动了无数人，大家称赞钟南山院士是"逆行者"。

可能有同学还不知道，钟南山年轻时是一名运动健将。1958 年 8 月，在首届全运会比赛测验中，钟南山以 54 秒 2 的成绩，打破了当时 54 秒 6 的 400 米栏全国纪录。如今，84 岁的他依然是一名青春依旧的运动健将，他以自己的专业，更以饱满的生命，引领全国人民和新冠病毒赛跑，冲在抗疫斗争的最前面。

在他冲锋陷阵的背影上，写满了一种伟大的精神，这种精神叫"科学""专业""无畏"和"担当"。

当然，冲锋陷阵的不只是钟南山一个人。除了赫赫有名的钟南山，还有许许多多默默无闻的医护人员，他们同样令我们感动，同样应该被我们记住。

我想给大家讲的第二个人，如果不是这次抗疫，许多人和我一样不会知道她的名字：柳帆。

2020 年 2 月 14 日，59 岁的她因感染新冠病毒医治无效去世。消息传开，无数人为之流泪。其实她既不是著名专家，也不是一线医生，她是社区卫生服务中心注射室从事护理工作的一名护士。

她之所以让大家感动，是因为明明已经到了退休的年龄，她却主动要求延迟退休。哪怕只是任注射室的护士，她也一丝不苟，认真对待每一位病人。有人说，她只是一个打针的护士。可是，打针的护士是直接接触患者的，与患者是零距离接触，比分诊台的护士风险还高。关键是，人的生命是等值的，生命的天平上，她和钟南山一样尊贵。

让人痛惜不已的是，柳帆去世前，她的父母、弟弟也先后因感染新冠去世。她是怀着怎样的悲痛坚持在抗疫前线的？亲人去世几天后，柳帆也在防疫战场阵亡，她代表了千千万万奋战在前线的英勇护士，她是当之无愧的抗疫英雄。

同事们这样评价她：“柳帆性格随和、爱说爱笑、工作认真，执行医嘱从未出过差错、事故，而且护理技术非常过硬。”

她并没有什么惊天动地的壮举，但社会主义核心价值观中的“爱国”“敬业”“友善”在她的身上得以充分体现。柳帆的名字同样值得我们永远铭记。

说到这次抗疫中的护士，我又想到最近网上不断被刷屏的几首诗，写的就是一线护士的情怀。其中有一首是《请不要打扰》。下面摘取几句：

请容我脱下防护服和面罩
把我的肉身从铠甲抽离
让我靠一靠身体
让我平静呼吸
唉……
口号是你们的
赞美是你们的
宣传、标兵，都是你们的
我只是在执行岗位职责
做一个医者良心的拯救
常常，不得已赤膊上阵

生和死来不及选择⋯⋯

寥寥数语，平静、朴素而又不乏悲壮地描述了护士的心境，她们没有想过要当英雄，"只是在执行岗位职责，做一个医者良心的拯救"，但她们却成为我心目中的英雄。

诗作者的笔名叫"弱水吟"。这位作者并不是职业诗人，而是甘肃省山丹县人民医院心理科护士长。自疫情发生以来，今年已经 49 岁的她和同事们一起，放弃节假休息、舍弃阖家团圆，一直奋战在本县疫情防控第一线。

疫情发生后，作为党支部书记的她主动请战要求奔赴武汉。她在请战书上这样写道："我作为一名多年党龄的共产党员，心理卫生工作者，现主动请缨支援武汉抗击新冠疫情临床一线工作，特此请愿。"最后她如愿作为志愿者加入了驰援武汉抗击疫情工作队。

临行前，为了到武汉工作方便，她剪去了留了多年的长发。考虑到父母年事已高，儿子刚刚参加工作，直到临走一刻她也没有告诉他们。

作为一名护士长，龙巧玲有着资深经验和优秀技术；作为一名共产党员，她有着"不忘初心"的信念；她同时还是甘肃省作协的会员，作品多次获奖，所以作为一名作家，她在艰苦抗疫的同时，不忘拿起笔抒写战士的情怀，讴歌光明，抨击黑暗。

在武汉情况告急的时候，她告别亲人，毅然奔赴千里之外的火线；当一些人说假话，甚至写下粉饰与伪善的文字的时候，她用诗句告诉我们真实的中国。

这位"诗人护士"，或者说"护士诗人"，以自己的专业的技能和朴素的诗句，展示和抒写了大爱、勇敢、正直的生命。"弱水吟"是她的笔名，让我们记住她的真名：龙巧玲。

接下来我要给大家讲的是一位 90 后医生的故事。

2015 年，从湖北科技学院临床医学专业毕业的他，来到武汉市江夏区第一人民医院工作。在这里他收获了自己的爱情，爱上了同院的一位女护士。三年后，在一个特别的日子里，他的女朋友成了他的妻子，这个特别的日子就是他妻子的生日。他说："爱人的出生是天赐的礼物，得好好纪念这个日子。"因此他把妻子的生日作为结婚的纪念日。

妻子被丈夫的爱深深打动。结婚一年后，妻子在朋友圈感慨："能遇见一个互相'嫌弃'对方却不离不弃的人，一直到老，都会在记忆里搁浅一辈子吧。"

这么恩爱的一对小夫妻却因为工作繁忙，一直都来不及举办婚礼。其实，如果仅仅是举行一个仪式，也不是挤不出时间，但他不想匆匆忙忙地举办一个草率的婚礼，而是希望等有时间、有精力时，把婚礼准备得完美一些，给心爱的妻子一个大大的惊喜。

终于，他们决定把婚礼定在今年正月初八，因为只有春节，才有相对比较充裕的时间，亲朋好友才容易聚集。然而，突如其来的新冠疫情把一切计划中的安排都打断了。疫情就是命令，作为医生的他只好推迟婚礼，并和妻子约定："疫情不散，婚礼不办。"

他告别了妻子来到了医院。从首例患者确诊，到组建隔离病区，参与医疗救治，他在隔离病区守了近一个月，白班加夜班轮班倒，忙的时候，两天接诊300多位门诊病人。大年三十，同事们提出让他回家休息，陪陪妻子。他也只是简短通了电话，又穿上了隔离衣，回到防控一线。后来陆续有医生加入进来，压力缓解，但他还是选择守在医院。

就这样，不间断接诊患者、过度劳累、抵抗力下降，最后，他不幸感染新冠病毒，终于倒下。尽管竭力抢救，可他还是在2月20日那天，永远地离开了他的妻子和妻子腹中还没出生的孩子。

他还没来得及使用的结婚纪念照被投射在幕布上，成了告别仪式上的遗照。追思本上，同事们含泪写道："以身为盾，筑起防线！""吃了你的喜糖，却没能参加你的婚礼。"他的办公桌抽屉里，还有他没来得及发出去的请柬……

若是在平时，他就是一个普普通通的医生，但此刻，我实在是无法用语言来描述他的伟大。是的，他就是"伟大"！因为"舍身救疫"，他的生命永远29岁。让我们记住他的名字吧——彭银华。

当然，在这场抗疫的人民战争中，牺牲和奉献的不仅仅是医护人员。最近，有一位特别有名的歌星再次被人崇拜，我说"再次被人崇拜"，是因为她曾经是红透中国的大歌星。大家知道她是谁吗？她就是韩红。但这次韩红被人们崇拜，不是因为她的演唱会，而是她的慈善行为。

作为一个有影响力的著名歌唱家，如果韩红开商业演唱会，她绝对可以成为超级富翁，但自从2012年5月9日创建韩红慈善基金会后，她便放弃了许多商演的机会，把精力用在了慈善事业上，将辛辛苦苦募集来的资金助力中国的每一次地震、洪水、疫情等国难。

就在这次抗疫中，她再次伸出了大爱之手，亲自去武汉献爱心。2月14日，情人节那天，韩红爱心慈善基金会捐赠的60台救护车车队风驰电掣地直接开进了雷神山。许多人都不得不感叹韩红爱心救援会的"雷霆救急"。

一直奔波在前线，已经年近半百的韩红，因为亲自驾驶物资运送车的时间长达13个小时，她终于因劳累过度而倒在了病床上。当她虚弱地躺在病床上的那一刻，歌星韩红黯然褪色，而英雄韩红却光芒四射，她的精神生命更加熠熠生辉。

还必须说明的是，在韩红一心做慈善的时候，有人对她有质疑，并向有关部门举报，但北京市民政局经过调查后公布了结果，肯定了韩红基金会，还了她一个清白。

抗疫中心怀大爱，而且把这份爱及时送到绝望中的人身边，我们应该重新定义韩红：她不仅仅是歌星，还是爱心的象征与责任的代表。

最后我要讲的这个人就太普通了，连名字都很普通，他叫"汪勇"，是武汉的一位快递小哥。

2月13日凌晨5点，他在武汉二环外快递仓库的一个高低床上醒来，测了下体温准备出门。他下意识看了看手机日历，才意识到，自己已经22天没回家了。

作为一名普通的80后快递小哥，从早到晚送快递、打包、发快递、搬货，日复一日地拼搏，够得上一家三口的开销。这22天他做了些什么呢？

大年三十傍晚，快递公司放假。他关好仓库返回家中与亲人吃团圆饭。晚上10点，打算哄女儿休息时，突然刷到一名来自武汉金银潭医院护士的朋友圈，对方写道："求助，我们这里限行了，没有公交车和地铁，回不了家，走回去要四个小时。"需求是6点钟发布的，一直没人接单。去还是不去？他经过思想斗争，决定去帮助这位除夕之夜不能回家的护士。当他接到护士时，小护士愣了，说："我没想到有人会接这个单。"她感动得哭了，坐在车上，一直默默流泪。

汪勇从这位护士的口中，才知道坚守一线的医护人员们的艰难远远超出他的想象。那段时间，金银潭医护人员都是连夜奋战，能睡到床的人最多有10%，其他人只能在靠椅上勉强打个盹儿；但即使打个盹儿，也会随时被病人的呻吟和对讲机24小时的呼叫声吵醒。如此氛围，别提好好休息了，就连精神上稍微放松一会儿都不可能。所以，她们宁肯艰难地在路上走4个小时，也希望能够得到短暂的休息。可是严重的疫情，让各种交通几乎瘫痪，每天那么多不能回家的医护人员，只能在医院强撑着疲倦的身躯望家兴叹。

本来只是送快递的汪勇，一下意识到了自己新的责任。第二天，他接送了将近30个医护人员往返金银潭医院，要知道他这样做，是冒着被感染的风险啊！而且一天下来，累得双腿抖个不停。后来他在网上招募了一个团队，有20多个人跟他一起接送医护人员，其间跑坏了三台车。然后他又联系上了单车公司，医院、酒店所有的点位都投放单车，车辆人员一天到位，解决了2公里左右的出行需求；随着支援武汉的医疗队越来越多，他紧接着又对接滴滴出行……

在这期间，他没有回家，想念妻子和女儿了，只能对着手机和他们视频，说几句话。他后来说："我不能停下脚步，驰援武汉的医疗队是我们的救命恩人，政府给他们安排得有饭吃、有地方住，但细枝末节不一定照顾得到，我们可以查漏补缺，尽我所能不亏待他们。"

于是，他又募集到了2.2万元，为倒夜班的医护提供泡面和水。后来有一个护士说，好想吃大米饭，汪勇下决心第二天一定让她们吃上白米饭，于是赶紧去联系对接餐馆老板。后来他经过多方努力，解决了医院所有医务人员的午餐。

他的本行是送快递，可医护人员需要一批防护鞋套，整个武汉市都断货了，怎么办？后来他在网上找到一个商家有货，但在距离武汉市区55公里的鄂州葛店，商家也是一名新冠肺炎确诊患者，发不了快递。汪勇连夜开车去取，带回来了2000双。

他说："我每天不停地做事，不停地解决问题，我不知道自己什么时候停下，但只要医护人员呼唤我，我随时都在。"

截至目前，汪勇和他的伙伴们一共对接了 1000 名医护人员，接下来还要为 3000 名驰援武汉的医护人员提供服务。

汪勇有一段话朴实又感人："人这一辈子碰不到这么大的事情，不管做什么，尽全力做，不后悔。其实想想，我开始做这件事的初衷很简单，一天接送一个医护人员可以节省 4 个小时，接送 100 个就是 400 小时，400 个小时，医护人员能救多少人，怎么算我都是赚的。"

汪勇只是一个快递小哥，但他同样在一线为抗击疫情英勇战斗，他以自己的行为告诉我们：只要力所能及地为别人、为社会、为国家作出奉献，一个普通劳动者也可以在平凡岗位成为顶天立地的英雄！

是的，无论是赫赫有名，还是默默无闻，无论是国家栋梁，还是民间百姓，无论是岁月静好，还是人生坎坷，其生命都可以成为一轮照耀世界的太阳；只要有爱心，有担当，任何人都可以以自己的方式成为民族的脊梁！

其实，所谓"英雄""脊梁"，只是我们对他们的评价，而他们可能觉得自己做的一切都很平常，"本来就应该这样做嘛""不必给我们贴这么多高尚的标签"。但正因为如此，平凡的他们在我们心目中才显得伟大。

美国前国务卿基辛格曾说："中国总是被他们最勇敢的人保护得很好。"同学们，这六位就是保护我们的"最勇敢的人"。让我们永远记住危难时刻"英勇救疫"的他们：钟南山、柳帆、龙巧玲、彭银华、韩红、汪勇。

也许有同学一定会说："抗疫英雄那么多，只有这六位值得我们记住呢？"是的，这次战疫中，让我们敬佩的人太多：传染病学专家李兰娟、倒在防控疫情一线的村支书黄汉明、舍小家为大家的人民警察陈俊帆……这个名单可以列得很长很长，但一节课的时间有限，我只能先讲这么多。我建议，每一个同学课后都去搜集一下这次战疫中的英雄人物的事迹，下次班会课，请同学们上来讲讲他们的故事。

同学们，病毒终将败退，疫情终将过去，春天必将到来，你们也会逐步长大，生命将日渐丰满。

若干年后，回想起有一年寒假待在家里，每天从电视上看惊心动魄又揪心疼痛、可歌可泣的抗疫场面，不知不觉中，有些人，有些事，有些精神，已经融入你们的生命，成为你们永远的记忆。

我甚至这样遐想，将来你们也可能会给你们的孩子讲述这些英雄的故事，因为这些故事所蕴含的精神已经成为你们人生的支柱，成为你们生命的一部分，让你在祖国危难的时候，也不由自主地挺身而出，自然而然成为中华民族中一个堂堂正正的大写的人。

2020 年 2 月 22 日夜修改

战疫，是最鲜活的课程资源

——开学后，建议给学生上这九堂班会课

突如其来的新冠疫情改变了世界，也改变了人们的生活。对孩子的学习来说，他们感受到的"改变"，就是过完寒假到了开学的时候，却不能去学校。现在，漫长的假期终于结束。面对返校的孩子，我们显然不能像以前开学一样，按部就班地上课。无论教师还是学生，都和国家拥有了一段共同的特殊经历。这段经历是可利用的教育资源，也是可开发的成长课程。如何利用和开发，体现着教育者的敏锐与智慧。

如果我是班主任，开学之后，会给孩子们上这九堂班会课——

第一课：关于"祖国"。

平时，"祖国"这个词很抽象，往往只出现于文章或歌词中。但突如其来的疫情，让我们每个人都感受到了祖国的存在：

一声令下，960万平方千米的土地上，为阻断疫情而封城封省，这强大的行政力量，来自祖国；

一声令下，短短几天，雷神山、火神山医院拔地而起，方舱医院快速落成，成为生命的"诺亚方舟"，这霹雳雷电般的迅疾，来自祖国；

无须令下，四面八方的医护人员，浩浩荡荡，日夜兼程，驰援湖北，这穿着厚厚防护服连眼睛都看不见的白衣天使，来自祖国；

无须令下，从街头到小区，从城市到村庄，人民警察、社区干部、快递小哥、出租车司机及无数志愿者来到你的身边，这份温暖，来自祖国；

……

屠格涅夫说："没有祖国，就没有幸福。每个人必须植根于祖国的土壤里。"我们要告诉孩子，"祖国的土壤"就在我们脚下。

我们要引导孩子以自己漫长假期的所见所闻所感来证明，非常时期，平时隐藏于无形的抽象概念一下子就显露出来，清晰可见，触手可及，而且是我们可以依靠的坚实保障。比如"祖国"。

第二课：关于"英雄"。

古代的英雄，往往是指那些勇武过人的猛士。现在，只要具有英勇品质的人，也可称为"英雄"。一说到"英勇"，我们往往又会想到一些惊天地泣鬼神的壮举，而且后面往往跟着"无畏""就义""献身"之类的词。

这次全民战疫，丰富也刷新了我们对"英雄"的理解。

固然，这次抗疫中，我们也有气势如虹的钟南山，有默默牺牲的夏思思，但更多的英雄，是在别人需要自己时挺身而出并全力以赴的人。

这样的人，可能是西安市高新区丈八街办枫林绿洲社区的党支部书记兼社区主任赵雪，可能是齐齐哈尔市公安局铁锋分局北局宅派出所的普通民警金浩然，可能是从山东日照孤身一人前往武汉想去做男护士兼心理咨询师的志愿者毛平，可能是独自驱车去武汉做志愿者护士的云南90后小姑娘谢俊禹……

这样的名单，我还可以列得很长。

平时，他们不过是芸芸众生中默默工作的一员。但突然降临的灾难，唤醒了他们内心沉睡的勇敢与责任。于是，他们义无反顾，将自己融入一场伟大的战争。

罗曼·罗兰说："我称为英雄的，并非以思想或强力称雄的人，而只是靠心灵而伟大的人。"

只要心灵伟大，任何人都可以成为英雄，包括同学们。

第三课：关于"责任"。

所谓"责任"，并不抽象也不神秘，对同学们来说更不遥远。通俗地说，"责任"就是做自己应该做的事。这"应该做的事"有时候其实很寻常。在抗疫期间，所有自觉宅在家里自我隔离的中国人，都是有责任的公民。

同样，在疫情期间，我们却看到不少毫无责任感的人——明明发烧咳嗽，却隐瞒症状，拒绝隔离，结果造成更多的人感染；有的官员缺乏担当，甚至推卸责任，给人民的生命财产造成惨烈的损失，在天灾之上又增加了

"人祸"，对这样的官员，必须追责。

苏霍姆林斯基说："有良知的人有责任心和事业心。"可见，责任源于良知，又联结着事业。

一个自觉担责的人是一个高尚的人，一个勇于担当的国家是一个伟大的国家。

第四课：关于"学习"。

新冠疫情延长了我们的假期，却不应该中断我们的学习。

如果说在班级听课的学习主要靠纪律来维持，在家的个人学习则靠自律来保证。有序的作息安排、合理的学习计划、科学的张弛调节等都取决于内心深处的"我"。

在线学习突破了时空界限，扩展了课程资源，也更新了学习方式，但这需要具有良好的心理品质和行为习惯，对我们的意志力、专注力、自控能力等都提出挑战。

除了系统的学科知识学习，疫情期间在家的特殊学习也丰富了我们的学习生活：名著阅读、时事关注、健身锻炼、弹琴绘画、科技制作、亲情陪伴……都是我们成长的必修课。素质教育从家庭开始，从自我教育开始，这已渐渐成为现实。

从"被动学习"到"自觉学习"是一次飞跃，而从"自觉学习"到"自主学习"则是一次革命。

我相信，许多同学经过这个漫长的假期，已经养成或初步养成自主学习的习惯，开学后应该保持这种良好的习惯，永远成为自己学习的主人。

列夫·托尔斯泰说："正确的道路是这样：吸取你的前辈所做的一切，然后再往前走。"

"你的前辈所做的一切"，这是一个多么浩瀚的海洋。同学们应该用一生的努力抵达彼岸。

第五课：关于"真话"。

说真话的重要性不言而喻，毋庸赘述。

在这次全民抗疫中，说真话与否，再次显示出积极意义和消极后果。

1月20日，钟南山如实告知新冠疫情的实情，全民采取包括封城、封省、居家隔离等防范措施，最大程度地阻断了疫情的扩散。在此之前，有关部门因为给民众传递了错误的不实信息，延误了对疫情的防控，造成了不可挽回的生命损失。

这次除了钟南山，还有一位专家也被全民追捧，他就是张文宏。

作为感染科主任、主任医师、博士生导师，他精深的专业素养和精湛的医疗技术毋庸置疑，被称作"硬核医生"。除此之外，老百姓还特别喜欢他说的大实话："把所有的人都换下来，共产党员上。""凡事打着爱的名义，更要警惕。""不管是嘲笑别国疫情蔓延，还是猛夸自己国家棒，其实都是对灾难和逝者的亵渎。""一切按规矩办事，就好了。""媒体不乱帮忙，就是在帮最大的忙。"……

在张文宏的所有真话中，我最喜欢的是这句："不美化灾难，也不好大喜功。"

这样的真话，当然刺耳，但源于良知，来自正义，利国利民。

索尔仁尼琴曾说："一句真话能比整个世界的分量还重。"愿我们每一位同学，都为这个世界增加真话的重量。

第六课：关于"科学"。

1月31日晚上，全国各大药店突然出现抢购双黄连口服液的高潮，人们希望通过服用双黄连口服液预防新冠。起因是当天有关研究机构向媒体发布消息称，"双黄连口服液可抑制新型冠状病毒"。但很快就有专家质疑：所谓"抑制"，是指感染病毒后，通过药物来控制病毒复制的各个环节，达到控制病情的效果。那么，根本就没感染病毒的人，"抑制"什么呢？

如此大肆渲染"疗效"，显然是误导民众，违背科学精神。

这次抗疫，有常识的人更信服钟南山、李兰娟、张文宏、曾光等专家，而不是盲目追捧某些似是而非的"神医"，这正是对科学精神的信任和信仰。

习近平总书记多次强调"科学防治"。在抗疫战场上，从快速分离出新型冠状病毒、部分药物初步显示出临床疗效、部分疫苗品种进入动物试验阶段，到早发现早治疗、集中力量救治、中西医结合显成效，再到科技战线大数据、无人机、人工智能等新技术大显身手……无论是一线救治，还是后方科研，或是前沿创新，科学成为战胜疫情的有力武器。

布鲁诺说："科学是使人精神变得勇敢的最好途径。"

越是在大灾大难面前，我们越要相信科学，坚守常识。唯有科学，能够赋予我们勇气；唯有常识，能够擦亮我们眼睛。

第七课：关于"生命"。

新冠疫情夺走了几千同胞鲜活的生命。我们在追思和叹息的同时，情不自禁地重新审视自己生命的"长""宽""高"。

从这次新冠疫情来看，痊愈了的患者平时自身免疫力和身体素质都较强，这就对人的体质提出更高的要求。健身锻炼，合理饮食，养成良好卫生习惯，抗疫期间养成的生活方式，成为人们的终身习惯。

人的生命总是在与其他生命的交叉中显示出活力。这意味着我们的社会视野越开阔，自身的生命就越丰富。疫情期间，虽身居斗室却关注他人、社区、中国和世界，疫情过后我们依然保持开阔的视野，胸怀天下，这就是在拓展我们的生命之宽。

从某种意义上说，疫情是一面镜子，照出不同人的心灵：或崇高，或平庸，或卑劣。这由生命的高度所致。抗疫期间的所有英雄，都应该是我们的精神标杆：善良、诚实、正直、仁爱、担当、奉献……这些品质应该融入我们的血液，铸成我们生命的高度。

古罗马哲学家小塞涅卡说："内容充实的生命就是长久的生命。我们要以行为而不是以时间来衡量生命。"

所以，"有的人活着，他已经死了；有的人死了，他还活着。"（臧克家）

珍惜生命，丰富生命，提升生命，这应该是我们从这次疫情大课堂中获得的启示。

第八课：关于"自然"。

很长一段时间，人类盲目自信、自大，以"征服大自然"的豪迈掠夺大自然，打破了人、动物、自然之间内在秩序的平衡。从这个意义上说，这次我们同病毒的搏斗，其实是与大自然的较量。大自然曾经用海啸、飓风、沙尘暴等方式对人类罪恶提出抗议，现在又以病毒的方式再次发出警告。

要知道，动物可以没有人类，人类却不能没有动物；自然可以没有人类，人类却不能没有自然；地球可以没有人类，人类却不能没有地球。敬畏大自然，尊重大自然，爱护大自然，应该是人类的生存法则之一。

雨果说："大自然是善良的慈母，同时也是冷酷的屠夫。"

敬畏这位"善良的慈母"吧，别逼她变成"冷酷的屠夫"。从呵护身边的一草一木做起，从善待身边的小猫小狗做起，从拒绝食用野生动物开始，从反对穿戴皮草服装开始……

让人类真如冰心所说："我们都是自然的婴儿，卧在宇宙的摇篮里。"

第九课：关于"世界"。

也许对同学们来说，人类命运共同体曾经是一个遥远而抽象的概念，而这次新冠疫情的全球肆虐，让大家真切感觉到了人类命运的确是"共同"的。

毕竟世界早已是一个整体，面对人类共同的灾难，需要我们携手共同应对。任何自我封闭和拒绝合作的做法，都是自绝于人类和世界。

我们看到，疫情在全球暴发后，尽管有些国家的政客恶意甩锅中国，但中国以自己打"上半场"的经验和教训为财富，力所能及地援助世界各国抗疫。这种大国担当的精神与行为，赢得了许多国家的尊重。这也是任何国家都应该具备的世界胸襟和应该承担的人类责任。

我们也看到，不同的国家，因为历史、传统、文化、习俗等不同，在抗疫方式上各不相同，我们同样应该尊重。

鲁迅说："无穷的远方，无数的人们，都和我有关。"

对远方依然处于疫情危难中的人，无论他是在亚洲还是在非洲，在美洲还是在欧洲，我们都应该保持悲悯与同情，给予激励与信心。

对世界保持一颗仁爱之心，也是一个中国公民应有的人类情怀。

以上是我设计的九堂班会课。很遗憾，我已经退休，没再带班，但可以把我的设想提供给各位老师参考。

我不希望这九堂班会课都上成由班主任老师一个人慷慨激昂地演说，这样很容易成为"说教"。建议老师可以多让学生参与，采用话题讨论、观点辩论、情景模拟、文艺表演等形式举行。

要说明的是，以上所写只是班会课的主题和内容提要，而不是操作步骤、授课教案。具体怎么实施，还得各位班主任根据班级实际情况和本人的风格特点，予以富有个性的创造性呈现。上这九堂课的先后顺序，也完全可以由老师自己确定。

2020 年 4 月 28 日

学好语文就靠这"三把钥匙"

所谓"三把钥匙",其实就是三个字:读、写、背。

如果还要加三个字,那就是——多读,多写,多背!

多读,是语文学习的第一把钥匙,通过这把钥匙,孩子能够打开语文知识与能力的"宝库"。我经常对学生说:"理科学习靠题海,文科学习靠书海。"没有广博的阅读,仅仅靠课本上那几十篇课文,是不可能真正提高语文能力的。一个孩子如果有了海量的阅读,不读语文课本照样可以形成语文素养。当然,"多读"指的是读好书,读经典的书,而不是读浅薄无聊的垃圾印刷品,更不是读有害的"毒品"。我特别主张孩子多读适合他们年龄段的人文书籍,低段孩子可以多读绘本、儿童诗等童书,中段孩子可以多读整本的文学作品和历史方面的书籍,高段的学生则可以加上文化和哲学等方面的读物。具体读什么书,已经有太多的推荐书目,我这里就不开书单了。

多写,是语文学习的第二把钥匙,是指孩子能够将阅读中吸取的养料转化为自己的思想、情感,并表达出来。这里说的"写作",远不只是完成老师布置的作文题,而是融入日常生活的日记、随笔等,形式不论,内容灵活。对中低段的孩子来说,写作难免会有仿写的痕迹,这不要紧,是学习写作的必经阶段。写作,不单单是"写作",它伴随着阅读、思考和观察,所以实际上是综合的语文能力训练。特别要强调的是,要让孩子一开始就在写作中让心灵自由飞翔,即真情实感,随心所"语",千万不要说假话,不要"装"——当然,在结构、语言等方面模仿名篇,不能算是"作假"。总之，没有多出课堂作文十倍甚至数十倍的生活化写作，是不可能提高写作能力的。

多背，是语文学习的第三把钥匙。在什么都可以"百度"的互联网时代，有人认为只要能够查到的知识都不用背。这种观点是对的，但不能无限"覆盖"，比如它就不适合于文学。好比锤子、改刀之类的工具不必随身携带，需要用的时候去拿就是了；但每个人的血肉必须是自己体内的，不可能是"外在的储存"。让孩子在其记忆力最强盛的时代，通过背诵将最经典的古诗文化作自己的血肉，这是形成终身语文能力的"童子功"。当然，并不是所有古诗文都要背，我依然强调背诵经典诗文，越多越好。肚子里"别人的东西"储存多了，渐渐就内化为自己的东西了，必然出口成章，行文流畅。所谓"熟读唐诗三百首，不会吟诗也会吟"，这个古训永远不会过时。

上面所说的三把"钥匙"，我在解说的时候虽然用了"第一""第二""第三"的表述，但这并不是三者重要性的依次排序。对语文学习来说，阅读是信息的吸收，写作是情思的表达，背诵是经典的储存。这三者同等重要，不分主次，缺一不可。

其实还有一把"钥匙"，就是"多抄"——抄经典的古代诗文，抄优美的现代诗文。当然，我的少年时代正值"文化大革命"，没有多少古诗文可抄，但也整本整本地抄了许多当时的"文学作品"：贺敬之、徐刚、李瑛等人的诗，还有魏巍的散文。抛开内容不说，至少其遣词造句值得少年的我学习。所以，现在我还保留着当年抄写的一本一本诗文。后来进了大学，我又整本地抄唐诗宋词，还抄过一些中篇小说，甚至还大篇幅地抄过一些经典的文艺理论著作片段。这些抄写，也是一种语言学习的积累，是"读""写""背"在某种程度上的综合体现。只是它带有我本人的个性色彩，不一定适用于别人，所以没将其归入语文学习的"必备钥匙"之列。

也许有家长还是不放心："那孩子考试怎么办？毕竟我们的孩子并不是要当作家，而是通过中考和高考啊！"我的回答是，当孩子把读、写、背当作生活方式，日积月累，他的内涵必然更丰厚，大脑必然更发达，思维必然更活跃，视野必然更开阔，对语言也必然更敏锐，对语言的运用当然也更加熟练……有了这个雄厚的基础，在考前花点时间针对特定的试题形式，对孩子进行一些突击模拟训练，就会"就范"成为"应试高手"，你还愁那么聪明的孩子过不了"应试关"吗？

2017 年 8 月 15 日

【呼吁】

教育，请给老师一片"撒野"的空间

那天在广东省广雅中学参加该校 130 周年校庆论坛。演讲中，我重复了几年前的一个呼吁："校园，请给孩子们一片撒野的空间！"结果，现场一位小伙子站起来提问时说："李老师，您能不能也写一篇文章，呼吁给我们老师以撒野的空间呢？"我当即笑了："老师们都是成年人了，如果也像孩子一样在校园撒野恐怕不得体。但我一定写一篇文章，呼吁给老师们一片精神上撒野的空间。"

我所说的"精神上撒野的空间"，就是还（注意，不是"给"，是"还"）老师们各种教育的自主权，包括精神自由。当然，"撒野"只是一种形象而夸张的说法，严格来说，这个词并不十分准确。

我之所以提出给老师们一片精神上"撒野"的空间——包括那位小伙子提出这样的问题，是因为现在的教育给老师们的"撒野的空间"越来越狭窄，几乎把老师们逼到死角。

我们没有独立备课的自由，只能按教参或有关"统一的说法"理解教材，并对学生"照本宣科"；没有课堂发挥的自由，每一个步骤都被规定成"几步""几环"，包括讲什么、讲多少；没有自主带班的自由，教室的布置、板报的内容、黑板上方的格言甚至清洁卫生工具的摆放——教室里的一切，都有"规范的要求"；没有对教育思考的自由，面对文件、专家理论，不能有半点"杂音"，只能也必须有"执行力"……

当然，普通老师也没有精力和时间去"自由"，因为除了睡觉，其他时间几乎被挤压，包括正常的节假日。有时候老师们还在为迎检、创卫、扶贫及完成各种事而忙得不可开交，比如——算了，就不比了，读者可以自动添加。

教师是知识分子，"精神之独立、思想之自由"是知识分子的特征；教育是面对心灵最复杂、最精妙的创造性工作，如果教师没有心灵的自由，焉能培养出自由的心灵？

就教育的社会功能而言，教师肩负着民族的重托，因此在教育思想和培养目标等宏观方面，体现着国家意志，古今中外概莫能外。在大是大非或事关国家民族的重大原则问题上，教师言行遵守宪法和相关法律所规定底线，这是必需的。但这并不能作为剥夺教师精神自由的理由，因为底线之上还有着广阔的自由空间。

就行动而言，从某种意义上说，教师属于"个体职业者"，无论是对每堂课的设计，还是作业作文的批改及课后反思，都是教师的事——虽然教研组的集体备课也有必要，但集体备课的结晶绝不能取代教师个人的智慧。班主任工作更是如此，班级风格、学生气质、活动特色、与不同个体的沟通及处理各种突发事件……无不打上班主任个性与智慧的烙印。一堂课，一个班，这是供班主任教育思想驰骋的广阔天地！

就思想而言，教师应该有和任何领导"平起平坐"的权利。让所有教师百分之百地拥护所有"文件精神"是不可能的，因为人的思想不可能绝对统一。但下级服从上级，暂时想不通也得不折不扣地执行，这是必需的，否则一所学校、一个地区的教育就没法实施。尽管行动上服从并执行，但也应该允许存在不同的意见，并通过合法渠道向上传递不同的声音。换句话说，教师有评论领导的自由，这是一种思想上的权利。

也许有人担心，这样教师就不好管理："本来就有老师不好好教书，再给他自由，学校没法正常教学了！"我承认，任何学校或多或少肯定有一些本来就不爱教育而毫不负责任的老师。我这里倡导的"撒野"并不能成为这些教师的"护身符"。对于个别"害群之马"应该依法处理，否则是对学生的不负责任。

我们要坚信——它基于这样一个基本的判断：绝大多数老师是有良知、责任感、事业心的，还他们教育教学的自主权和思考权，只会增加学校富于创新的活力。

我愿意再强调一遍：只要行动上服从，甚至应该允许教师"胡思乱想"——不迷信任何领导和名师，敢于质疑任何权威和专家。学校内外，天下风云，都应该装在教师的胸中——"指点江山，激扬文字，粪土当年万户侯"！

当年陶行知呼吁解放学生，提出著名的"六大解放"：解放他的头脑，使他能想；解放他的双手，使他能干；解放他的眼睛，使他能看；解放他的嘴，使他能谈；解放他的空间，使他能到大自然、大社会去取得更丰富的学问；解放他的时间，不把他的功课表填满，不逼迫他赶考，不和家长联合起来在功课上夹攻，要给他一些空闲时间消化所学，并且学一点他自己渴望要学的学问，干一点他自己高兴干的事情。今天，这"六大解放"首先应该落到教师身上——

解放教师的头脑，让他们能够自由思想，在精神上"撒野"；解放教师的双手，让他们能够做自己想做的事；解放教师的眼睛，让他们能够有开阔的视野；解放教师的嘴巴，让他们能够畅所欲言说心里话；解放教师的空间，让他们不但能够"读万卷书"，而且能够"行万里路"；解放教师的时间，不用各种与教育没有直接关系的"政治任务"去压迫他们，剥夺属于他们的时间。

没有教师的"六大解放"，就谈不上学生的"六大解放"，只有精神自由的教师才能培养出精神自由的学生。一代又一代精神自由的人，才是中华民族不竭创造力的源泉所在。

2018 年 11 月 5 日中午于首都机场候机室

请不要强迫老师们这样读我的书

拙作《爱心与教育》《做最好的老师》《做最好的班主任》等受到许多老师的欢迎，我很高兴，并很感动，且满怀感激。许多老师自发给我发来他们阅读时的感受，真诚表示对我的尊敬，更表达出我们共同的教育情怀。

但是也有老师告诉我，学校放假把我的书发给全校老师，一人一本，然后要求老师们写读后感；还有老师告诉我，市教育局布置阅读李镇西的著作后，还要举行全市教师考试，考题自然是我著作中的内容。老师们感到不快："本来读您的书很舒畅，不知不觉就进入了您的故事，甚至流下眼泪；但一想到还要写读后感，还要考试，就不舒服了。"

罪过，罪过！——我说的是我的"罪过"。如果我不写这么多书，或者写得不这么好（不好意思，有点"自我吹嘘"，但我的书很受读者欢迎，我得说实话），校长、局长就不会要求老师读，自然不会让他们写读后感，更不会考试。

但有了感情就要喷发，有了思想就要燃烧，有了故事就要诉说，我实在忍不住想要把自己的情怀流淌在纸上，出版成著作让更多的人分享。从这个意义上说，我好像也没错。

提出写读后感和考试的领导，也绝对是好心。他们知道，教育品质的提升，首先在于教师素养和教育境界的提升，打造高素质教师队伍是当务之急。但所谓"提升""打造"，除了实践中的探索，读书便是第一要务。我的书由于写出了真实感人的故事，这些故事又蕴含着普遍的教育真理，更因为我本人就是一线教师，书中内容更贴近广大教师，容易打动人，所以领导们给教师推荐是没有错的。作为作者，我很感激这些领导，而他们要求教师写读后感和考试，其实我也理解——通过这种方式，督促教师认真读并认真记，养成读书的习惯。

但是，他们的好心没有得到老师的理解，反而引起抵触，这就不好了。有老师为了应付也许会到网上下载读后感——读我著作的读后感，网上很多！因为要完成考试，而不得不像迎战高考一样悬梁刺股……助长弄虚作假之风，增加老师负担，这恐怕不是领导们的初衷，更不是我希望看到的。

其实，完全可以采取其他方式鼓励老师读书——不只是读我的书。这里介绍一下我的做法。

我当校长的时候，也曾要求老师读我推荐的书（当然不限于我的书），读了之后写读后感发到网上，每月一篇，写了奖励 50 元（好像是），没写就没有。于是，绝大多数老师每个月都能按时完成。但我很快发现个别老师的读后感是从网上下载的，虽然是极个别的，可我感到难受，进而愤怒，并在大会上给予严厉批评。通过反思，我渐渐认识到，这是自己管理的问题，这客观上是一种逼迫，在逼老师们阅读的同时，也在逼个别人作假。我想到自己的阅读体验，读到好书，自然想写点东西，但更多时候，是一边读一边在书上勾画批注——如此读读写写、勾勾画画，不正是阅读的常态吗？

为什么不把这种常态变成学校的阅读常态呢？

于是我改变策略，取消了原来的规定，不再要求老师必须写读后感——即使写了也没有 50 元，而是不定期检查老师读过的书，看上面的批注，没有批注也不要紧，有勾画也行，只要有阅读的痕迹就可以；甚至哪怕没有批注勾画也不要紧，因为我会时不时组织读书沙龙，让老师互相推荐所读的书，或围绕同一本书谈体会。慢慢地，老师渐渐习惯了阅读，而且是真阅读——没有强迫的读后感，阅读成了一种心灵的飞翔。当然，也有老师有感而发写下读后感发到网上，我们依然欢迎，而且跟帖交流。这是一种自然而然的思想燃烧和情感流淌。

对于引导老师读书，我还有一个做法：变赠书为借书。过去，我喜欢买书赠给老师，有时候甚至是自掏腰包给他们买。但后来我发现，有的老师得到书并不读，至少不急于读——反正是自己的书，什么时候都可以读，何必急呢？现在，我更多时候不是赠书，而是借书。老师到我办公室谈心结束的时候，我请他在我的书橱里选一本他喜欢的书，写上借条，然后我提出阅读期限和阅读要求："一周之内读完，在书上批注勾画，在最后一页的空白处写上你的名字和阅读时间。"我这样解释说："这样提要求，你便能够紧迫而认真地读完。以后，这本书将有不同读者不同笔记的批注，后面还有阅读者的姓名和阅读时间。退休的时候，我把这些书赠给学校图书室，成为学校的藏书。设想一下，一百年以后，我们都不在人世了，可这些书还在学校图书室珍藏着，那时武侯实验中学的师生捧读这些留有先辈笔记的书，将会有怎样的感慨？因此，我们留给后人的，不仅仅是图书，而是一种精神、一种文化。"

现在，我的书橱里已经有不少这样的书了。

我们学校还成立了读书会，老师们自愿加入，现在已经有80多位成员。我们定期（通常一月一次）聚在一起交流读书心得，互相推荐最近读过的好书。有时候，我还把老师组织到野外读书。比如，我和读书会的老师们曾驱车来到一个垂柳依依的湖边。上午，我们分成几个小组，每人带着一本书介绍推荐；下午，我给大家作"读书使人幸福"的讲座，朗读《教学机智——教育智慧的意蕴》的片段。老师们听得非常专注，我不时提问让大家思考。那一刻，我仿佛回到课堂，面对的是可爱的孩子们。那天，春风、阳光、柳絮、花朵、湖水和书香一起包围着我们，融入我们的胸怀，陶醉着我们的心灵。

我校范景文老师在一篇文章中谈到这次春天郊外的读书活动——

这是我工作的第六年，可能正好到了工作的倦怠期，似乎看来一切都按部就班，井井有条，自己也感觉做得还不错，但是却对一切都提不起兴趣，也没有了刚入行时的那种激情，日子就这么一天一天地过着，也没有想要去突破的想法。可就在这个时候，老李组织了一个读书会，第一次活动是在春光明媚的郊外。这个活动我觉得很特别，在整个过程中，有一个李老师给大家读书的环节。当他读到《教学机智——教育智慧的意蕴》中那个小男孩的案例时，不知道加了什么"润滑油"，突然让我重新思考，大脑开始运转，想了许多方法想要去帮助那位老师解决问题。在听李老师读书的过程中，我主动地思考了一些自己教育教学的方式方法，"这样做是否对？这样做是否符合教育规律？那样做有没有压抑学生的个性发展？"，等等，这样的问题一层一层地浮现在我的脑海中。本来第六个年头对我来说正是迷茫、倦怠的时候，那天就好像是一次班会课，老李说话有感染力、真诚，充满激情；善于找到谈话的切入口，从读书讲故事开始深入心灵……我想这便是一个优秀班主任应该具备的技能，李老师用他的实际行动向我们讲述着。这真的让我醍醐灌顶，就好像迷雾中被人撕开了一个口子，阳光照射了进来……

饶振宇老师这样写道——

在水岸读书是一件惬意的事情，在气氛融洽的座谈中，我们也了解了各自读的书。交流过程中，我组的老师都说到了自己中学时代爱读的书，总结起来就是"男看金庸，女看三毛"，直到年岁见长，阅读的范围才越来越宽，跨入教育行业后，更增加了许多教育类的书籍。特别是组里的几位男老师，他们将教育理论结合我校实际情况的见解和思考，让人佩服。这次读书活动的收获可用一句大家都熟悉的话来总结："你有一个苹果，我有一个苹果，彼此交换，各自还是一个苹果；你有一种思想，我有一种思想，彼此交换，各自就有两种思想。"

我想，这样组织老师读书，是不是更有效且更有趣一些呢？

读了这篇博文的老师若觉得我的方法不错，可以向你们的校长推荐。如果这篇文章能够减轻老师读书的痛苦，我将不胜荣幸。

2011 年 1 月 18 日

请给不堪重负的班主任松绑

读了《中国教育报》上姚跃林校长的《给班主任减负比加薪更现实》一文，我很有共鸣，还有几分感动。姚跃林校长不但拥有关心教师的人文情怀，还具有班主任情怀，应该为这样的校长点赞。

我完全赞同姚校长所说的，要逐步将"班主任工作量按当地教师标准课时工作量的一半计入教师基本工作量"的规定落到实处。虽然这样做会让校长很头疼，因为教师必然会不够用，但我认为应该把这个难题交给政府，不就是增加编制吗？不就是增加经费吗？

不过，我觉得只减"工作量"，还不能从根本上解决老师不愿当班主任的问题，因为许多老师宁愿多上课，也不愿当班主任。以前一个语文老师教两个班便是满工作量了，如果当班主任便只教一个班，但许多老师还是宁愿选择前者。我长期做班主任，做了校长后还当过班主任，深感班主任的许多负担其实是一种"束缚感"，而这种"束缚感"是由学校不合理、不科学的管理与评价造成的。今天，我还要呼吁：请给班主任松绑！

首先是精神松绑，就是给班主任更多的思想自由。当然，学校的宏观指导是应该的，有些统一的要求也是必要的，但有的学校完全剥夺了班主任的自主性，对班主任的管理依然习惯于"整齐划一"，要求一切必须按学校统一部署做：每周班会的主题、教室墙上的宣传画、板报的内容，甚至黑板上方写什么标语等都是统一的，否则扣分。本来，班级应该是班主任展示教育智慧和艺术的平台，现在一切都被学校"规定"了，哪还容得下班主任有半点想法。比如，有班主任想尝试"学生自治"，让学生成为班级的主人，通过某种民主程序和形式，把一个班的重担让几十个学生分担，并以此培养学生的自我管理能力，班主任也可以从烦琐的班级事务中解放出来，但不行，学校规定班主任必须随时"到位""到场"。如此精神束缚，没有半点创造的自由，更不用说教育的浪漫与情趣，谁愿意当班主任？

其次是行动松绑，就是尽量让班主任的工作相对纯粹一些。现在，班主任工作严重超载，承担着无限的责任：既要管学生，又要管家长，还要管科任老师；既要管学生校内纪律，又要管学生校外表现，还要管学生家庭教育；除了班级纪律、思想教育，还要督促检查甚至辅导学生学习，包括守着学生会考背书，更有类似"创卫检查""消防演练""节水征文"等临时任务……班主任责任似乎无限大，因为他什么都要管，而且必须管好；同时，班主任的权力似乎又无限小，因为无论谁都可随时给他下达任务。如此穷于应付，疲于奔命，班主任哪有精力"走进学生的心灵"？因此，要解放班主任的手脚，必须科学划定班主任工作内容。若凡是与学生有关的事都把班主任推到第一线，试问：学校非班主任的教书育人、管理育人、工作育人、服务育人又从何谈起呢？我认为，班主任最基本、最主要的任务就是学生的思想教育和班级常规管理，其权力与责任只在这个范围之内——所谓"让班主任工作相对纯粹一些"就是这个意思。只有把捆绑四肢的各种无形绳索解开，班主任才能放开手脚，集中精力做真正该做且富有创造的事。

"松绑"也好，"减负"也罢，关键是要改革目前许多学校对班主任片面而不科学的评价考核。一是简单而庸俗的"量化"——计划、总结的份数，纪律、卫生的分数，做好人好事的次数，上交学校广播稿、壁报稿的篇数等。姑且不论如此"量化"是否真的能反映出一位班主任的工作成效，单是这种形式便使班主任有做不完的统计、填不完的表格、挣不完的分数，忙于种种检查评比而不得不把科学细致的思想工作置之一边。二是"以智论德"，不管班主任平时做了多么深入、扎实的学生思想工作，不管这些工作带来多么良好的班风，只要考试成绩不理想，尽管其原因是多方面的，但往往一律归咎于班主任，其工作便被"一票否决"。三是提倡并鼓励班主任当"保姆"，越是陪着学生自习、守着学生做操、盯着学生扫地的班主任，得到的评价就越高，而那些培养学生自育自治能力、放手让学生自我管理的班主任，尽管班风良好，却往往被视为"不负责"。如此评价，班主任怎不身心疲惫？我们不反对科学量化，但班主任工作的效果并非都能量化；学生成绩当然是反映班主任工作的重要方面，但这毕竟只是一个方面而非全部；班主任事必躬亲固然可敬，但"垂拱而治""不战而屈人之兵"的管理方式更为合理、科学。因此，只有使班主任工作得到全面、科学、公正的评价，班主任们才可能真正得以"减负""松绑"。

诚如是，或许愿意当班主任的老师会越来越多。

2016 年 10 月 14 日

领导，您可知道您要求的"痕迹管理"给我们增加了多大的负担

一

近年来，一个新词让我渐渐耳熟起来："痕迹管理"。所谓"痕迹管理"，就是做任何事情都要留下"痕迹"——这个"痕迹"，就是做事过程中的一些"凭据"或者说"证据"。

对于重要或重大的事情，做的时候有意识地留下一些凭据，是应该的，便于总结，也便于留存于史。不，我这样说还不准确，"痕迹"的重要性显然主要不是为了"总结""存史"，而是"责任"。比如，企业管理中，每一个生产环节都应严格、细致、认真地做好记录，这是为了保证产品质量而留下"责任痕迹"，显然是应该的。还有医生、警察、律师等特殊行业，留下病历、笔录、物证等"痕迹"，都是必需的。

对教师来说，即使在某些重要时间面对某些重要事件，留下确凿的"痕迹"也是必要的。但对于一般的教育教学活动，是不是也必须留下"痕迹"呢？我觉得不一定。

在我看来，若非特殊行业特殊需要，常规的事，做了就做了，不必非要"证明"，如果一定要"证明"，那能够证明我做了某件事最好的"证据"就是效果。除此之外，干吗还要留"痕迹"呢？当然，如果有的事不重要也不重大，但有纪念意义，留个"痕迹"也不错，如旅游时拍个照，或保存景点的门票，这都无可厚非，这是个人的自愿行为。

但如果凡事无论巨细，都一定要有"痕迹"，而且成了一种管理的需要，即"痕迹管理"，就会成为强制，必然给人带来不必要的负担。如果这

负担落到教师身上——其实校长也一样，就会让本来就很累的教师（校长）更加不堪重负，让一些本来很有意义的教育行为变味。

二

比如家访，本来是多好的事——老师利用下班时间去孩子家里看看，了解其家庭环境，感受其家庭氛围，在温馨的家庭氛围中说说家常。但"上面"要求留下"过程性佐证"，于是老师不得不请求和孩子及其父母拍照——还不能拍正儿八经的合影，而是要摆拍老师和孩子父母"亲切交谈"的"自然场面"；临走时，老师还要拿出有关表格填写"家访时间""家访学生""家访要点""家访效果"等，请家长签名；回到家里，老师还得写"家访收获"。这家访的"痕迹"才算收集完毕。

对老师的"痕迹管理"不只是家访一件事，主题班会、学生谈心、社会实践及种种教育行为，都纳入了"痕迹管理"。本来，对于有责任心的老师来说，做每一件事都是精心设计、用心投入；但现在，除去做这些事，还要保存所谓"痕迹"，如拍照、填表、写作等。比如，两个孩子课间打架，老师自然会找孩子谈心，教育他们，最后两个孩子都认识到不对，并互相道歉，这事就算圆满解决了。但对"痕迹管理"来说，还没完。你还有一系列的"痕迹"需要记录。

还有对教案写作和作业批改的要求，也让老师们意见很大，但又不得不实行。比如，对教案的具体内容和字数有明确规定，而且必须手写；对作业（作文）的批改次数和批改详略程度，都有"精准"的要求。本来老师平时是根据具体情况备课、写教案、批改作业，在形式上显然就不那么"规范"，但一到了某些时候，如迎接"视察""验收""督导"，教务处便根据上面的指示精神要求老师"补赶"有关教案和作业批改情况，以便在领导、专家面前呈现出过程管理的"痕迹"。这不是逼着校长和老师弄虚作假吗？

有些教育还规定了次数，比如一学期必须找学生谈几次心等，每次的时间、地点、经过、效果等都要明确记录。但教育的智慧和艺术在于随机应变，即根据特定时间发生的特定情况和特定孩子发生的教育行为——这里的种种"特定"可能是事先无法预料的。如果非要老师"按部就班"，那有些老师只能弄虚作假。

其实，对绝大多数老师来说，即使不规定次数，不要求记录，他也会做的。比如我，从参加工作之初，就有写教育日记和教育故事及用相机记录教育场面的习惯，所以迄今为止，我留下了上千万字的教育案例、教育故事、教育随笔。我相信，不只是我，全国还有许多一线老师都在坚持以实践为基础的教育写作。

"师生共写随笔"是新教育实验所倡导的"十大行动"之一。但是，和所谓"痕迹管理"要求的写作不同，我和许多老师的写作是自愿的、自由的，是生活本身打动了我们，让我们忍不住记录。写或者不写，写什么或者不写什么，写多或者写少，主动权全在自己。还是以家访为例，如果我觉得这次家访有一定的特殊性，而且家访过程中出现了某种有意义的故事，这个故事又蕴含着某种教育智慧，我回到家里哪怕熬夜都会赶紧记下来。但如果我觉得就是一次常规的家访，没有特别值得记的，我就不会写。学生谈心、主题班会、社会实践、处理突发事件等，都是如此。实际上，我和许多老师的这种写作，可能在数量上远远超过填几个表格。对于心甘情愿的有感而发，哪怕写成千上万的字，我们都觉得很舒心；而对于为"完成任务"的应付性写作，哪怕写一百个字，我们都很累。

三

"痕迹管理"看似管理到位且精细，实际上有时恰恰是为了"不负责任"。此话怎讲？刚当校长时，一位老校长告诉我："注意，每做一件事，一定要有记录。万一出了事，倒查的时候，你可以最大限度地免责。"我当时听不懂他的话。他便举例说："比如安全工作，除了要有相应的规章制度和模拟演练之外，每一次的安全教育，每一次的会议内容，无论学校层面还是班级层面，一定要把过程记录保存好。每天放学前老师给学生说的最后一句话，一定要是'回家注意安全'，这句话也要记下来。万一学校出现了安全事故，上面来查，你该做的做了，该说的说了，都有明确的'痕迹'记录。这样，你的责任要小得多。"他还补充了一句："安全事故，防是防不住的，什么时候出事，你完全意料不到，但有了这些记录，出了事你就可以最大限度地免责。”我恍然大悟，原来那么严密的“痕迹管理”，在有些领导那里，主要是为了“免责”。

当然，如果说所有领导热衷“痕迹管理”都是为了“免责”，则有些偏激。其实，我非常理解有些领导的苦衷，因为现在确实有老师不做家访、很少找学生谈心、不认真备课写教案……怎么办呢？干脆就规定教育教学常规的次数和具体要求。这种“痕迹管理”最大的好处是简单化，最大的坏处是“一刀切”，不，是诱发甚至鼓励弄虚作假。

四

写到这里，我想起自己一次教育行业以外的经历。几年前，我应邀去参加某单位的“学习市党代会精神座谈会”，因为是一个小组会议，所以座谈者并不多，只十多个人，但会场布置却格外高大上，尤其是“深入学习市党代会精神座谈会”的条幅非常醒目。会议开始，旁边站着一位专门负责拍照的人，他要我们“认真些”，就是坐姿、表情必须显得“很投入”“很专注”。“咔咔咔……”几张闪过之后，他认真回看了拍的照片，然后点头说：“可以了！”几天后，我看到的“简报”却是“认真学习市党代会精神”如何“认真”，而且“有图有真相”。这就是“痕迹管理”。

在网上，“痕迹管理”的解释是这样的：痕迹化管理，是在各种管理工作过程中，从时间和管理内容方面，不留间隙或空白、死角的缜密的工作记录，包括交接班记录和留下证据。痕迹化管理最大的优点就是通过查证保留下来的文字、图片、实物、电子档案等资料，有效复原已经发生的生产经营活动。企业实行痕迹化管理，就是让所有的生产经营管理都留下印迹，可供日后查证。

注意，这里的“痕迹管理”主要针对的是企业管理的生产经营活动。尽管企业管理的做法不是绝对不可以用于学校——当然也可以借鉴，但学校毕竟不是企业。企业面对的是物质产品，“让所有的生产经营管理都留下印迹”的目的，是日后如果发现次品，便于倒查责任。但教育者面对的不是物，是作为“人”的学生。学生的成人与成才是很复杂的，不仅有学校的因素，还有家庭和社会的因素。如果将来这个学生成了社会的“次品”，走上了犯罪道路，能够通过教育教学"痕迹"来"倒查责任"吗？

很多时候，学校的"痕迹管理"成了弄虚作假，这是"反教育"的。如此的"反教育"，恰恰违背了"痕迹教育"倡导者良好的初衷。

教育的品质是真实，教师的品质是诚实。毋庸讳言，现在我国教师队伍中确有相当一部分人是"混日子"的，但类似"痕迹管理"这样将教育管理简单化和庸俗化的做法，非但不能解决提升教师责任心的问题，反而会产生许多诸如弄虚作假、纯属应付的新问题。要真正提高教师职业道德和专业素质，最重要的是在创新教育体制、完善教育法规、唤醒教师内心的价值观、提升成就感上着力。当然，这是一项综合性的大工程。

2017 年 10 月 1 日从合肥至宏村的高速路上

为什么要逼着教师写这些假话连篇的文字

在年初公布的《中共中央国务院关于全面深化新时代教师队伍建设改革的意见》中有这么一句话："防止形式主义的考核检查干扰正常教学。"短短 17 个字，似乎不起眼，却说出了广大教师和校长的心里话，或者干脆说，戳中了他们的痛点。

暑假，我从网上读到陕西汉中一名姓何的初中老师写的辞职信。何老师辞职的第一个理由是："如今教育领域，逼迫人弄虚作假、搞形式主义的事太多，我不想浪费生命。"从教 32 年的何老师今年 54 岁，居然被逼辞职。他这封辞职信是在用生命呐喊，喊出了千千万万热爱教育的老师的无奈和悲愤！

不仅仅是教师，广大校长又何尝不无奈和悲愤呢？无休止的检查、验收、督导及种种形式主义的"政治任务"，让多少校长敢怒不敢言？——明明心里极为反感，但在上级领导面前还不得不装着很乐意的样子，还要说"这是对我们工作的促进，欢迎领导经常来"之类的违心话。

一位做校长的朋友对我说："本来我很想做真正的教育，难啊！我现在越来越不想做校长了！"由于体制问题，这些不想做校长的、有良知的教育者又不便辞职，只能忍着，再忍着。

还有一种"干扰"，虽然不是形式主义的考核检查，但其恶劣程度更甚——严格说起来，这和对老师、校长的考核密切相连。昨天收到一位朋友的短信："国庆放假前一天，我们接到学习任务，要求学习一份上级的'重要文件'，然后写学习体会。字数要求：教师五千字，党员六千字，中层干部八千字，校级干部一万字，校长一万二千字。要求 10 月 8 日上交。"

面对这样的"学习通知"，我简直想骂人！当然，我忍住了，没骂，但想问问提出这条富有"创意"规定的"有关上级领导"——

第一，您是谁？您是哪个级别哪位领导，能公开一下姓名吗？

第二，中央已经三令五申减少形式主义对学校教育的干扰，可您居然还会想出这样奇葩的通知，如此"胆量"，从何而来？

第三，国家之所以安排国庆节，而且还设法调整成七天，就是想让包括老师、校长在内的每一个人以喜悦的心情度假，您这样做，不是成心让老师和校长心堵吗？您的心肠为什么如此坚硬？

第四，有话则长，无话则短，一切发自内心。如果真有体会，滔滔不绝写两万字又如何？如果没有多少体会，写几百字不行吗？教师、党员、中层干部、校级干部、一把手校长……不同级别分别提出不同的字数要求，依据何在？

第五，这种"文件"为什么不放在平时学校规定的培训时间学习，非要放在假期？如此克扣老师们的假期，您于心何忍？

第六，"教师五千字……校长一万二千字"，这是逼人说假话啊！多少年来，这样被逼着写的"材料"还少吗？不能怪老师们说假话、套话，因为得凑足字数啊。而且，必须手写，您不觉得太残酷了吗？

第七，如果老师和校长们把这几千字、上万字用于写有真知灼见的教育随笔和真情实感的教育案例，或者与学生谈心的书信，不是更有价值吗？平时老师和校长多忙，可您却让他们写这种假话连篇的文章，用意何在？

第八，如果所有学校的老师和校长都按这个字数来写"学习心得"，并上交，它将是怎样浩如烟海的文字？而我关心的是，这些学习心得您都认真看吗？

第九，让老师和校长认真写，您却没时间，不认真看，那为什么要布置这些您都不打算认真完成的任务？甚至看都不看，您的良心何在？

第十，规定校长必须写一万二千字，局长肯定得写一万五千字，厅长得写两万字……作为这个规定的始作俑者，您该写多少字呢？能不能把您写的"学习心得"先印发给大家看一看，作为范文学习呢？

……

绝大多数被逼着写套话、假话的教师和校长，都是真心热爱学生、真心热爱教育的人。为了他们所热爱的学生和教育，他们不怕吃苦，也愿意吃苦，可实在不愿意吃这种"苦"。他们不想被种种无聊折腾，更不愿被类似的"学习心得"耗费青春和生命。

我们只想不受干扰地做纯粹的教育，这要求高吗？

在不久前闭幕的全国教育大会上，习近平同志谈到教师队伍建设时说："人民教师无上光荣，每个教师都要珍惜这份光荣，爱惜这份职业，严格要求自己，不断完善自己。做老师就要执着于教书育人，有热爱教育的定力、淡泊名利的坚守。随着办学条件不断改善，教育投入要更多向教师倾斜，不断提高教师待遇，让广大教师安心从教、热心从教。"

我太赞同这段话了！特别是"让广大教师安心从教、热心从教"这句，想到现在的一些形式主义的做法，真的是欲哭无泪。

什么时候，能够真正实现党中央提出的减少形式主义对学校的干扰呢？什么时候，还学校一片宁静，还教师和校长一份做教育的纯洁呢？我和所有教师、校长继续翘首以盼。

这也是我们的"中国梦"！

2018 年 10 月 10 日凌晨

学生群殴老师，教育对此真的就束手无策吗

又是一起学生打老师的事件，而且这次更恶劣——

一段视频显示，安徽某学校一名初中男生因作业或试卷与老师产生纠纷，老师用手拽住学生的衣领勒住其脖子，这时从后面窜出另外一名男生将老师推到墙角，五名男生立刻上前对该老师拳打脚踢进行群殴。五名男生对老师进行第一次殴打后，正陆续转身离开时，老师对其中一名男生掌掴，离开的男生又回来继续殴打老师……

学生打老师的新闻已经不止一次，但如此群殴还比较罕见。不过，无论多么"罕见"，学生群殴老师都是不可饶恕的。我期待着对这几位学生的严肃处理——无论如何，打老师的学生应该付出相应的代价。

也许有人会说："是老师先动手。"是的，是这位老师"先动手"，但拽住学生衣服的动作虽然粗暴，却不能说是"打"学生。当然，即便如此，按规定对这位老师该怎么处理就怎么处理，但不能因此便原谅学生群殴老师。不管什么原因，打老师就是不对，正如前次我谴责一位打学生的老师一样。

记得上次我批评打学生的老师，就有人辩护说："这个老师打学生是有原因的，为了自己的尊严。"那么这次学生打老师，是不是也可以"是有原因的"，便宽恕他们呢？当然不行！

在这一点上，不能有双重标准。我依然认为任何理由都不是出手（打老师或学生）的"正当依据"。

一个孤立的视频，我们无法知道这次师生冲突的前因。不过按"常理"往深处分析，这个班的风气是很恶劣的，师生关系是很紧张的，学生的教

养是很糟糕的……当然，该班的班主任和教师团队平时多少也有这样或那样的教育缺失或管理不到位的地方，这也毋庸讳言。但这一切都不能成为教师被群殴的理由。从教育者的角度，我们可以进行一些教育反思，但群殴老师的学生一定要受到严惩。

但现在恰恰对这样的学生是缺乏"严惩"依据的。以前对学生最严厉的惩罚莫过于"开除"，现在义务教育已经没有了"开除"一说。那么，学校拿这样的"熊孩子"就没办法了吗？是的，目前的确没办法，除了批评，或给一个毫无威慑力量的"记大过""严重警告"之类的"处分"外，毫无办法。何况到这些学生毕业的时候，无论是"严重警告"还是"记大过"的处分，往往都会被撤销。

这是教育的尴尬之处，也是苍白之处。

如何让教育避免这种尴尬与苍白，找到对这类学生有力而有效的处理办法，以杜绝校园类似令人发指的现象，保证教师的人身安全，这是我们必须研究和探索的。

当然，我并不希望这种研究和探讨的结果，是在教育惩罚中加入"理直气壮"的体罚。"以暴易暴"岂止不是教育，简直就不是文明。我也不希望这次群殴事件被无限扩大化，被渲染成"教师人人都没有安全感"的"恐怖"。

还想补充强调一点，学生属于未成年人，即使处理也相当"宽松"。但这些学生的家长应该承担责任，并受到处罚。"子不教，父之过。"我一直主张，未成年人犯错犯法，其家长即使不承担刑事责任，也应该被追究相应的教育管理责任。

孩子不懂事，作为家长，你还不懂事吗？

2018 年 7 月 30 日下午，于成都至贵阳的高铁上

家长"红包挖坑"之后，错的不是张老师，而是教育局

　　张老师是某小学一年级（3）班的语文老师兼班主任。班上有一名学生家长要求把孩子调到教室中间视线好的位置，但这名学生个头比较高，如果把他调到中间，会挡住其他学生的视线。于是，张老师把他调到倒数第三排。但其家长"不依不饶"，不断打电话、发微信，要求张老师重新给孩子调座位，导致这名家长与老师的关系比较紧张。2017年1月28日，当天正好是农历大年初一，这名家长就给张老师发了一个红包。张老师以为是春节喜庆的礼尚往来，可能家长想改善关系，就顺手点了这个88.88元的微信红包，然后马上返还了一个90元的红包，但该家长一直没有点击收取。随后，这名家长把张老师收受红包的截图发到网上，同时也到当地教育局反映情况，称张老师私下收取学生家长的红包。于是，张老师受到当地教育局给予的"诫勉处分"。

　　人们普遍谴责那个家长，觉得此人歹毒阴狠，"以后谁还敢教你的孩子啊！"我完全赞同舆论的谴责，甚至认为，这样的家长已经用行为给自己的孩子做了最有效也最可怕的"家庭教育"，真为其孩子的未来担忧：才一年级的小孩，有这样的家长"陪伴"，真不知以后会成什么样。

　　人们普遍同情张老师，为她鸣不平。是的，我也觉得她太冤了，先是被学生家长挖坑陷害，后又被教育局通报批评。有朋友觉得张老师"也有错"，"错"就"错"在对学生家长没有"起码的防范意识"，于是好心地给张老师"支招"，还"一二三四"地说了好几条，总之是叫张老师"要有自我保护意识"。我却认为，在这件事上，张老师一点错都没有。因此，我特别想对张老师说，尽管据当地教育局相关人士说你对处理意见"表示理解，

没意见"（是否真的如此，我不知道），但你完全不必自责，这件事你没有处理不当，你是一位坚持原则、正直公道的好老师。我再说一遍，你没有做错什么，一点都没错！

也许有人会说："您这话说得绝对了吧？张老师怎么没错呢？她就不该点开家长发的红包。"我认为，这也不能说张老师有错——在那种特定的情境下，善良的老师谁敢保证自己不会"上当""上钩"呢？我不同意说张老师"缺乏自我保护意识"。"增强自我保护意识"这句话，只在抽象意义上是对的，但没有实际意义。请问，要"增强"到什么程度才算"达标"了？遇到存心要陷害你的人，再强的"保护意识"、再多的"防范措施"都没用。网友们给张老师提的那些"建议"，只能防君子，防不了小人。所以，"增加自我保护意识"是一句真诚、正确但没有用的废话。

我倒是担心，因为这次被学生家长挖坑陷害，张老师从此因为"增加了防范意识"而不再信任大多数学生的家长，这势必影响教师和学生家长的健康合作关系。因此，我还想对张老师说，这个"挖坑家长"是个别的，并不具备普遍性，不要因此而失去对绝大多数家长的信任。当然，我想您也不会这样。您这么善良、这么单纯，信任、尊敬您的家长更多。

顺便再说一句，我看到网上有个别网友说，"要让那个孩子尝尝其家长恶行的后果"，千万不要这样，也不能这样。要把孩子和其家长区别开来。一年级的孩子毕竟还小，其家长人品差，行为恶劣，但孩子是无辜的，千万不要因此而迁怒于孩子。家长错了，却让孩子承受不公，这有悖于教育良知。我相信，善良的张老师绝对会善待孩子的。

在这件事上，最该同情的是受害人张老师；最该谴责的，是那个"挖坑家长"；最该批评的，是当地教育局。

虽然从网上看，"处理决定"是以学校的名义作出的，但我当过校长，知道"规矩"——只要有家长举报学校的"违规行为"，无论是否属实，学校必须回复，或作出处理决定。因此，我有理由判断，这个"处理决定"完全是在教育局的施压下出台的，何况文中也写明"经局务会议研究"——学校哪有资格开"局务会"？所以，我想请教当地教育局：你们凭什么要处理张老师？尽管有"处理决定"，但我依然一头雾水。也许是我的理解能力欠缺，那就让我们再仔细学习一下"处理决定"吧。

"处理决定"声称："张某某同志身为人民教师，违反廉洁纪律，其行为已构成违纪……"劈头一顶"人民教师"的神圣帽子如泰山压顶，雷霆万钧，紧接着说"违反廉洁纪律"，我正等着看领导具体分析张老师是如何"违反廉洁纪律"的，"违反"了什么法规、条例的"纪律"，但没有，而是马上跳跃到"其行为已构成违纪"。如此不摆事实，不顾逻辑，这哪里是在讲道理呢？

　　接下来是："鉴于张某某同志收受学生家长的微信红包后，能马上回赠超过学生家长所给金额的红包，在主观上没有贪心占有的故意。"既然"鉴于"张老师客观上"马上回赠超过学生家长所给金额的红包"，主观上又"没有贪心占有的故意"，那前面说的"违反廉洁纪律，其行为已构成违纪"又从何说起？这不是自相矛盾吗？如果尊重你们说的"客观"和"主观"。直接义正词严地回复家长：想陷害老师？门儿都没有！可是你们居然还"经局务会研究"，到底"研究"什么呢？估计是怕家长闹事、上访，造成"不稳定因素"，为了息事宁人，干脆牺牲老师的尊严而作出"决定"："决定对张某某同志免于纪律处分，给予诫勉处理。"好像你们对"已经构成违纪"的张老师十分宽容，本来"应该"给以"纪律处分"，现在降格为"诫勉处理"，张老师是不是该感谢你们？然而，张老师本来就没有错呀。

　　接下来的一句是："并将所收受的红包交由组织处理。"88.88的红包还煞有介事地"交由组织处理"，我真的读出一种庄严的滑稽——想象不出，88.88的红包怎么"组织处理"，是由教育局领导郑重地退还那个家长，还是上交？

　　处理决定最后说："在全市教育系统通报批评，并于2018年1月12日前向教育局提交书面检查。"读到这里，我真的不寒而栗。没有错的张老师居然"享受"了"全市教育系统通报批评"的"待遇"。这是一种"示众"，一种羞辱。还限期"向教育局提交书面检查"，如此不由分说，如此居高临下，如此的"执行力"，如此穷追猛打（时过一年，还锲而不舍）……对谁呀？不过就是一个被学生家长设套坑了的可怜的张老师。

　　也许我的言辞激烈尖锐了一些，但请理解我的心情，也理解一下张老师的处境——挖坑陷害老师的家长什么事都没有，被陷害的张老师却被通报批评。当那个家长快意于自己阴谋得逞而在家偷着乐的时候，任何正义的人都会义愤填膺。

我绝对相信，该教育局平时对当地教育的发展作了大量贡献，为学校、老师们做了许多有益的实事，如此处理一个老师也有许多无奈甚至迫不得已。但我还是要说，至少在这件事情上，教育局有关领导缺乏一种直面现实、不惧矛盾的勇气。平时不是爱说"担当"吗？须知宁肯自己承受各种压力也要保护受委屈的老师，这才是领导的担当。

在我看来，教育局是代表国家管理各学校的教育工作，包括教师队伍建设，所以帮助教师，关心教师，应该是教育局的分内事。这里的"关心"和"帮助"，当然包括对的确违反职业规范或犯了错误的教师予以必要的处分，也包括维护教师的正当权益——通俗点说，就是教师受了委屈，能够到教育局哭诉，教育局能够为教师撑腰。所以，教育局应该是教师的"娘家"。现在倒好，张老师先被学生家长陷害，后被"娘家"处分——好比儿女在外面受了欺负，父母（其实这个比喻不太恰当，我在这里姑且临时这么说吧）不但不去收拾恶人，反而教训自己的儿女。

有这样的"父母"吗？

2018 年 1 月 16 日

【建言】

关于"提高教师收入，稳定教师队伍"的调查报告

感谢全国各位教师的参与，前段时间以"镇西茶馆"为平台所做的教师收入调查已经结束。众所周知，具体的调查数据不予公开，但根据这次调查，我主持写成了一份长达近万字的调研报告。现对报告有关内容作简要介绍。

一、调查背景

一是目前教师队伍状态，显然不容乐观，收入少、待遇低已经成为教师难以吸引更多优秀人才的最重要因素之一。二是对于教师的工资、待遇，国家在法律和国策层面早就给出承诺，但这项承诺在具体执行过程中却大打折扣，教师工资不如公务员是普遍现象，也是客观事实。

为了掌握教师队伍真实收入情况，我们在全国范围内开展了一项网络问卷调查。通过调查数据，了解目前教师队伍待遇状况，以此分析存在的问题，找出解决办法，更好地建设教师队伍，促进国家教育事业长久发展。

二、数据呈现

本次问卷调查参与者主要来自东部和中部地区，西部地区总体占比不多。排在前十位的省（自治区）是：河南、四川、山东、湖南、江苏、浙江、广西、广东、河北、安徽。此外，有极少量占比的还有江西、福建、吉林、湖北、山西、贵州、山西等省。后台数据统计，来自全国一级城市

的占比达 13.82%，二级城市的占比 19.23%，三、四级城市占比 66.95%，乡镇学校全部归入所在地级市。

这份报告详尽展示了每一项调查问题的具体内容，具有充分的说服力。具体数据略去。

三、问题结论

从调查数据可见，目前教师队伍的不稳定是客观存在的，教师对于收入待遇的诉求也是强烈的。从数据及后台留言得出以下结论：一是整体收入不高，横纵对比明显；二是分配机制不均，难以激发热情；三是优秀人才流失，性别比例失衡。

（一）整体收入不高，横纵对比明显

坊间传言，民国时期的教授，一个人的工资就能养活一大家人，如今却是一个家庭养活一个教师。当今，教师整体收入水平不高是不争的事实，无论是时间纵向上的对比，还是与国际同行和社会其他行业的横向对比，我国中小学教师在收入上的差距应该引起重视。

下面从三个维度说明这种差距。

1. 年代对比：民国时期。

20世纪30年代，中学教员的月薪是工人的4.6倍，处于社会中等收入水平，可维持7～8人的生活；一个工资略高于平均水平的小学教员与工人相差无几，也可勉强养活一家人。

2. 国际对比：芬兰、韩国及我国其他地区。

《芬兰中小学教师的职业状况》（2012年）报告显示，2007年芬兰人均月收入为2300欧元（折合人民币16680元），教师月工资为2000～2400欧元（折合人民币14504～17405元）。

在韩国，教师的月工资最高可到400万韩币（折合人民币24165元）以上，新教师每月也可收入1万人民币，以后每年涨一次工资。

在我国香港，一名刚工作的正职教师，月薪在16000港元（折合人民币14177元）左右，每工作一年，月薪平均涨1200港元，而香港普通公务员工资在9000～12000港元。

在我国台湾，中小学生教师月工资一般在 4 万元新台币（折合人民币 8951 元）左右，比同级公务员平均月工资要高出 3000 ～ 5000 元，每年工资差距在三四万元新台币，再加上中小学教师不必缴纳个人所得税，比同级公务员每年的收入要多出六七万元新台币。

3.行业对比：IT、金融、房地产、服务业及其他。

这个对比更加触目惊心，它就在我们身边，这里不再公布报告中的例子。总之，比起付出的时间和精力，教师的收入和工作量实在不匹配，工资水平和增幅远远落后于其他行业。

（二）分配机制不均，难以激发热情

目前，我国教师的工资由基本工资、绩效工资、教龄工资、其他津贴等构成，其中基本工资又与职称、岗位等挂钩，绩效工资分为基础性绩效和奖励性绩效。对于这种分配机制，大多数教师认为并不合理：第一，职称工资差距过大；第二，绩效工资分配不合理；第三，教龄工资太低。

（三）优秀人才流失，性别比例失衡

每年高校毕业季，最优秀学生的择业首选不会是教师。教师行业对优秀人才的吸引力确实大不如前。近年来，国家为了储备教育事业优秀人才，出台免费师范生政策，鼓励年轻人乐于从教、终身从教。现实情况是，有的免费师范生毕业后，宁愿违约赔钱也不愿当教师。优秀人才的流失，还导致一个问题：中小学教师性别比例严重失衡。

比起过去任何时候，经济因素对今天教师的影响更加明显，社会对教师的要求也更为严苛。现实的沉重，让教师对于教育行业的信心和身为教师的自豪感、幸福感、价值感、尊荣感降到一个极低的点。

四、建议办法

鉴于上述问题，为稳定教师队伍，吸引优秀人才，促进教育发展，我们有三点建议。

（一）政策执行到位，提高教师整体收入

严格执行《中华人民共和国教师法》第二十五条、《国家中长期教育改革和发展规划纲要（2010—2020 年）》第五十四条关于"教师的平均工资水平应当不低于或者高于国家公务员的平均工资水平，并逐步提高"的法律政策规定，保证教师队伍整体收入与公务员收入持平，享有与公务员同等的各项福利待遇，并根据国民经济增长水平逐年上升。

（二）完善分配机制，优化教师工资结构

（1）将职称工资与岗位工资合并，绩效工资与职称脱钩，或减少职称在工资中的占比，增加教龄工资的占比，重新核定基本工资。

（2）将基础性绩效与奖励性绩效合并，全部按月发放；另设"绩效奖励金"，在有条件的地方增加"绩效奖励金"预算，奖励一线教师劳者多得；建立并完善绩效考核体系，更加公平、公正、科学地分配绩效奖。

（3）提高教龄工资标准，按照公务员和事业单位工龄工资标准执行，逐年递增；同时，参照公务员职级晋升办法，教师职级每到一定教龄年限，自动晋升。

（4）提高课时工资标准，根据不同工作内容和实际工作量，在原基础上增加课时补贴。

（5）其余补贴，如特优津贴、山区补贴等，不实行终身制，以实际工作地点、工作时限和工作内容为准。

（三）提升准入门槛，严格教师队伍管理

（1）提高教师准入门槛，保证教师队伍的整体高素质。加大政策扶持力度，吸引最优秀的人才从教。

（2）执行科学退出机制，保证教师队伍的整体纯洁度。有"进"有"出"，将不符合教师职业道德、达不到专业技术水平以及其他有损教师队伍整体形象的人适时清除出列。

（3）完善终身学习制，促进教师队伍整体素质的提升。多方提供学习机会和交流平台，让教师在自身专业领域有广阔的发展空间。

上面是这次调查报告的主要内容。

需要特别说明的是，这次调研并非我个人孤身所为，而是团队的行动。我们组成一个名为"提高教师收入，稳定教师队伍"的临时课题组，成员许多是民进武侯支部的老师。修改调查报告时，民进成都市杨建德主委专门参加讨论，并提出了宝贵的建议。

这份报告反复讨论，多次修改，几易其稿。我已经亲自委托全国政协副秘书长朱永新先生和全国人大代表杨建德同志，分别在全国"两会"期间提交有关部门参考。

我们的呼声不一定立竿见影，但绝对不会一点作用都没有。也许愿望的实现需要时间，需要一个过程，但我们有耐心，更有信心期待着。这耐心和信心源于我们对党和政府的信任。同时，我相信老师们不会辜负自己的教育良知，会在自己平凡的讲台上继续上好每一堂课，爱着每一个孩子。

2017 年 3 月 3 日

关于"减少教师非教学工作"的调查报告

一、调查背景

为什么现在许多老师不想当老师了？除了待遇低，还有工作累。如果是工作本身需要"累"，那也无话可说，自己的选择，有什么值得抱怨的？问题是，许多"累"是教育以外的因素造成的，是强加给教师的负担。

所以，稳定教师队伍，除了"加薪"（提高工资水平），还要"减负"（减少不必要的工作负担）。

无论任何时代，教师的本职工作都是教书育人。毫无疑问，教师专注于教育教学的研究思考，专注于每个学生的身心成长，专注于教师素质的不断提升，国家的教育事业才能有长足的发展和进步。然而，纵观目前绝大多数学校教师的教学常态，却不完全是——有时候甚至完全不是——这么一回事。

（一）目前教师日常工作状态

很多学校的教师有这样的感觉：忙碌了一整天，看着似乎做了很多事，但真正该做的却没怎么做。不是不想做，而是没时间做，时间和精力大都耗费在一些所谓的"重要事情"上，如写不完的各种应付材料，填不完的各种上交表格，迎不完的各种检查验收，还有补不完的各种活动资料……这里的每一项似乎都"非常重要"，因为它们关系着学校和教师的督导考核评估。

上面千条线，下面一根针。上级部门似乎都可以给学校派任务，如消防四个能力建设、禁毒示范学校创建、七五普法档案、病媒生物防治、节水档案、交通安全、食品安全、消费维权等。这些任务实际上跟学校的教学常态没有多大关系。

教书被附加了更多教育以外的事，班主任戴着各种不合理的管理和评价的"制度枷锁"，甚至校长也处处被不合理的要求约束，没有真正的自主权。无效而无聊的非教学事务挤占了教师大量的时间和精力，让教育、教学、教研这些学校的本职工作反倒成了其次。

（二）国家对教师工作的界定

教师是履行教育教学职责的专业人员，承担教书育人、培养社会主义事业建设者和接班人、提高民族素质的使命。教师应该做什么，国家法律有明文规定。

《中华人民共和国教师法》第七条规定："进行教育教学活动，开展教育教学改革和实验；从事科学研究、学术交流，参加专业的学术团体，在学术活动中充分发表意见；指导学生的学习和发展，评定学生的品行和学业成绩……"

教师的本职工作并不轻松，尤其是在现行的教育体制下。如果再增加大量额外的非教学任务，让教师负荷沉重、疲于奔命。这挫伤了教师的教育热情、降低了职业幸福感，对国家的教育事业是严重不利的。

（三）本次调查说明

鉴于此，我以微信公众号"镇西茶馆"为平台，在全国范围内开展了一项关于当前教师低效工作的网络问卷调查，用数据说明教师目前的超负荷工作状态，希望通过对实际存在问题的分析，思考如何更好地改善状态、提升效率，促进教育事业长久发展。

本次网络问卷调查覆盖全国 31 个省（自治区、直辖市），参与调查的人数为 2787 人。问卷共设计了 8 道题目，主要针对教育领域的幼儿园、小学、初中、高中阶段的教师，从其所在地域、学校、岗位、基本教学任务准备、教育教学研究、时间耗费等方面，对教师在校工作的实际情况作调查分析。

二、数据分析

下面是问卷调查相关数据的统计和分析。

（一）教师基本情况

参与本次问卷调查的教师，主要来自河南、四川、山东、广东、湖南、江苏、浙江、湖北、贵州、河北等省份，占比总量达72.53%。其次是占比不多的安徽、福建、甘肃、重庆、江西、山西、陕西、云南、北京、广西、海南、黑龙江、吉林、辽宁、内蒙古、宁夏、青海、上海、天津、西藏、新疆等地区。

从地域分布来说，它们多数集中在中东部南部地区，这与我国各地教育发展实情是吻合的。根据数据统计，在这些地域中，来自全国一级城市的教师占比只有1.1%，二线城市的教师占比10.44%，三、四线城市及其所属乡镇地区的教师共占比88.46%，这在较大程度上代表了我国当前最基层教师的分布状态。

参与本次调查的教师以小学和初中阶段为主，分别占比47.7%和34.3%。这表明，在这两个阶段出现的非教学事务现象比其他阶段更为突出，中小学教师的此项工作负担要比其他更为沉重。

那么，是所有教师都感到这种负担，还是只有部分教师呢？

问卷数据显示，普通教师和班主任是反应最大的群体，分别占比37.8%和34.5%，其次，不少中层干部或校级干部也表示有负担。

这说明，在学校教学常态中，从校级领导到普通教师，都难以完全摆脱这种非教学事务的干扰。

（二）教师工作常态

为了摸清教师在校工作常态，我们设置了三个问题。

第一，你觉得每天是否有足够的时间和精力进行基本教学任务的准备？说明一下，"基本教学任务的准备"简称"备课"。教师的本职是教书育人，教书育人的首要条件就是备课。

然而，对于这一基本工作，回答"没有"的，达52.6%，占参加调查人数的一半多；回答"有"的，仅仅只占11.4%；还有35.9%的教师回答"不一定"。

从这组数据来看，在广大教师群体中，每天能有足够的时间和精力来准备基本教学任务的，仅仅只有十分之一，十分之九的教师则需要另"挤"时间来完成。

如果时间不够，教师们通常是在什么时候完成基本教学任务的准备呢？

这组数据可以说明一些问题："在校工作时间内"占15.4%；"工作时间内，偶尔在校加班"占25.6%；"经常在学校加班"占24%；"每天回家以后"占23.1%；"没时间准备"占9.11；"其他时间"占2.58%。

可见，偶尔加班、经常加班、在校加班、回家加班……似乎只有"加班"才是保证教师完成正常教学工作的唯一法宝。是什么原因使得教师一再加班，在正常的工作时间内完不成基本准备任务呢？

我们又设计了另一个问题：除了基本教学任务的准备外，你是否有足够的时间和精力进行教育教学研究呢？

这次得到的数据更不容乐观：80.5%的教师回答"没有"，16.1%的教师回答"不一定"，只有3.3%的教师能有足够的时间和精力进行教育教学研究。

就是说，对于教育教学研究，连十分之一的人都不到了。没有对教育教学的研究，又如何提高教学成效呢？似乎恶性循环的苗头就此出现。

（三）时间去哪儿了

每天忙碌不堪的教师们，时间都去哪儿了呢？

为了寻找答案，我们设置了这样的问题：除基本教学任务之外，以下哪些事情耗费了您在校期间的大量精力和时间？

得到的回答如下——

改不完的作业：26.1%；组织家长参加学校活动：3.23%；处理特殊学生问题：21.4%；完成各级各类的网上学习任务：41.1%；填写内容相近的各种表单：23.5%；参与各级各类会议与培训：33.1%；组织训练学生参加活动：9.4%；参与学校临时交办的非教学类任务：54.1%；参与完成各级各类的检查任务：68.4%；其他：4.49%。

完成各级各类检查、参与临时交办的非教学类任务、完成各类网上学习、参与各级各类会议培训，成为占用教师时间的四大因素。这些跟日常的教学工作并无直接关系。

三、得出结论

教师的非教学任务负担已不再是个别现象，由此产生的教师工作效率低下、教学成效不高、职业幸福感降低等一系列问题也是客观存在。参与本次调查的教师纷纷在后台留言，表达自己的真实看法和心理诉求。

归纳起来，有以下几点结论。

（一）教师工作时间长

国家社科基金课题组 2016 年的一项调研显示，我国中小学教师的周工作时间平均达到 54.5 小时，超过法定工作时间的 25%，也超过国外中小学教师平均周工作时间。其中，除了每天在校平均工作时间为 9 小时外，还有工作日晚上平均 1.5 小时、周末工作时间平均 2 小时。

这里的中小学，主要是指初中和小学。高中教育因为要高考，更多时间专注在提高成绩的教学教研上，相对于初中和小学的全面素质教育要求有所区别，因此，本次调查中发声的大多是初中和小学教师。

由于教师工作性质的特殊性，很多工作需要在工作日的上班之前或下班之后继续完成，如备课、改作业等。因此，占用教师个人休息时间的现象成为普遍。工作多、任务重、时间不够，教师只有加班，无论在校还是在家，法定工作时间之外，往往需要额外付出不少于 2 小时。

（二）非教学任务过重

占用教师工作时间的工作，并非全是教育教学工作。真正用于教学及相关准备的时间在整个工作时间中占比不足 1/4，剩下的 3/4 是更为耗时耗力的非教学任务。

除了课堂教学外，教师通常有制订教学计划、备课、批改作业、评价学生、辅导学生、组织活动、管理班级、早晚自习、沟通家校、参加会议培训、听课、教研、记录工作日志、撰写各种学习笔记等。这些工作都是持久性和延时性的，单单较好地完成这些工作，教师们的工作量就已经饱和甚至超出。

然而，这似乎还不够，上级安排的各项督导评估、达标验收、检查评比、会议培训、安全管理等事务，又一重重加压且全部以"重要事情"名义实施。

为迎接上级的各类检查或创建各类工作，许多学校会专门抽调教师组成小组做材料，如教育科研领导小组、文明创建领导小组、安全管理领导小组、标准化建社领导小组、信息化建设领导小组、体育工作领导小组、艺术工作领导小组、推普工作领导小组等。这些工作似乎与教育是沾边的，但似乎又关系不大。

对于某一项检查，如今的标准越来越细，要求越来越严，有一整套烦琐的检查评价标准，还有各种等级指标，学校需要对照这些标准一项项准备材料，如通知、方案、过程、总结、文档照片视频等，各个环节都要事无巨细。当这种检查频率过高，形式化要求过严，本就已经有较大教学压力的学校、教师，便只能疲于应付，准备迎检材料尚且做不完，研究教学就更成空话，教学自然也成为副业。在一些规模较大的学校，教师人数多，有明确分工，迎检工作稍微好做一些；但在一些规模较小的学校，教师数量本来就少，再去准备烦琐的各种材料，更加影响正常教学了。

面对额外的非教学任务，教师们有苦难言。

（三）考评机制不合理

中小学教师的非教学任务负担沉重，这一现象的背后原因值得反思。最直接相关的就是考核评估机制，这是学校的软肋。

地方行政管理部门众多，学校成为大家都可以过问的单位。除了教育行政部门以外，其他部门也将学校纳入业务管辖范围，要求开展各种活动、进行检查评比、报送相关材料。对此，学校无权拒绝，因为年终督导考评时，这些全部要纳入考评范围。一旦考评不合格，后续还将有诸多惩罚措施。这样一来，学校不得不硬着头皮先应付各种检查，而将首要的教育教学任务退居其次。

这是典型的考评机制倒逼学校行事。一旦考评机制中的非教学活动占比过大，问题便自然产生了。即使表面上看素质教育全面开花，但有多少是真正开展或者说达到成效的，就无从考证了。规范办学行为本意是好的，但是越来越流于形式之后，一切就变了味。

学校始终是教书育人的地方，教师以教书为主，学生以学习为重。地方各级行政部门以自身权属过多地干预学校正常的教育教学，以考核评估作为约束手段，层层施压，学校、教师便丧失教育的主体性和话语权，沦为谁都可以管的听话"小媳妇"。

（四）教师身累心更累

当教师的本职工作被非教学任务占去一大半时，牺牲的不仅是时间，更有心情，甚至是对教师这一职业的认同感。

不少教师表示，不怕多上几节课，不怕学生调皮，最怕的就是评估验收、绩效考核、继续教育等。教师们不怕苦不怕累，怕的是无效、无意义的苦和累，如形式化的行政工作、日常文书整理、各种分析报告数据、各种迎检材料的补写、各种业务学习的笔记等。教师们的大量时间没用在如何提高教学、深入教研、培养学生上，对于教师这一职业产生动摇和怀疑。

做不完的非教学任务，让许多教师不止一次产生厌倦心理和应付思想，教育理想和教育热情受到前所未有的打击，正常的教学工作也受到很大影响，应当开展的教育活动收不到应有效果。时间和精力耗费了，教师们身心俱疲，看不到教育的希望和成就，最终形成恶性循环的结果。

四、建议办法

鉴于上述问题，为了提高教师工作效率，减轻非教学负担，促进教育事业长足发展，我们有以下建议。

（一）教学为主，减少非教学任务

学校的首要任务和核心工作是教书育人，教育教学始终是学校存在的根本。建议地方各级部门深入沟通，达成共识，对于学校管理工作以教育主管部门为主，其他部门工作能减尽减，能不开展尽量不开展，遵循教育特点，尊重学校主体，减少教师额外的非教学工作负担。

减少各级各类会议、无实质意义的培训以及相关检查，学校也要根据自身实际，不盲目攀比，不搞形象工程，一心一意搞好教学，关注教育本身。

（二）尊重教育，改革考评制度

地方政府及教育行政部门应充分尊重教育的特点，改革学校考核评估制度。考评作为约束手段和监督机制之一，不应主次颠倒成为一切教育教学的中心主旨。

建议主管部门重新制定合理的评价标准，精简繁冗，注重实效，摒弃形式主义，尊重学校教育主体性质，剔除与教育教学关联不大的考评细则，加大对教育教学的实质性评价占比，以此促使学校非教学任务的自然消减，促进教育教学教研的重新回归，促进学校教师的正常发展。

（三）关心教师，合理分配工作

教师的工作量、工作内容、工作时间和精力的投入，与其职业幸福感和认同度密切相关。当工作任务超负荷、工作时间无界限、工作责任无限扩大时，教师承受压力大，幸福感与认同度自然降低，并将持续影响后续工作。

建议各级部门关心关注教师群体，合理分配工作，明确工作量标准，科学配置师资，减少额外非教学任务摊派，让教师全身心投入教学核心，把更多的时间和精力用于备课、教研、培养学生以及自身的专业发展。

通过本次网络问卷调查分析，我们看到了学校和教师当前的工作常态和心理诉求，也看到了当前基础教育存在的一些问题，教育承担着一个国家的未来，教师是承担这未来的关键点。我们希望有关部门能够通过这份调查报告，正视问题，改革机制，重新给学校和教师带来新的希望，让广大一线教师能够真正感受到作为教师的幸福和光荣。

调查人：新教育研究院院长李镇西

2017 年 6 月 23 日

为了"源源不断地涌现出一批又一批好老师"

——对教师队伍的三条建议

"一个人遇到好老师是人生的幸运，一个学校拥有好老师是学校的光荣，一个民族源源不断地涌现出一批又一批好老师则是民族的希望。"也许因为我本人是教师，所以习近平总书记的这几句话最能打动我的心。

这里所说的"老师"，显然包括大中小幼及各种特殊学校的所有教师。我本文所谈的教师，特指从事中小学和幼儿园教育的教师。

对照现实，我们是否正"源源不断地涌现出一批又一批好老师"呢？

目前我们的教师队伍，总体上讲，当然是很好的，大多数教师的素质能够胜任教育的使命。不承认这点，就无法解释最近几十年我们的教育事业为何能蓬勃发展并取得丰硕成果。但确实有相当一部分教师是不够称职或很不称职的。

这是不争的事实。无论教育理念多么先进，制度安排多么合理，课程设置多么科学，离开了高素质的教师，一切都是水中捞月、纸上谈兵。一个国家兴旺发达的关键是教育发展，教育发展的关键在教师。因此，吸引最优秀的人投身教育，某种意义上说，决定着一个国家真正光明的未来。

在这方面，我们国家显然还有很长的路要走。对此，我想提三条建议：第一，大幅度提高教师待遇水平（谈用高薪吸引并留住最优秀的人才）；第二，大幅度提高教育入职门槛（谈严格教师入职条件，真正让最优秀而又有志于教育的人来当老师）；第三，大幅度改善从教人文环境（谈给教师以精神自由度和教育自主权）。

下面，略微展开陈述——

一、大幅度提高教师待遇水平

中小学教师待遇偏低，这是依然存在的严峻现实。2017年上半年，我对全国中小学教师做过一个问卷调查，参与者16398人，主要来自东部和中部地区，西部地区总体占比不多。调查结果显示，全年能拿到手的个人收入，有一半的教师在3万～5万，能拿到9万以上的人数不多，还有19.24%的教师年收入在3万以下。鉴于收入与支出的占比，79.78%的教师并不满意当前在学校的收入，表示"满意"的只有2.4%，表示"可以接受"的只有17.82%。在过去十年，虽然经济不断发展，但教师们的收入变化其实不大。72.17%的教师认为，自己的收入只是略有变化，小幅增加；只有12.4%的教师表示涨幅明显，9.31%的教师则表示没有变化，甚至还有3.98%的教师发现较之以前有所减少，2.15%的教师收入甚至下降明显。面对"如果给予您相同性质、相同强度而收入更高的工作，您是否愿意离开现在的单位？"这道调查题，91.65%的老师回答"愿意"，"不愿意"者仅有8.35%。

这个调查结果是否百分之百地反映了中小学教师收入的实际情况，我不敢说，但在一定程度上能说明教师待遇低这种现实。尤其是对不少年轻教师而言，职业收入甚至很难维持其基本的生活水平。成都地区的许多刚毕业的大学生，每个月扣除这样"险"那样"金"，最后拿到手的只有一两千，如果还要租房，生活是何等的窘迫？

《教师蓝皮书：中国中小学教师发展报告（2014）》显示，2013年，北京市约1/3高中教师的年工资收入在6万元以下，1/2在6万～8万元，1/5收入高于8万元。国家发改委发展规划司编制的《中国城市综合发展指标2016》显示，2016年北京房价全国第一，12月北京新建商品住房成交均价3.82万元/平方米。北京朝阳区一个月薪为5000的小学班主任，要买70平方米的两室一厅，不吃不喝需要44.5年。

这样的待遇，怎能吸引并留住最优秀的人投身教育行业？

最近几年，人们爱谈论芬兰教育如何发达，而芬兰教育发达的重要原因之一，便是该国教师丰厚的薪资待遇吸引了许多优秀的人才。《芬兰中小学教师的职业状况》（2012年）报告显示，2007年芬兰人均月收入为2300

欧元（折合人民币 16680 元），教师月工资为 2000 ～ 2400 欧元（折合人民币 14504 ～ 17405 元）。北京师范大学国际与比较教育研究院教师滕珺所著的《世界向芬兰学习什么》（2013 年）显示，一个有 15 年工作经历的初中老师年收入大约在 41000 美金（折合人民币 281924 元）。同时，芬兰教师薪水的涨幅远远高于其他国家，它与教龄和教学水平挂钩。通常来说，芬兰教师从入职到 15 年教龄，薪水涨幅约为 1/3，中小学教师最多能涨 58%，高中教师最多能涨 77%。

因此，我再次强烈呼吁，国家大幅度提高教师待遇，以吸引高中毕业生中最优秀的学生报考师范院校，同时留住在职的优秀教师。

另外，我所说的"待遇"还包括教师能够享受一些"社会优惠"，比如所有收费景点和文博场所免费或半价向教师开放。每当我们在许多场所看到有"军人优先"或"军人免费"的提示时，心中自然会升起对军人的羡慕与尊敬。如果今后全国各地到处都有"教师优先""教师免费"的提示，教师这个职业的社会地位定会在无形中提升许多。又如，车站买票、机场安检、医院候诊等，我们也常常会看到"军人优先"的提示，以后能不能也让"教师优先"？

如果真正实现这样的待遇，可以想象，该有多少优秀的人争先恐后地当教师啊。

也许有人会说："那医生、警察、公务员呢？一个国家哪个部门不重要？"既然我们承认"百年大计，教育为本"，把教育放在国家战略发展的突出重要地位，也就一点都不过分。1977 年，邓小平同志就指出："我们要赶上世界先进水平，从何着手呢？我想从科技和教育着手。""我们要实现现代化，关键是科学技术要能上去。发展科学技术，不抓教育不行。"我认为，一个国家最该投入的是国防和教育。国防，保卫着一个国家的安全存在；教育，则保证着一个民族的精神发展。

如果大家都认可 2014 年教师节前夕习近平总书记在北京师范大学考察时所强调的观点是："百年大计，教育为本。教育大计，教师为本。"那么所谓"尊师重教"，就不仅仅是教师自己一厢情愿的奢望，而是成了全社会的共识。

如此一来，国家大幅度提高教师待遇水平，谁还会反对呢？

二、大幅度提高教育入职门槛

现在，我国的教师职业门槛其实并不高。

一个教师，入职前报考师范院校的分数就相对比较低。目前，中国被确定为"211"大学的有112所，其中列入"985工程"的大学有39所。在112所"211"大学中，师范大学只有8所，其中"985工程"大学仅有2所。最近公布的42所"双一流大学"名单上，仅有北京师范大学、华东师范大学名列其中。从每年高校招生的分数线来看，全国138所师范类大学（包括师范类独立学院），除了北师大、华东师大等18所重点师范大学的录取线是"一本"之外，其余120所师范院校都是"二本"。大学之间的这种差距决定了师范类学院的录取分数线大大低于重点综合性大学。比如，四川大学2017年在四川的文理科最低录取分数线分别是596分和590分，四川师范大学在四川的文理科最低录取分数线则分别是559分和510分。也就是说，一个考生要报考师范院校，只要成绩中等或中等偏上，应该是没有太大问题的。大学四年，师范专业的课程相对难度并不大，如果没有特殊的严重违纪情况，一般都能顺利毕业；毕业之后参加教师公招，比起公务员考试，更是容易多了。

如此低的入学门槛，造成许多师范生虽然是本科甚至硕士毕业，但其专业素养却名不副实。我当校长面试应聘大学毕业生时，仅仅看印制精美的简历还看不出什么，但如果让他们手写一段话，不少年轻人便真正意义上地"献丑"了。

对在职教师来说，"教师"这个职业很稳定，职业风险比较低。当然，近年来由于学校安全事故、学生及其家长寻衅滋事甚至殴打老师等恶性事件，一些教师的职业风险感甚至高危感增强，这也是事实。暂且不说这些极端实例，从总体上看，应该说大多数公办学校教师的职业稳定感是比较强的。可以这样说，只要没有极其严重违反师德的行为，或者说，哪怕有了违反师德的行为但没有被举报也没有产生恶劣社会后果的，一个老师哪怕不认真备课，不认真批改作业，只要不杀人放火，他的饭碗都是稳稳当当的。我们没有见过那个老师因为敷衍塞责、消极懈怠而被劝退的。总之，当低素质（不是不想教好书，而是心有余而力不足）或混日子（能把书教好，但不负责任）的教师不是个别时（当然，不能说是"多数"，但相当一部分不称职已经严重影响教育质量和教师声誉，这是大家心照不宣的现状），"法不责众"，学校便只好这样"将就"了。当然，我这里说的是一般的公办学校。至于私立学校，情况可能有所不同。

如果国家拿出财力大幅度提高教师待遇，师范院校有了源源不断的优质生源，国家就应该大幅度提高教师的专业要求，提高入职门槛，这样教师队伍的素质总体上会得到极大的提升——师范大学招生，其录取线自然会普遍高于一般院校，属于"一本"。如果可能，各师范院校还应对考生面试，从性格、志趣、天赋甚至智商等方面选拔真正"适宜"当老师的孩子——从源头上保证优质苗子进入未来教师的行列，真正"得天下英才而育之"。在校四年，学生所学课程应该有一定深度、广度和难度，这些课程应该着眼于培养和提升学生的科学精神、人文品质以及师范专业技能。另外，不但"严进"，而且"严出"——学业不合格者坚决不发毕业证。有了这样严格的专业训练，我建议对师范院校的毕业生取消专门的教师资格考试，凡是能够拿到毕业证的师范生同时给他们颁发教师资格证。

入职后，教育行政部门和学校管理者依据《中华人民共和国教师法》《中小学教师职业道德规范》等法规，严格从职业道德、教学规范等方面要求每一位教师履行职责。与此同时，教育行政部门官员和学校管理者也要接受同等的监督，以防止"乱作为"。有了这样的制度和氛围，教师的师德风貌、敬业境界、专业素养、带班水平、课堂艺术等必然得到大幅度提高。那些教师队伍中严重违反师德和职业规范的"害群之马"，或者得过且过混日子的"南郭处士"，不但误人子弟，而且严重败坏教师的整体形象——可以说，现在教师社会声誉不佳，很大程度上就是这少数"害群之马"和"南郭处士"造成的，所有善良、正直、勤勉的老师都因他们而蒙羞，甚至替他们背了黑锅。因此，对这样的败类不应手软，一律依法清除（开除或劝退）出教师队伍，千万不要因"维稳"而姑息养奸。

提高教育入职门槛，不仅仅是对一线教师而言，或者说，更包括校长、局长等学校和教育行政部门的各级管理者。师范出身并在学校一线上课多少年，应该成为校长必备的任职条件。我个人认为，一个普通教师最好在40岁以后再担任校长，这样他会有更加丰富的教育实践积累，二三十来岁就当校长，往往缺乏应有的历练。做校长，就是应该讲资历，特别是一定要有教育家情怀。提高当校长的门槛，还要完善对校长的监督考评机制，让少数不学无术却擅长溜须拍马的人无法当上校长，让靠吃喝玩乐、混日子的校长一天也待不下去。局长的门槛更应提高——他最好应该有在基层学校长期工作的经历和经验。那种随便找个乡镇干部当教育局长的情况，应该避免。当然，我不是说局长绝对必须学师范出身，或必须当过教师，如果由于特殊原因，局长既不是学师范也没当过老师，但至少应该是教育内行——这是底线。更重要的是，局长首先应该是一位有教育家情怀的书生，不但理解教育，而且理解教师，其次才是教育行政管理者。

还需说明的是，提高教育入职门槛，不能简单地人为增加"难度"，而是使其更科学合理——为了"更科学合理"，有时甚至还须"降低门槛"。比如师范毕业生不再另考教师资格证，其师范院校的毕业证就等同于教师资格证；又如，公招教师时，对特别优秀（当然要有可信证明）的考生，可否放宽年龄限制？对于非师范专业而又有志于教育行业的人，可否经过一定的考核而破格准许从教？比如，一个50岁的金融从业者，如果他想改行当老师是否有机会？还有，对于经过时间和实践检验证明其德、能、绩都很优秀的代课教师，可否不论年龄而免试转正？等等。

三、大幅度改善从教人文环境

提高了教师的待遇水平，提高了教育的入职门槛，还要改善从教的人文环境。

随着办学条件的改善，越来越多的学校无论教学硬件还是校园景观都比过去大大改善，但对真正有志于教育的老师来说，最希望教育行政部门改善的是人文环境。

应该给教师更多自由支配的时间。苏霍姆林斯基说："教师没有自由支配的时间，这对于学校是真正的威胁。"虽然教育质量的提高是年级组、教研组及各种学习共同体等团队智慧的结晶，但从某种意义上说，教师属于个体劳动者——所有的理念和设想，都必须通过教师富有个性和创造性的工作去变成一堂一堂的课。备课、上课、作业批改、组织班级活动、和学生谈心，这些都是教师独自完成的，因此需要更多的自由支配时间。可现在，老师们普遍感觉被管得太死，总是很被动地忙碌。只有给老师尽可能充裕的自由时间，才能释放他们的创造力。

给教师更多自由思考的空间。教师是知识分子，独立思考是知识分子的可贵品质。按说，思考是个人大脑里面的事，想什么不想什么谁也管不着，这"思考自由"从何谈起？毋庸讳言的是，在最应具备创造性品质的教师群体中，不少人现在却最缺乏批判性思维：崇拜权威，迷信教材，不敢质疑，人云亦云。教师的思考自由更多的是被上面许多"统一规范"剥夺了的。当教育的方方面面都强调"步调一致"的执行力时，教育思考就消失了。教育者有自己的想法也没用，干脆不去"多想"。我呼吁教育管理者要尊重并鼓励每一个教师对教育的思考，无论是思想理念还是实践做法。特别要说明的是，尊重思考的权利，就包括允许教师"说错了"的权利。因为如果只允许"正确地思考"等于剥夺了思考。即使行动上服从大局，听从指挥，但思想上完全可以保留自己的不同看法和继续思考、质疑的权利，一定要让教师在校园有一种思想的安全感。

给教师更多的教育教学自主权，我想到自己的一段经历。20多年前，我进行作文教学改革——教学生自己改作文，学生逐步具备修改能力后，我最后完全不批改作文。此举得到校长的支持。但他说："我不能在学校公开此事，更不能表扬你，因为并不是每一位老师都如你一样是认真在进行教学改革。如果公开表扬你，那么很可能有不少老师会打着改革的旗号而根本就不批改作文作业。"我当时非常理解校长的做法。确有少数教师既缺乏敬业精神，也没有过硬的专业素养，所以现在许多学校普遍管得比较严，统一要求比较多，这不但可以理解，甚至说在某个阶段也是必要的。既然有了前面两个"大幅度提高"，教师无论是敬业精神还是专业素养都应该是值得充分信任的，那么就应该最大限度地把教育教学的自主权还给老师，让他们有选择辅助教材甚至自编补充教材的自由（国家统编教材当然是无法不选择的），有选择教学模式或不要任何模式的自由，有选择备课方式和教案呈现形式甚至不写教案（对成熟的教师来说，不写教案不等于没有备课）的自由，有选择课堂教学方法的自由，有选择作业批改形式的自由，有选择考试方式的自由，有选择班级管理模式的自由，有选择确定班级文化核心的自由，有选择主题班会内容和形式的自由……

减少非教学任务的干扰。为什么现在许多本来热爱教育的老师不喜欢教书了？重要原因之一，是现在教师所承担的工作已经越来越不单纯了。教师从事的本来应该是很单纯的职业，就是日常教育教学工作，和学生打交道。现在不少老师有这样的感觉：忙碌了一整天，看着似乎做了很多事，但真正该做的却没怎么做。不是不想做，而是没时间做，教师的时间和精力大都耗费在一些所谓的"重要事情"上。比如，写不完的各种应付材料，填不完的各种上交表格，迎不完的各种检查验收，还有补不完的各种活动资料……特别是什么都要"进校园"，最后具体的工作都压在每一个老师的头上。改善教育的人文环境，就是上级部门（不仅仅是教育部门）要减少对教师额外非教学任务的摊派，让教师全身心投入教学本身，把更多的时间和精力用于备课、教研、培养学生以及自身的专业发展。

除此之外，我还特别想说的是，改善人文环境，应该减轻教师超负荷的工作量，比如学校有宽裕的"师生比"，使老师有合理的工作量。国家能不能多拿出经费扩大每个学校的教师编制，让学校的教师人数"富裕"一些？比如按现有师生比，一个学校需要100名教师，教育局就给学校120名教师。这"多"出来的教师，不但减轻了老师们的超负荷工作量，还解决了因病假、产假而导致的教师工作量的增加，也为学校能够让有些做出突出业绩的教师享受三年一次的学术假提供了可能。这是我和许多老师的"中国梦"。

改善从教的人文环境，显然不止上述几方面，还有建立民主的学校管理制度以保证老师参与学校管理的权利，改进评优选先机制，改革职称评定方式（比如，我一直主张职称评定应该"评聘合一"而非"评聘分离"，现在的评聘分离，让许多老师评了职称却多年不能兑现，等于是拿了一张"空头支票"）等。限于篇幅，兹不赘述。

如果说提高教师待遇是在物质上吸引老师，那么改善人文环境便是在精神上凝聚老师。

上述三条建议主要是针对未来的师范生培养和教师队伍管理而言，也就是说，是"将来进行时"而不是"现在进行时"。但我希望我们国家宏观的教育体制改革，能够逐步朝"双提高一改善"的方向推进。

习近平总书记指出："国家繁荣、民族振兴、教育发展，需要我们大力培养造就一支师德高尚、业务精湛、结构合理、充满活力的高素质专业化教师队伍，需要涌现一大批好老师。""全国广大教师要做有理想信念、有道德情操、有扎实知识、有仁爱之心的好老师，为发展具有中国特色、世界水平的现代教育，培养社会主义事业建设者和接班人作出更大贡献。"愚以为，如果能够做到上述三点，"四有教师"自然呼之欲出。

还想强调的是，大幅度提高教师待遇，大幅度提高教育入职门槛，二者是相辅相成、互为因果的——因为大幅度提高了待遇水平，必然要提高入职门槛；因为门槛高了，从教难了，自然应该提高从业者的待遇水平。反过来说，我们不能只提高教师待遇，而不提高职业门槛，那不合理；也不能只提高入职门槛，而不提高待遇水平，那也不合情。有了高薪资的待遇和宽松、自由的从教环境，真正爱孩子、想教书的高素质教师便能感受到教育的心灵舒展、乐趣创造和职业幸福。

试想，如果我们国家真的大幅度提高了教师的待遇水平、教育入职门槛，大幅度改善了从教人文环境，"源源不断涌现出一批又一批好老师"将不再是奢望。那时，中国教师将会怎样的尊严感与幸福感？中国教育将会呈现怎样的勃勃生机和累累硕果？我们国家将会在各领域诞生怎样群星璀璨的世界级大师巨匠？中华民族又将以怎样高度发达的科技、经济、军事、人文等骄傲地跻身于世界强盛民族之林？

最后，让我们再次重温习近平总书记这几句深情的话："一个人遇到好老师是人生的幸运，一个学校拥有好老师是学校的光荣，一个民族源源不断涌现出一批又一批好老师则是民族的希望。"

愿我们一起期待……

2017 年 8 月 31 日、9 月 4 日晚

关于教师队伍建设，中共中央发令了
——对《中共中央国务院关于全面深化新时代教师队伍建设改革的意见》的解读（一）

　　听说国家新近颁布《中华中央国务院关于全面深化新时代教师队伍建设改革的意见》（以下简称《意见》）时，我没太在意。按说应该"在意"的，因为多年来特别是最近几年，我一直在关注和思考教师队伍建设问题，并写了不少文章。之所以没太在意，是因为从 1985 年设立教师节起，30 多年来，我听过太多的关于"尊师重教""改革体制""优化队伍""提高待遇"等说法，每次都欣喜，但过一阵好像"也就那样"，于是渐渐"审美疲劳"。所以，这次我的第一反应也是"老一套"。

　　但我静下心来逐字逐句研读完这份九千多字的《意见》后，发现了新意，感到了振奋，增强了信心。

　　首先让我感到"新意"并因此振奋的，是这份《意见》的"来头"。这不只是教育部的通知，也不单单是国务院的文件，而是由"中共中央和国务院"共同牵头制定并颁发的，它的每一个字代表的都是中国共产党中央委员会的意志。在我的印象中，关于教师队伍建设的相关文件以这么高的级别庄严颁布，这是第一次。联想到习近平总书记多次强调并在党的十九大报告中明确指出"中国特色社会主义最本质的特征是中国共产党领导"，这份以"中共中央"打头的《意见》显然不是一般的《意见》。

　　我说"不一般"，首先就体现在中央对教师作用、使命及在国家复兴过程中的战略定位上。关于教师的战略地位，该《意见》提到了前所未有的高度："教师承担着传播知识、传播思想、传播真理的历史使命，肩负着塑造灵魂、塑造生命、塑造人的时代重任，是教育发展的第一资源，是国家富强、民族振兴、人民幸福的重要基石。"

什么叫"基石"？通俗地说，就是造房子底部的大石块。如果没这个大石块，房子就造不起来；如果大石块松动了，已经造好的高楼大厦也要崩塌。教师不但是"基石"，而且是"重要基石"。把"基石"这个比喻放回《意见》的原文中来理解，意思就是没有了教师，"国家富强、民族振兴、人民幸福"都无从谈起。

在这之前，有谁这样说过教师的战略地位？现在，有人这样说了，而且说得斩钉截铁、铿锵有力。谁？——中国共产党中央委员会！

很显然，中央对这"重要基石"的现状是不满意的。毋宁说，正是因为中央看到目前教师队伍建设中令人忧心忡忡的一些现实，才发布了这个高度和力度都前所未有的指导性、纲领性的伟大文献。

《意见》这样写道——

我国社会主要矛盾已经转化为人民日益增长的美好生活需要和不平衡不充分的发展之间的矛盾，人民对公平而有质量的教育的向往更加迫切。面对新方位、新征程、新使命，教师队伍建设还不能完全适应。有的地方对教育和教师工作重视不够，在教育事业发展中重硬件轻软件、重外延轻内涵的现象还比较突出，对教师队伍建设的支持力度亟须加大；师范教育体系有所削弱，对师范院校支持不够；有的教师素质能力难以适应新时代人才培养需要，思想政治素质和师德水平需要提升，专业化水平需要提高；教师特别是中小学教师职业吸引力不足，地位待遇有待提高；教师城乡结构、学科结构分布不尽合理，准入、招聘、交流、退出等机制还不够完善，管理体制机制亟须理顺。

"百年大计，教育为本；教育大计，教师为本。"现在这"基石"还不够牢固，在教师队伍建设方面还存在这个"不够完善"、那个"亟须理顺"的种种问题，而这些问题如果得不到解决，将影响"国家富强、民族振兴、人民幸福"的伟大"中国梦"的实现，中央能无动于衷吗？

既然教师队伍建设这么重要，如此迫切，中共中央便明确给各级党委和政府下达命令："各级党委和政府要从战略和全局高度充分认识教师工作的极端重要性，把全面加强教师队伍建设作为一项重大政治任务和根本性民生工程切实抓紧抓好。"

　　注意这里的措辞："战略和全局的高度""极端重要性""重大政治任务""根本性民生工程"……换句话说，只有重视教师队伍建设，各级党委和政府才谈得上具有"战略眼光"，其认识才有"全局高度"，否则只是鼠目寸光；只有认识到教师队伍建设的"极端重要性"，各级党委和政府才能"抓紧抓好"完成这"重大政治任务和根本性的民生工程"，否则就是失职。

　　话都说到这个份儿上了，我相信，各级党委和政府没有理由不在政治上和以习近平总书记为核心的党中央保持高度一致。

2018 年 3 月 1 日晚

是不是"公务员编制"不重要，重要的是待遇不能低于公务员
——对《中共中央国务院关于全面深化新时代教师队伍建设改革的意见》的解读（二）

谢谢朋友们点赞我对《意见》的解读。今天，我接着解读。

有少数朋友依然很"淡定"，对此"不抱乐观"，说估计这次和以前一样"光打雷不下雨"。

真的吗？我们静观吧。

我之所以乐观，是因为研读《意见》，读到的不仅是一个"战略构想"，而且是一张"实施蓝图"。

比如，谈到"强化保障"时，《意见》说："坚持教育优先发展战略，把教师工作置于教育事业发展的重点支持战略领域，优先谋划教师工作，优先保障教师工作投入，优先满足教师队伍建设需要。"

一口气说了四个"优先"。什么叫"优先"？就是同等条件下先做教育。

经常听到这样的说法："就你教师重要，医生不重要？警察不重要？工人不重要？农民不重要？……国家这么大，肯定要兼顾方方面面，怎么可能只突出教育和教师呢？你让其他行业的人心里怎么平衡？"

当然都重要，但也要有轻重缓急之区别，不然怎么会有"重中之重"之说呢？邓小平同志1977年就说过："我们国家要赶上世界先进水平，从何着手呢？我想，要从科技和教育着手。""我们要实现现代化，关键是科学技术要能上去。发展科学技术，不抓教育不行。"

教育做好了，千千万万个家庭都受益，其他行业的人当然也受益。

也许又有老师说："与其把教师捧得那么高，不如来点真招实招吧！"

有啊。请读读《意见》中的这些话——

深化改革。抓住关键环节，优化顶层设计，推动实践探索，破解发展瓶颈，把管理体制改革与机制创新作为突破口，把提高教师地位待遇作为真招实招，增强教师职业吸引力。

目标任务。经过5年左右努力……待遇提升保障机制更加完善，教师职业吸引力明显增强。

到2035年……尊师重教蔚然成风，广大教师在岗位上有幸福感、事业上有成就感、社会上有荣誉感，教师成为让人羡慕的职业。

估计这几句话会特别吸引老师的目光："把提高教师地位待遇作为真招实招，增强教师职业吸引力。""待遇提升保障机制更加完善，教师职业吸引力明显增强。""教师成为让人羡慕的职业。"

中央的"真招实招"是什么？就是"提高教师地位待遇"。

还有人抱怨："'教师工资不低于当地公务员'以前就说过，这次不过是老调重弹而已，而且还不一定能实现。"这是误解，或者根本没仔细看《意见》。实际上，这个问题在《意见》中的表述和过去是不一样的——

完善中小学教师待遇保障机制。健全中小学教师工资长效联动机制，核定绩效工资总量时统筹考虑当地公务员实际收入水平，确保中小学教师平均工资收入水平不低于或高于当地公务员平均工资收入水平。

注意，这里说的是"实际收入水平""工资收入水平"，《中华人民共和国教师法》上的表述是："教师的平均工资水平应当不低于或者高于国家公务员的平均工资水平。"《意见》将"工资水平"改为"工资收入"，这是一个了不起的进步。因为仅就工资而言，也许公务员和教师是差不多，但"实际收入"呢？这次《意见》解决了这个表述上的"漏洞"。

有的朋友还说，许多地方政府往往以"结合当地实际情况"为由，不落实有关提高教师待遇的规定，《意见》中丝毫没有"结合当地实际情况"的表述。这意味着必须执行，没有讨价还价的余地。

特别重要的是，在"中小学教师平均工资收入水平不低于或高于当地公务员平均工资收入水平"之前有两个关键的字——"确保"。这两个字价值万金！不是"力图"也不是"力争"，而是"确保"，杜绝了"逐步达到""尽量实现"等打折扣的可能。

我说过，一个国家最该投资的地方是国防和教育。国防，保卫着一个国家的安全存在；教育，则保障着一个民族的精神发展。

有传闻说《意见》规定"教师事业编制取消，变成公务员编制"云云，但我逐字逐句读完，里面根本没有这个表述，类似的提法也没有。

但我不觉得遗憾。难道对教师来说，公务员编制真的很重要吗？未必。是不是公务员编制一点都不重要，重要的是待遇"不低于或高于当地公务员"。

优化教师队伍，仅仅靠钱是远远不够的，还有其他方面的建设；但没有教师待遇的提升而想发展教育，则是万万不行的。

在"确保"教师待遇大幅度提高之后，怎样的教师才配享受应有的高待遇？对此《意见》也有说法，且听下回分解。

2018 年 3 月 1 日于成都至湛江的飞机上

让教师队伍中的"南郭先生"和"害群之马"一天也待不下去

——对《中共中央国务院关于全面深化新时代教师队伍建设改革的意见》的解读（三）

对于敬业而精业的老师来说，待遇提高到"不低于或高于当地公务员实际收入"，这是理所当然的。是呀，兢兢业业、勤勤恳恳、师德高尚、业务精良……如果没有相匹配的收入，教师不但会生活窘迫，而且哪有职业尊严可言？

但如果是一个不配做老师的"老师"呢？他有什么资格来享受教师的荣光？

昨天，有一位叫"陈颖"的网友在文章后这样评论道："什么待遇和编制，没有情怀都是虚的，待遇再高也不满足，提高待遇最应该跟进的是机制，想拿高待遇可以，那就拿出拼劲，什么时候教师的工资待遇高得让其他职业都羡慕，什么时候老师的饭碗要靠竞聘机制考核上岗，用心教成绩好，家长孩子都认可，这个时候教育就好了。"

我跟了两个字："大赞！"

毫无疑问，绝大多数教师是无愧于职业良知的，是值得社会尊重的。我这里说的还不只是媒体经常宣传的"最美教师""模范教师"之类，更包括千千万万默默无闻的一线老师。我在"镇西茶馆"写过许多这样的普通教师，包括我曾经担任校长的武侯实验中学的老师。他们是中国教育真正的脊梁！

但的确有少数（不是"个别"）的老师素质堪忧——不爱教育，不爱学生，敷衍塞责，得过且过，上课糟糕，带班困难，甚至连认真备课和批改作业等起码的常规都做不到，教学质量一塌糊涂，居然还争名夺利，精于算计，怨天尤人，满腹牢骚，搬弄是非，说长道短，动辄就这个"不公平"、那个"不民主"……

这样的所谓"老师"严重误人子弟，而且让所有善良正直、认真负责的老师因他们而蒙羞——正是由于少数教师的存在，社会上的许多人把鄙夷的目光投向全体教师。现在社会舆论对教师的评价普遍不高，就是因为多数老师背了那些"害群之马"的"黑锅"。所以，在上篇"解读"中，我说："优化教师队伍，仅仅靠钱是远远不够的，还有其他方面的建设。"

中央显然是看到问题的严重性，因此非常注重教师的师德，把"全面加强师德师风建设"放在教师队伍建设的首要位置。

弘扬高尚师德。健全师德建设长效机制，推动师德建设常态化长效化，创新师德教育，完善师德规范，引导广大教师以德立身、以德立学、以德施教、以德育德，坚持教书与育人相统一、言传与身教相统一、潜心问道与关注社会相统一、学术自由与学术规范相统一，争做"四有"好教师，全心全意做学生锤炼品格、学习知识、创新思维、奉献祖国的引路人。

我认为，对有理想、有情怀、有良知的老师来说，这些要求并不高，是能够做到的，目前我国千千万万个教师正是这样做的。每一个真正的教师没有理由不做到。

我特别应该点赞的，是《意见》首先对党员教师提出了要求：开展"不忘初心、牢记使命"主题教育，引导党员教师增强政治意识、大局意识、核心意识、看齐意识，自觉爱党护党为党，敬业修德，奉献社会，争做"四有"好教师的示范标杆。……把党员教师培养成教学、科研、管理骨干的"双培养"机制。

教师中的党员占了不少比例，可想我直言，并不是每一个党员都能够成为非党员老师的"示范标杆"。按说，在一所学校要判断谁是党员，不用去看档案里的个人信息，只要看哪些老师工作最敬业且教学质量最高，就可以了。但实际上并非如此。

应该承认，许多党员的确起到了"先锋模范作用"，而有的党员则可能和一般老师差不多——在我看来，这是不应该的，因为他把自己"混同于普通的老师"；更有甚者，有的党员连一般老师都不如。如果不是专门询问其政治面貌，你都不知道他是党员。

"党员怎么了？党员也是人啊！"这是有些争名夺利、斤斤计较的党员爱说的话。我要说，党员当然是人，但不是普通的人，而是"特殊材料制作的人"。所以，《意见》谈到抓师德师风建设时，首先从党员教师抓起，我认为是抓到了关键。因为一个党员，就是一面旗帜；只有旗帜高高飘扬，才会召唤、感染更多的老师成为名副其实的好老师。

但仅仅靠教育还不够，师德师风不能仅仅靠个人的自觉修炼，必须加强制度建设和机制创新。正如网友"同语"评论所说——

提高教师待遇对教育而言是有积极意义的。但是，只提高待遇，不建立进退机制，教育的未来仍然难预料。教育越来越有无力感，除了教授知识考试，已不涉及任何灵魂塑造。如果不进行全社会的思想洗涤，就完全滑向机械化的粗犷生产，想提高民族素质都是空话。教师的课堂有多种可能，素养高的教师不仅仅教授知识。可是素养高的教师和平庸之辈能区别对待吗？显然，目前没有机制，没有鼓励发挥优秀教师的能动性。这恰恰是关键所在。

还有一位没留名的网友写道——

现在就觉得人难管，我所在的学校，老师们除了上课应付外，课后几乎 70% 的人不研究教学，不是偷偷摸摸玩手机就是找借口干别的事。能拿他们怎么着？校长不能扣他的工资，不能辞退他，调动都没权力，他职称也基本上到头了。很多时候做点工作就像求着他！做点工作这也不会那也不会，在学校做工作身体这儿不合适那儿有毛病，周末放假家里比学校累十倍的活，做得风生水起。上面规定不能拿义教经费发奖金。结果是做好做差一个样，你能拿我怎么着？实现层层聘用，局里聘校长，校长聘老师，给学校人事权，不好好干的老师可以辞退。这样教师队伍风清气正，老师们爱岗敬业，涨工资了才无愧于人民啊。

当然，不是每一所学校都这么严重，但类似情况绝非个别。这位网友谈到要让管理者有人事权，"不好好干的老师可以辞退"，是对的。当然，前提是校长是一个正派的教育者。

中央当然看到了这一点，所以《意见》在这方面也有明确的要求——

注重加强对教师思想政治素质、师德师风等的监察监督，强化师德考评，体现奖优罚劣，推行师德考核负面清单制度，建立教师个人信用记录，完善诚信承诺和失信惩戒机制，着力解决师德失范、学术不端等问题。

实行定期注册制度，建立完善教师退出机制，提升教师队伍整体活力。加强中小学校长考核评价，督促提高素质能力，完善优胜劣汰机制。

"奖优罚劣""师德负面清单""惩戒机制""退出机制""优胜劣汰"……这些都是下一步优化教师队伍建设的"关键词"。

这里还特别说到"加强中小学校长考核评价，督促提高素质能力，完善优胜劣汰机制"，意味着校长也要优胜劣汰，这就防止个别校长以权谋私、滥用职权。

现在的情况是，一个老师只要不杀人放火，就算他不认真备课、上课、批改作业等，照样稳稳地当"老师"。一个校长，只要没有贪污腐败或其他违法乱纪的确凿证据，就算他平庸而无能，学校搞得一塌糊涂，依然当他的校长，最多换个学校还是当"一把手"。我们没听说过哪个老师或校长因为得过且过混日子而被"下课"的。

这种状况必须改变！

《意见》正是打算改变这种状况。唯有这样，每个教师才会真正被社会尊重，并获得职业尊严。

提高待遇，加强师德，是教师队伍建设的两个重要方面，但不是全部。还有哪些呢？且听下回分解。

2018 年 3 月 1 日于南宁机场

谁来避免"南郭先生"或"害群之马"之类的校长

——对《中共中央国务院关于全面深化新时代教师队伍建设改革的意见》的解读（四）

一

我在"解读（三）"中引用了《意见》的原话，说到要对校长进行制度性选拔、监督、制约，也要有淘汰机制。《意见》的原话是这样的："加强中小学校长考核评价，督促提高素质能力，完善优胜劣汰机制。"

这句话说的正是对校长的评价、督促与淘汰。

不过，可能是因为粗心，有的老师把建立教师淘汰制度一厢情愿地简单理解为"让校长可以随意解聘教师"，然后大叫"不公平""不合理""专制""这不是让校长更有机会以权谋私、排斥异己吗？""这样一来，更会鼓励那些吹牛拍马的小人！"……

我想说，对老师也罢，对校长也罢，国家所说的"完善优胜劣汰机制"，哪是你想得那么简单？

二

不止一个网友留言说，竟然把建立优胜劣汰机制简单概括成"给校长人事权"，怎么能这样理解？

真正的"优胜劣汰机制"应该是怎样的？

我举个例子——

目前，我所在的成都市武侯区教育局正在进行"两自一包"试点。这是武侯区教育局在新建学校搞的办学体制改革，受到《中国教育报》等媒体强势报道，为全国许多教育同行学习。

所谓"两自一包"，是指"管理自主""教师自聘""经费包干"，也就是赋权给学校（注意，不是简单地给校长）。其中，"自聘教师"不是如有人所想象的那样，要谁不要谁校长说了算，而是有严密完善的制度，有细致科学的程序，有多个部门参与，还有纪检部门派人员实施过程监督……在这个过程中，校长没有任何特权，也就是说，完全不可能"一人说了算"。几年过去了，至少目前网友所担心的那种所谓"校长随便整治自己不喜欢的老师"的情况没有出现，不是校长道德高尚，而是制度让他"没机会下手"。

在这里，"学校的人事权"显然不是校长一个人的权力。学校的管理者也不是一个人，而是一个团队。

三

我还特别想说的是，在对教师的优胜劣汰机制里，教师和学校的权利是平等的，绝不是教师被动地被学校"一脚踢开"。

再以北京市十一学校为例。尽管目前还有不少人对其改革存在不同看法，甚至有针锋相对的争论，但作为教育部肯定的改革学校，其"双向聘任"的人事管理机制得到许多教育人的赞同。李希贵校长的"双向聘任"实质上是"双向选择"，学校（注意，是"学校"而不是"校长"）可以不续聘甚至在特殊情况下解聘老师，老师同样可以拒绝学校的聘任。

特别要说明的是，在整个招聘、续聘或解聘的过程中，李希贵校长一点权力都没有。也就是说，他没有任何权力决定要谁，或不要谁。我再次强调，这不是因为李希贵校长"不贪恋权力"，而是制度的设计让他插不上手。

四

我任武侯实验中学的校长时，老师们都知道"李校长没什么权力"，因为我的权力都已经分解到各部门，分解到全校老师那里去了。教代会不止一次否决我的提议。绩效分配、职称评定等大事也很少有老师找我，因为他们知道，"找李校长没用！"

作为校长，从某种意义上说，我基本上"放弃"了自己的权力。当然，准确地说，不是"放弃"，而是"分解"——通过制度把这些权力分解到不同的部门和机构，并通过一定的程序分解到每一个教职工的手里，让全校教职工和我一起管理学校，作出决策。在这个意义上，学校的管理者绝不只是校长一个人。所以，那些善良、敬业的老师担心"完善优胜劣汰机制"成为校长"顺我者昌、逆我者亡"的工具，至少在理论上是完全没有必要的。

我说的是"在理论上"，实际上怎么样，还需要大家努力践行。

五

我想再说一遍，真正建立了科学的优胜劣汰机制，那些靠溜须拍马当上校长的人，是很难继续混下去的。平庸甚至作恶的校长，他的下场和那些缺乏师德的教师是一样的，都会受到严厉的惩罚。这只会让正直、善良、敬业的优秀老师扬眉吐气，工作更舒心。我们应该像欢迎提高待遇一样拥护中央的这个决策才是，怎么会担心自己被"淘汰"呢？

有老师说"应该让老师选校长"，善良的老师总是有些担心：谁来保证产生真正有情怀且公正无私的优秀校长？谁来避免"南郭先生"或"害群之马"之类的校长？谁来监督校长的权利？谁来保证校长不因学校有自主管理权而"任人唯亲"？谁来保证解聘制度不成为校长"打击报复"的工具？谁来界定"南郭先生"和"害群之马"？谁来保证评价教师"不唯分数论"？谁来保证"优胜劣汰"不变成包括我在内的许多老师深恶痛绝的"末位淘汰"？谁能保证优胜劣汰机制不沦为另一种形式的"人治"？谁来保证有了科学完善的优胜劣汰制度后执行时的公平与公正？……

六

在中国的土地上，这些担心绝非杞人忧天，但都是我们在制度设计时必须通盘考虑的。或者说，中央提出所要建立的科学制度，正是力图解决这些问题。正如任何人都不能凌驾于法律之上一样，好的制度应该指向一切人，具体到教育行业，优胜劣汰的制度应该覆盖教育部部长、教育厅厅长、教育局局长、校长和老师。

除了建立优胜劣汰制度，《意见》还有哪些亮点呢？

且听下回分解。

2018年3月4日晚于湛江机场候机厅

"我毕业于清华大学师范学院……"

——对《中共中央国务院关于全面深化新时代教师队伍建设改革的意见》的解读（五）

如果一名去中学或小学应聘的大学生对校长说："我毕业于清华大学师范学院……"你会相信这位年轻人的说法吗？

我肯定不相信，因为清华大学根本就没有"师范学院"。

如果是将来的某一天呢？这种可能性是存在的，说不定以后清华大学真的要办师范学院，直接为中小学校培养教师。

我这个假设是基于《意见》中的这样一句话："加大对师范院校支持力度。实施教师教育振兴行动计划，建立以师范院校为主体、高水平非师范院校参与的中国特色师范教育体系……"

什么叫"高水平非师范院校参与的中国特色师范教育体系"？通俗的理解就是，名牌大学甚至国内顶尖级大学可以各种形式做师范教育，包括办师范学院。

如此一来，清华大学、北京大学等国内名校办师范学院，不是很正常吗？

现在，教师队伍的素质之所以不太理想，我认为从源头上就出了问题，即师范教育。

有一个判断估计是包括教师在内的大多数人的共识：师德低下、水平糟糕的教师是个别的，品学兼优、出类拔萃的教师也不多，处于中间状态的教师往往爱孩子，也有把教育做好的真诚愿望，但业务素养欠佳，教育教学智慧不够用，整体素质平平。

我们可以从社会风气、个人素质（包括天赋）、收入待遇、制度建设等方面去找原因，但还有一个重要的原因，就是师范生的源头上就出了问题。或者干脆说，师范院校招生时就为未来的教师队伍埋下了隐患：因为现在中国的师范大学（含师范学院）所录取的新生，绝大多数不是中学毕业生中的佼佼者，换句话说，最优秀的高三毕业生往往不会把报考师范院校作为自己的首选志愿。

说到这里，估计有人又会大谈"待遇""体制"之类。是的，没有高待遇，教师职业失去了吸引力，高三尖子生当然不会报；没有好制度，入职后的高素质教师也会因"劣币驱逐良币"而离开教育行业。

所以，我们要"多管齐下"，改革师范教育体系，提高师范教育质量，是其中最重要的一"管"。至于"提高待遇以增强教师职业吸引力"，这是另外一篇文章的重点，就不和今天的话题搅到一块儿了。

中央显然看到了师范院校生源不佳的现状，所以《意见》里说：切实提高生源质量，对符合相关政策规定的，采取到岗退费或公费培养、定向培养等方式，吸引优秀青年踊跃报考师范院校和师范专业。

这里说到了"到岗退费"。我理解，现在的师范院校都是收费的，但如果毕业后到学校工作的，就可以把读大学期间所交的学费退给你。

《意见》中有关于"师范生公费教育政策"的表述："完善教育部直属师范大学师范生公费教育政策，履约任教服务期调整为 6 年。"这里所指，只限于教育部直属的几所师范大学。我建议，恢复师范教育免费的政策更好些，让所有师范院校都享受"师范生公费教育政策"。虽然可能有的师范生毕业后不一定到学校工作或从事教育行业，但可以让师范院校的新生在入学时便和国家签订具有法律效力的协议，写明如果毕业后转到其他行业，必须向国家补交有关培养费（学费）。

还有一点也很重要，就是提高师范院校的办学质量。目前，我国大多数师范院校不是 211 更不是 985，所招的学生都是"二本"。我在 2017 年的一篇关于教师队伍现状的调查报告中援引了一组数据——

目前，中国被确定为"211"大学的有 112 所，列入"985 工程"大学的有 39 所。在 112 所 211 大学中，师范大学只有 8 所，985 工程大学仅 2 所。最近公布的 42 所"双一流大学"名单上，仅有北京师范大学、华东师范大学名列其中。从每年高校招生的分数线来看，全国 138 所师范类大学（包括师范类独立学院），除了北师大、华东师大等 18 所重点师范大学的录取线是一本之外，其余 120 所师范院校都是二本；大学之间的这种差距决定了师范类学院的录取分数线大大低于重点综合性大学。比如，四川大学 2017 年在四川的文理科最低录取分数线分别是 596 分和 590 分，而四川师范大学在四川的文理科最低录取分数线则分别是 559 分和 510 分。也就是说，一个考生要报考师范院校，只要成绩中等或中等偏上，应该是没有太大问题的。

在这种情况下，就算优秀的高三毕业愿意报考师范院校，也觉得委屈和自卑。所以，《意见》提出："研究制定师范院校建设标准和师范类专业办学标准，重点建设一批师范教育基地，整体提升师范院校和师范专业办学水平。鼓励各地结合实际，适时提高师范专业生均拨款标准，提升师范教育保障水平。"

在招生上，《意见》也提出改革措施："改革招生制度，鼓励部分办学条件好、教学质量高院校的师范专业实行提前批次录取或采取入校后二次选拔方式，选拔有志于从教的优秀学生进入师范专业。"

所谓"高水平非师范院校参与的中国特色师范教育"，就是在这个背景下提出的。清华大学、北京大学、复旦大学等著名的高水平非师范院校如果能够成立"清华大学师范学院""北京大学师范学院""复旦大学师范学院"，这从源头上就让许多优秀的师范生有了一种自豪和尊严，更重要的是，从这些大学毕业的师范生总体上高于一般的师范院校毕业生。

我这个设想当然有些浪漫，但不是没有依据，这依据便是《意见》中的这句话。所以，以后有师范毕业生说他毕业于清华大学完全有可能。

当然，提高师范生培养质量，不能仅仅寄希望于新办高水平的师范大学（学院），更要着眼于现有的师范院校。对此，《意见》也有充分的论述。

是怎么说的？且听下回分解。

2018 年 3 月 6 日

一个以师范为耻辱的民族，是没有前途的

——对《中共中央国务院关于全面深化新时代教师队伍建设改革的意见》的解读（六）

一

在上篇解读文章后，一位网友留言道："名校办师范学院，此想法犹如朽木结花，死者施粉。在'清华大学师范学院'上学的学生会被其他清华园里的人嘲笑死，或自羞难耐。"

我回复道："所谓'嘲笑'，所谓'自羞难耐'，骨子里面还是看不起师范。想想巴黎高等师范学院，其'高师精神'成了法国人的骄傲，这就是一种精神差距。一个嘲笑师范、以师范为耻辱的民族，是没有前途的。"

许多朋友可能不了解，巴黎高等师范学院在法国大学中一直排名第三，被誉为法国的"精英大学"，另有法国的"精神堡垒"之称誉。它成立于法国大革命风云激荡的岁月，每年只招收 200 名左右的学生，作为世界著名大学里规模最小的高校之一，现在为其他职业培养人才。

现在，中国其他行业的许多人看不起教师，看不起师范生，但我们不能自卑、自轻、自贱，连自己都看不起师范专业，你让其他行业怎么尊重你？恕我不客气地说，这样的"教师"趁早改行。

教育改革，包括教师队伍建设，是一个系统工程，涉及方方面面，但我每篇文章只能谈其中一个重点，不可能面面俱到。我这次的系列文章，每次谈一个点，或教师待遇，或制度建设，或师资水平，或校长素养，或生源优化等。但有的老师却是这样：你跟他讲提高待遇，他跟你讲教师素

质；你跟他讲教师素质，他跟你讲师范生源；你跟他讲师范生源，他跟你讲教育体制；你跟他讲教育体制，他跟你讲道德情怀；你跟他讲道德情怀，他跟你讲提高待遇……这让我想到了那个著名的段子："你跟他讲道理，他跟你要流氓；你跟他要流氓，他跟你讲法制；你跟他讲法制，他跟你讲国情……"

还有的马大哈网友在评论中开口闭口"您的设想""您的想法"，完全不顾我的文章标题明明写清楚了是我的解读，我只是根据《意见》谈感想，哪有我的"设想"和"想法"？我这几篇文章的观点及所说的举措，都不是我的原创，都是在转述《意见》，很多地方还原文引用，版权属于中共中央和国务院。

我不认为这些老师是故意抬杠，估计还是老习惯，不仔细读文章。

二

应该说，现在的师范生是比较容易毕业的。但作为培养"百年大计"之本的教师的大学，应该比其他大学办得更好。

上篇的解读文章里，我谈到包括清华大学在内的名校可以办师范学院，这其实是中共中央和国务院在《意见》中表达的意思："高水平非师范院校参与的中国特色师范教育体系。"这样说并非要弱化已有师范院校的办学质量，相反，《意见》特别指出："师范院校评估要体现师范教育特色，确保师范院校坚持以师范教育为主业，严控师范院校更名为非师范院校。开展师范类专业认证，确保教师培养质量。"

其中，"确保师范院校坚持以师范教育为主业，严控师范院校更名为非师范院校"一句并非无的放矢。最近 20 年，确有一些师范大学纷纷增加非师范专业，大有朝综合性大学发展的趋势；还有一些本来办得不错的师范大学，在校名上去掉了"师范"二字……对此，我很是反感：身为教师的母校，你都看不起自己，拼命想脱掉"师范"二字，怎么能够得到社会的尊重？

《意见》注重"教师源头"即师范生的培养，但也没有忽视在职教师的提升："推进教师培养供给侧结构性改革，为义务教育学校侧重培养素质全面、业务见长的本科层次教师，为高中阶段教育学校侧重培养专业突出、底蕴深厚的研究生层次教师。"这是对教师提出的学历新要求。

我倒不认为，学历高就必然意味着水平高。就目前学校而言，博士或硕士的教育智慧、教学技能未必就胜过本科生，但提高师范生的学历总归是好事。

三

《意见》对教师培训提出具体要求，甚至具体到"强化'钢笔字、毛笔字、粉笔字和普通话'等教学基本功和教学技能训练"，因为现在很多教师的确缺乏教学基本功。我认为，至少在综合素养上，现在许多师范大学的毕业生不及过去的中师生，这是现在很多人怀念"中师时代"的原因。

一次，现任武侯区教育局局长陈兵和我聊天说，当年他初中毕业因为差两分没考上中师，结果只好读高中，后来读大学。我笑了，说："你没考上中师，所以只好读大学。"这句话现在根本就不合逻辑，可20年前却是事实。我相信，"镇西茶馆"的许多"茶客"就是当年的中师生，也有过类似的经历，我为你们的青春感到骄傲。

在培训方式上，《意见》也提出了改革设想："推行培训自主选学，实行培训学分管理，建立培训学分银行，搭建教师培训与学历教育衔接的'立交桥'。"现在，被动式、灌输式的培训已经引起老师的反感和抵触，但愿逐渐会有所改观。

不仅是提升教师，还要提升校长。《意见》特别指出："加强中小学校长队伍建设，努力造就一支政治过硬、品德高尚、业务精湛、治校有方的校长队伍。面向全体中小学校长，加大培训力度，提升校长办学治校能力，打造高品质学校。实施校长国培计划，重点开展乡村中小学骨干校长培训和名校长研修。"

说实话，读到这里我想到，以后的校长也不好当呢。

四

提升教师素质，并不都是在培训方面做加法，更要做减法，即为教师松绑，这样教师才能集中精力提升自己。所以，在近万字的《意见》中，几行字特别令人振奋："防止形式主义的考核检查干扰正常教学。不简单用升学率、学生考试成绩等评价教师。"

应该说，"不简单用升学率、学生考试成绩等评价教师"这个提法并不新鲜，以前也多次说过，却从来没有实现过。估计会有老师对此不以为然，以为"不过是说说而已"。但我想，这次因为"来头不小"，估计多少（不敢奢望百分之百）会"动真格"。

"防止形式主义的考核检查干扰正常教学"，短短17个字击中现在广大校长和教师心中不堪承受之痛。因为现在学校受到太多的干扰，校长和老师完全没法集中精力从事教育教学的本职工作。

现在，中央也认为学校应该有"正常教学"，而这"正常教学"会受到"干扰"。受谁的"干扰"？受"形式主义的考核检查干扰"，因此中央明确而严肃地说这种情况要"防止"。

其实，在我看来，"防止"二字已经给足了搞"形式主义的考核检查"的官僚主义者面子，因为这"干扰"早就形成，而且是"长期以来"。所以，恕我斗胆地说，这里不应该用"防止"这个词，而应该旗帜鲜明地说"纠正"——"纠正形式主义的考核检查干扰正常教学"。

老师最关心的是，《意见》上说的这些举措是不是能够真正落实呢？最近，不断有网友说："这不过又是一次'画饼充饥'而已！"不对，关于落实的问题，《意见》有非常具体的要求和强硬的措辞。如何"具体"？怎么"强硬"？且听下回分解。

2018 年 3 月 7 日

能否"全面落实到位"？我们拭目以待

——对《中共中央国务院关于全面深化新时代教师队伍建设改革的意见》的解读（七）

前天，一位网名为"侧耳倾听你的美"的朋友在我的"解读（五）"后面留言道："我总认为这个《意见》也许只是意见而已……好多文件形式的制度都无法落实下去，别说一个意见了，作为教师的我且看如何落实，坐等打脸……"

不止一位朋友说："《意见》不是法律，20多年的《中华人民共和国教师法》可是法律啊，都不管用，何况这《意见》！"

应该说，这些说法代表了相当多老师的疑虑，甚至干脆说不信任。

《意见》六大部分共27条，涉及教师队伍建设的方方面面，包括高等教育、职业教育等领域，但作为中学教师，我这几篇"解读"更多地侧重对《意见》中有关基础教育内容的理解。正是因我这一组"解读"，不少老师表示"不敢乐观"。

这怪不得老师们，毕竟多年"雷声大雨点小"甚至"只打雷不下雨"，我和许多老师一样，也担心《意见》中的英明决策能否变成广大老师看得见、摸得着的实惠。

中央摸透了大家的心，所以在《意见》的第六部分，专门谈了"切实加强党的领导，全力确保政策举措落地见效"，从"强化组织保障"和"强化经费保障"两个方面提出了兑现的路径。

关于组织保障，《意见》明确指示：实行一把手负责制，紧扣广大教师最关心、最直接、最现实的重大问题，找准教师队伍建设的突破口和着力点，坚持发展抓公平、改革抓机制、整体抓质量、安全抓责任、保证抓党建，把教师工作记在心里、扛在肩上、抓在手中，摆上重要议事日程，细化分工，确定路线图、任务书、时间表和责任人。

逐字逐句咂摸品味这些话，真的是热乎乎的！

你看，"把教师工作记在心里、扛在肩上、抓在手中，摆上重要议事日程，细化分工，确定路线图、任务书、时间表和责任人"。

还有，"主要负责同志和相关责任人要切实做到实事求是、求真务实、善始善终、善作善成，把准方向、敢于担当，亲力亲为、抓实工作。各省、自治区、直辖市党委常委会每年至少研究一次教师队伍建设工作"，直接叮嘱"主要负责同志和相关责任人"，连每年开几次会都写进《意见》，不就是对地方政府主要负责同志不放心？

关于经费保障，《意见》同样明确而具体地说——

各级政府要将教师队伍建设作为教育投入重点予以优先保障，完善支出保障机制，确保党和国家关于教师队伍建设重大决策部署落实到位。优化经费投入结构，优先支持教师队伍建设最薄弱、最紧迫的领域，重点用于按规定提高教师待遇保障、提升教师专业素质能力。加大师范教育投入力度。健全以政府投入为主、多渠道筹集教育经费的体制，充分调动社会力量投入教师队伍建设的积极性。制定严格的经费监管制度，规范经费使用，确保资金使用效益。各级党委和政府要将教师队伍建设列入督查督导工作重点内容，并将结果作为党政领导班子和有关领导干部综合考核评价、奖惩任免的重要参考，确保各项政策措施全面落实到位，真正取得实效。

这些看似公文化、很枯燥的语言中，其实蕴含着中共中央和国务院对教师沉甸甸的关怀和对地方政府有关部门的庄重嘱托。尤其是最后一句话：各级党委和政府要将教师队伍建设列入督查督导工作重点内容，并将结果作为党政领导班子和有关领导干部综合考核评价、奖惩任免的重要参考，确保各项政策措施全面落实到位，真正取得实效。

以"考核评价""奖惩任免"为杀手锏，告诫地方主政者，雷霆万钧，泰山压顶。能否"确保各项政策措施全面落实到位，真正取得实效"，我和全国的老师一起满怀信心而又不那么完全放心地——
　　拭目以待！

2018 年 3 月 8 日

图书在版编目（CIP）数据

教师的解放与超越 / 李镇西著 . —上海：华东师范大学出版社，2020
ISBN 978－7－5760－0765－7

Ⅰ.①教 ... Ⅱ.①李 ... Ⅲ.①中小学—师资培养—研究 Ⅳ.① G635.12

中国版本图书馆 CIP 数据核字（2020）第 152711 号

大夏书系·教育新思考

教师的解放与超越

著　　者	李镇西	
策划编辑	李永梅	
责任编辑	任媛媛	
责任校对	杨　坤	
封面设计	奇文云海·设计顾问	

出版发行　华东师范大学出版社
社　　址　上海市中山北路 3663 号　邮编　200062
网　　址　www.ecnupress.com.cn
电　　话　021－60821666　行政传真　021－62572105
客服电话　021－62865537
邮购电话　021－62869887　地址　上海市中山北路 3663 号华东师范大学校内先锋路口
网　　店　http://hdsdcbs.tmall.com

印 刷 者　北京密兴印刷有限公司
开　　本　700×1000　16 开
插　　页　1
印　　张　18
字　　数　268 千字
版　　次　2021 年 1 月第一版
印　　次　2023 年 12 月第八次
印　　数　22 101–24 100
书　　号　ISBN 978－7－5760－0765－7
定　　价　49.80 元

出 版 人　王　焰

（如发现本版图书有印订质量问题，请寄回本社市场部调换或电话 021-62865537 联系）